Georg Erwin Thaller

Software-Test

Verifikation und Validation

Verlag Heinz Heise

Die Deutsche Bibliothek – CIP Einheitsaufnahme

Thaller, Georg Erwin:
Software-Test : Verifikation und Validation / Georg Erwin Thaller. –
Hannover : Heise, 2000

ISBN 3-88229-183-4

```
5    4    3    2    1    0
2004  03   02   01   00
```

Lektorat:	Dr. Michael Barabas
Copy-Editing:	Ursula Zimpfer, Herrenberg
Umschlaggestaltung:	Susanne Wierzimok, Edingen-Neckarhausen
Gesamtherstellung:	Verlagsservice Hegele, Dossenheim
Druck:	Koninklijke Wöhrmann B.V., Zutphen, Niederlande

ISBN 3-88229-183-4

Vorwort

Software dringt zu Beginn unseres Jahrhunderts in alle Bereiche der Technik und des menschlichen Lebens vor. Es gibt kaum ein Gebiet, in dem man nicht die eine oder andere Applikation findet. Das zeigt sich im Vordringen des PC in unsere Wohnungen, aber auch im massenhaften Einsatz dieser Maschine in Industrie und Verwaltung. Weniger spektakulär, aber in ihren Auswirkungen viel weitreichender, ist das Vordringen der Software im Bereich der Embedded Systems: Das reicht von Flugzeugen über die Waschmaschine bis hin zum Automobil.

Neben dem Vordringen der Elektronik, die wiederum von der Software gesteuert wird, beobachten wir ein beachtliches Mengenwachstum bei den Programmen. Die Applikationen werden immer komfortabler, komplexer und umfangreicher, die Programme in der Folge also größer. Dabei treten signifikante Qualitätsprobleme zu Tage: Computerprogramme ohne Mängel sind eher die Ausnahme denn die Regel. Weil Software nun allerdings Regelungs- und Steuerungsfunktionen übernommen hat, kann ihr Ausfall in Extremsituationen zum Verlust von Menschenleben führen.

Können wir mit Aussicht auf Erfolg hoffen, diese Probleme in den Griff zu bekommen? – Ein Erfolg versprechender Ansatz besteht im Testen der Software, also in Verifikation und Validation. Diese Methoden sind bekannt und können ohne große Investitionen in die Tat umgesetzt werden.

Dieses Buch wurde geschrieben, weil das Testen der Software in der Praxis der Software-Erstellung ein oftmals vernachlässigtes Gebiet darstellt. Dabei könnten gerade mit diesem Mittel die Unternehmen Erfolge erzielen, denn die damit verbundenen Techniken und Methoden kann sich ein Fachmann leicht aneignen, wenn er die notwendige Begeisterung für diese wichtige Tätigkeit mitbringt.

Ich wende mich in diesem Buch in erster Linie an die Mitarbeiter in den Betrieben, die das Testen der Software aktiv durchführen. Darüber hinaus sind allerdings alle Entwickler von Software angesprochen, denn in vielen Fällen werden sie es sein, die Tests verantwortlich durchführen müssen. Ferner ist dieser Text sicherlich für das Management in Unternehmen der Software-Branche interessant, denn er zeigt in der Praxis gangbare Wege zum Testen der Software auf. Es sind auch Qualitätssicherer, das Qualitätsmanagement, QM-Beauftragte und Projektmanager angesprochen, denn alle diese Verantwortlichen müssen den Test der Software unterstützen, wenn ein Projekt zum Erfolg werden soll. Darüber hinaus ist dieses Werk gewiss für die Studierenden an den deutschen Universitäten und Fachhochschulen von Interesse, denn es stellt einen Aspekt der Software-Erstellung dar, der im Studium manchmal leider zu kurz kommt.

Kommen wir damit zum Inhalt. Im ersten Kapitel wird aufgezeigt, mit welch schwerwiegenden Fehlern zu rechnen ist, wenn das Testen der Software vernachlässigt wird. Es wird auch darauf hingewiesen, dass es zunehmend schwieriger wird, die Qualität der Software zu sichern. Im zweiten Kapitel befassen wir uns mit den wichtigsten Prozessmodellen, der Spezifikation und ihrer Rolle als Grundlage für die Testplanung. Einen Schwerpunkt bilden allerdings die beiden Techniken *Fagan Inspection* und *Code Walkthroughs*.

Im dritten Kapitel geht es in erster Linie um den White Box Test. Es wird aufgezeigt, wie Entwurf und Test miteinander verzahnt sind und welche Folgerungen daraus zu ziehen sind. Testabdeckung und *Incremental Testing* sind wichtige Stichworte in diesem Abschnitt. Im vierten Kapitel geht es hingegen um den Black Box Test. Stichworte sind: Motivation der externen Testgruppe, Grundsätze beim Black Box Test, *Equivalence Partitioning*, Grenzwerte und *Error Guessing*. Es kommen allerdings auch die Tests nicht zu kurz, die nach dem Modul-Test anzusetzen sind, darunter *Volume Test* und *Stress Test*. Mit einer Betrachtung der nicht-technischen Aspekte des Tests, aber auch der Besonderheiten bei objektorientierter Programmierung, schließt dieses Kapitel ab.

Im fünften Kapitel geht es um die Einbettung der Testtätigkeiten in den Entwicklungszyklus, Organisation, Planung, die Behandlung von Fremdsoftware, Integration und vor allem Debugging. Regression Testing wird ebenfalls behandelt und die möglichen Werkzeuge für die Testphase werden besprochen. Fehlerbewertung und -verfolgung kommt auch nicht zu kurz, und nicht zuletzt werden objektive Kriterien für das Ende des Tests vorgestellt. Freigabe-Politik, Metriken zum Test sowie Wirtschaftlichkeit und Wirksamkeit von Testmethoden runden diesen Abschnitt ab.

Im letzten Kapitel geht es darum, über den Test der Software hinaus Wege aufzuzeigen, mit der die Qualität der Software nachhaltig verbessert werden kann. Stichpunkte sind Asynchrone Entwicklung, Redundanz, *Cleanroom*, formelle Methoden und nicht zuletzt der Beitrag des *Capability Maturity Model*. Eingegangen wird auch auf ein Verfahren, mit dem die Risiken beherrschbar gemacht werden können.

Das Buch enthält im Anhang eine Reihe von Fragebögen, die beim Einsatz der aufgezeigten Techniken verwendet werden können. Hinzu kommt ein Glossar und eine Liste der benutzten Akronyme. Ferner findet sich im Anhang eine Aufzählung der wichtigsten Normen und Standards auf dem Gebiet der Software-Entwicklung. Damit bietet dieses Werk dem Fachmann alle Möglichkeiten, um die aus dem Buch gewonnenen Erkenntnisse sofort in die Praxis umsetzen zu können.

Nürnberg, im Juni 2000   Georg Erwin Thaller

Acknowledgements

Ich möchte allen danken, die meine Karriere als Autor von Fachbüchern in den vergangenen Jahren gefördert haben, sei es nun vor oder hinter den Kulissen. Das Entstehen eines
Buches, von den ersten vagen Ideen bis zum fertigen Buch, ist ein langer und zuweilen
dornenvoller Weg. Es ist aber auch eine intellektuelle Herausforderung, die eigenen Gedan-
ken, Erfahrungen und Konzepte in Buchform zu gießen, so dass die Fachwelt davon profi-
tieren kann.

In erster Linie wäre hier natürlich meine Familie zu nennen, bei der meine Arbeit an
dem Buch sich gewiss zuweilen in geistiger Abwesenheit äußerte. Auch aus der Arbeit in
verschiedenen Betrieben der deutschen Industrie, zuerst in der Entwicklung, dann im Test
und in der Qualitätssicherung, habe ich Nutzen gezogen. Schließlich habe ich von meinem
langjährigen USA-Aufenthalt eine Fülle von Ideen und Konzepten mitgebracht, die im
Laufe der Jahre umgesetzt und genutzt wurden.

Nicht zuletzt danke ich allen Mitstreitern, Kollegen und Mitarbeitern, die meinen
Lebensweg über kürzere oder längere Strecken begleitet haben.

Nürnberg, im Juni 2000   Georg Erwin Thaller

Inhaltsverzeichnis

Die Notwendigkeit zur Verifikation der Software

Everyone talks about the weather, but nobody does anything about it.
Mark Twain

Von den Methoden zur Verbesserung der Qualität der Software ist das Testen zweifellos das am weitesten bekannte Verfahren. Das bedeutet auf der anderen Seite allerdings nicht, dass es in der Industrie auf breiter Front angewandt wird. Und nicht alle, die das Verfahren einsetzen, besitzen tiefgreifende Kenntnisse über alle Facetten dieser Technik. Doch lassen Sie mich mit dem Anfang beginnen.

1.1 Die stille Revolution

Software ist nicht denkbar ohne den Transistor und den Mikroprozessor. In den vierziger Jahren des letzten Jahrhunderts kam man bei Bell Labs in New Jersey darauf, wie man einen Schalter konstruieren konnte, der aus einem Halbleiter bestand. Weil das US-Verteidigungsministerium diese Forschungen bezahlt hatte, einigte sich das Management von Bell und das Pentagon darauf, dass dieses Patent den US-Firmen kostenlos zur Verfügung stehen sollte. Ausländer mussten hingegen Gebühren entrichten.

Der nächste Akt spielt in Texas. Dort kam ein junger Ingenieur namens Jack Kilby darauf, mehrere Halbleiter miteinander zu kombinieren. Diese Erfindung war eher Zufall. Bei Texas Instruments (TI) war Werksurlaub, die Hallen standen leer, nur der erst kürzlich eingestellte Jack Kilby hatte noch keinen Anspruch auf Urlaub. Texas Instruments verdiente gut daran, für das amerikanische Verteidigungsministerium einzelne Halbleiter zu produzieren. Was Kilby machte, war im Grunde schlecht für den Gewinn der Firma. Die Kombination mehrerer Halbleiter auf einem Chip führte dazu, dass die Erträge von TI sanken.

Kilbys grob zusammengestecktes Muster war nicht in Serie produzierbar, aber der Durchbruch war geschafft. Man ließ sich den Prototyp patentieren. Bei INTEL in Kalifornien ging man daran, integrierte Schaltkreise in größeren Stückzahlen zu produzieren. Damit war eine Entwicklung eingeleitet, die bis heute anhält: Immer dichter gepackte Schaltkreise zu einem stetig sinkenden Preis, mehr Rechnerleistung auf immer geringerer Fläche.

Allerdings hat diese unaufhaltsame Entwicklung bei den Mikroprozessoren eine Kehrseite. Um kostengünstig produziert werden zu können, müssen Mikroprozessoren, Speicher, Micro Controller und Digitale Signalprozessoren in großen Mengen produziert werden. Die Investitionen in neue Fertigungsstraßen, die Forschung und Entwicklung rentiert sich nur dann, wenn Millionen dieser Siliziumscheiben hergestellt werden. Und an diesem Punkt kommt die Software ins Spiel: Software ist der Stoff, der es ermöglicht, aus dem einen Micro Controller einen Baustein zu machen, der für die Motorsteuerung eines Autos eingesetzt wird. In einer anderen Applikation tut derselbe Chip Dienst in einem Spielzeug, etwa von Nintendo, das man in Tausenden von Kinderhänden auf der gesamten Welt findet. Software ist die Ware, die es ermöglicht, gleiche Prozessoren für verschiedenste Anwendungen einsetzbar zu machen. Damit kommt Software eine Schlüsselrolle zu.

Allerdings, Software ist in den seltensten Fällen fehlerfrei. Fehler in der Software plagen uns seit den Tagen, da das Betriebssystem eines Rechners aus einem zwanzig Zentimeter langen Lochstreifen bestand. Ist die Software fehlerhaft, so verbreitet sich ein Fehler in alle Applikationen. Mikroprozessoren und Elektronik haben also eine Achillesferse und diese heißt Software.

1.2   Das Risiko

Während man in den fünfziger und sechziger Jahren des vorigen Jahrhunderts Computer vor allem bei Banken und Versicherungen fand, hat sich das inzwischen radikal geändert. Software steuert Raketen wie die Ariane 5, sitzt im Autopiloten von Flugzeugzeugen wie dem europäischen Airbus, steuert Verkehrsleitrechner in unseren Städten und so mancher Zeitgenosse trägt ein Gerät mit sich herum, das dafür sorgt, dass sein Herz im richtigen Rhythmus schlägt. Auch Herzschrittmacher enthalten Software.

Die Abhängigkeit der Technik, der menschlichen Zivilisation und auch einzelner Mitbürger von Software nimmt also stetig zu. Dabei war die Entwicklung immer wieder gekennzeichnet von Rückschlägen und spektakulären Fehlern in der Software. Weil in den USA in den Anfangsjahren das Pentagon stark auf die neue Technologie setzte, traten dort auch die ersten Fehler auf. Andererseits muss man feststellen, dass gewisse US-Behörden unter den Institutionen sind, die diese neue Technik beherrschen und auch große Projekte zum Erfolg führen können. Das liegt sicherlich darin begründet, dass sie ihre Erfahrungen bereits gemacht haben.

Beginnen wir mit der Luft- und Raumfahrt. Der Zwang zur Einsparung von Gewicht beherrscht beide Gebiete. Hinzu kommt, dass in bestimmten Grenzbereichen die menschliche Besatzung nicht schnell genug reagieren kann. Deswegen sind Steuerungen notwendig, die den menschlichen Piloten ersetzen können. Der intelligente Teil dieser Maschinen besteht aus Software.

Sobald Software in dieses Gebiet eindrang, tauchten auch die ersten Fehler auf. Nun sind Piloten der US Air Force daran gewöhnt, auch ungewöhnliche Situationen zu meistern. Sehen Sie dazu den folgenden Fall.

Fall 1.1: Was für Raketen gut ist, kann doch für ein Flugzeug nicht schlecht sein [1]

Ein Programmierer der US Air Force wollte in seinem Programm, das für eine Rakete bestimmt war, Platz sparen. Das stellte er so an: Wann immer die Rakete den Äquator überquerte, sollte sie einfach ihren bisherigen Flugkoordinaten folgen, allerdings mit umgekehrten Vorzeichen. Dieses Vorgehen führte zwar dazu, dass die Rakete beim Überflug des Äquators um die eigene Achse rollte. Das störte allerdings niemanden.

Als das Programm jedoch unverändert in den Autopiloten des Jägers F-18 übernommen wurde, flog der Jet beim Überflug des Äquators plötzlich mit dem Cockpit nach unten weiter. Einfach Pech für den Piloten, nicht wahr?

Bei der NASA hat der neue Leiter, Dan Goldin, die Devise „schneller, besser, billiger" ausgegeben. Angesichts knapper werdender öffentlicher Gelder ist das sicherlich ein berechtigtes Motto. Allerdings kann man auch fragen, ob dabei nicht in vielen Fällen die Qualität der Software auf der Strecke geblieben ist.

Bei einem System wie dem amerikanischen Space Shuttle kann man davon ausgehen, dass rund zwei Drittel der gesamten Programme in den Bereich Support Software fällt. Das sind Programme, die für Aufgaben am Boden gebraucht werden, etwa im Bereich Bahnberechnung und -verfolgung. Nur ein Drittel der Software befindet sich tatsächlich an Bord des Raumfahrzeugs.

In der Regel ist der Aufwand für Support Software, auch deren Qualitätssicherung, geringer als für andere Teile der Software. Dass allerdings die Vernachlässigung der Support Software sich zuweilen rächen kann, zeigt der folgende Vorfall.

Fall 1.2: Umrechnungen [2-5]

Am 24. September 1999 ging die Raumsonde Mars Orbiter der NASA, die auf dem roten Planeten landen und die Oberfläche erkunden sollte, kurz vor dem Ziel verloren. Das war um so erstaunlicher, als die Sonde bis zu diesem Zeitpunkt ohne Probleme funktioniert hatte.

Als Ursache des Fehler stellte sich schließlich heraus, dass die Umrechnung verschiedener Maßeinheiten nicht funktioniert hatte. Der Fehler lag in einer Umrechnungstabelle in der Support Software der Kontrollstation in den USA. Dabei ging es darum, den Kurs der Sonde auf dem Weg zum Mars durch Korrekturmanöver zu berichtigen. Die am Jet Propulsion Laboratory (JPL) in Kalifornien eingesetzte Software erwartete für den Schub die Einheit Newton, während man beim Hersteller Lockheed Martin offensichtlich mit Pfunden rechnete. Die Folge war, dass bei den Steuermanövern der Schub während der gesamten Flugzeit um 22 Prozent zu gering ausfiel.

Der Fehler war während des gesamten Flugs zum 220 Millionen Kilometer weit entfernten Mars gegenwärtig, wurde aber offensichtlich nicht bemerkt. Üblicherweise sind die Bahnen derartiger Sonden auf 10 Kilometer genau. Kritisch wurde es erst bei der Annäherung an den roten Planeten. Die Sonde kam der Oberfläche um 100 Kilometer (62 Meilen) zu nahe. Beim Mars Orbiter ist nach den Angaben von Lockheed Martin zunächst der Treibstofftank explodiert, die Trümmer sind dann auf der Marsoberfläche zerschellt. Die Kosten der Sonde werden mit 125 Mill. US$ angegeben.

Was die Architektur der Hardware betrifft, so ist das amerikanische Space Shuttle mit zwei Paaren von redundanten Computersystemen und einem fünften – von Hand zuschaltbaren – Computer sicherlich eines der am weitesten entwickelten technischen Systeme. Es ist der Ariane 5 in dieser Hinsicht um Klassen überlegen. Und trotz dieser Architektur ging beim Start des Shuttle etwas schief.

Fall 1.3: Leicht verspätet [6]

Beim Jungfernflug des ersten Space Shuttle, der Columbia, der für den 10. April 1981 vorgesehen war, trat ein Fehler in der Software auf. Die amerikanische Raumfähre hat eine Hardware-Architektur, die Fehler eigentlich verhindern sollte. Es gibt zwei Paare von Computern, die unterschiedliche Programme abarbeiten. Im Normalfall arbeitet Computer 1 und 2 mit demselben Programm. Die Ergebnisse werden verglichen. Tritt eine Abweichung auf, wird automatisch auf Computer 3 und 4 umgeschaltet. Diese zwei Rechner arbeiten mit einem Programm, das funktional gleich ist, allerdings von einem zweiten Team von Programmierern unabhängig von der ersten Mannschaft erstellt wurde. Tritt auch beim zweiten Paar von Computern ein Fehler auf, kann auf einen fünften Computer umgeschaltet werden. Dies muss allerdings durch die Besatzung des Shuttle von Hand geschehen.

Am 10. April 1981 trat gerade dieser Fall ein. Es wurde auf den fünften Computer umgeschaltet. Dieser weigerte sich allerdings, die Kontrolle über den Start zu übernehmen. Was war die Ursache?

Der fünfte Computer fing zwar zu arbeiten an, allerdings lief er nicht synchron mit den anderen Computern. Es handelte sich zwar nur um eine Zeiteinheit. Dieser Fehler führte allerdings dazu, dass die Daten von den anderen Computern vom fünften Computer als falsch bewertet wurden. Als Folge dieser Panne musste der Start um zwei Tage verschoben werden.

Völlig auf die Software angewiesen sind technische Geräte, wenn sie für Stunden und Tage keinen Kontakt mit ihrer Bodenstation aufnehmen können. Bei Sonden zu den inneren Planeten unseres Sonnensystems, also Mars und Venus, ist das häufig der Fall. Sehen wir, wie es dem Fahrzeug *Sojourner* erging.

Fall 1.4: Prioritäten [7]

Zur Vorbereitung einer bemannten Marsmission im 3. Jahrtausend begann die NASA bereits in den neunziger Jahren des 20. Jahrhunderts mit unbemannten Raumflügen. Die Pathfinder-Mission war dabei das erste Projekt in einer ganzen Reihe solcher Missionen. Die Sonde startete am 4. Dezember 1996 von der Erde und landete am 4. Juli 1997 auf dem roten Planeten. Dort begann das mobile Erkundungsfahrzeug Sojourner sofort mit der Arbeit. Während des ersten Monats übertrug die Sonde mehr als 1,2 GByte Daten zur Kontrollstation auf der Erde. Darunter befanden sich mehr als 10 000 Fotos von der Marsoberfläche und ungefähr vier Millionen Messungen zu

Druck und Temperatur. Am 27. September 1997 brach die Verbindung zu Pathfinder kurzzeitig ab. Das Gerät ging durch häufige Resets und dadurch wurde der Datenstrom von der Sonde erheblich beeinträchtigt. Was war geschehen?

Der Fehler lag in einer Umkehrung der Prioritäten von Tasks, einer so genannten *Priority Inversion*. Dabei kam es dazu, dass eine Task mit einer niederen Priorität so viel Rechenzeit verbrauchte, dass eine eigentlich höher priore Task ihre Arbeit nicht beenden konnte. Dadurch wurde der *Watchdog Timer* des Prozessors getriggert, der jedes Mal den Reset auslöste.

Am Jet Propulsion Laboratory (JPL) in Pasadena versuchte man in fieberhafter Eile, den Fehler zu finden. Die Raumsonde war mit einem RS6000-Prozessor ausgerüstet, wie man ihn in vergleichbarer Form auch in Workstations auf der Erde findet. Als Betriebssystem wurde Wind Rivers Echtzeitbetriebssystem VxWorks verwendet. Es dauerte achtzehn Stunden, bis man auf der Erde das Problem rekonstruieren konnte.

Obwohl man sich über die Auswirkungen nicht vollkommen im Klaren war, bestand die Problemlösung letztlich darin, eine globale Variable im Betriebssystem zu ändern. Der geänderte Code wurde zum Mars gefunkt und es stellte sich schnell heraus, dass das Problem damit behoben war.

Auf der Erde war der Fall nicht getestet worden, weil man mit einer derart hohen Datenausbeute nicht gerechnet hatte. Mit anderen Worten: Die Wirklichkeit auf dem Mars stellte sich anders dar als der getestete *Worst Case* auf der Erde.

Im Bereich der europäischen Union war der Verlust der Ariane 5 bei ihrem Jungfernflug sicherlich das spektakulärste Ereignis in der jüngeren Geschichte der Raumfahrt.

Fall 1.5: *Überlauf* [8,9]

Im Frühjahr 1996 zerbrach die Ariane 5, die neueste Rakete des europäischen Konsortiums, bei ihrem Jungfernflug wenige Sekunden nach dem Start. In die Neuentwicklung waren 8 Milliarden US$ investiert worden. Die Betreiber sagten eine Zuverlässigkeit des Systems, basierend auf den Daten des Vorgängermodells Ariane 4, von 98,5% voraus.

Im Juli stand das Ergebnis der Ermittlungen zur Fehlerursache fest. Ursächlich war ein Software-Fehler im Trägheitsnavigationssystem der Rakete. Dreißig Sekunden nach dem Start ging der zweite Computer der Rakete, ein redundantes System, außer Betrieb. Dies wurde durch einen Fehler in einem Unterprogramm der Software verursacht. Obwohl dieses Unterprogramm nur am Boden gebraucht wird und während des Flugs eigentlich unnötig ist, wird es periodisch ausgeführt. Bei der Ariane 5 kalkulierte dieses Unterprogramm im Flug eine große horizontale Bewegung, die zu einem Überlauf *(overflow)* bei einer Variablen führte. Die Designphilosophie bei der Rakete bestand darin, bei einem derartigen Rechenfehler den Prozessor anzuhalten.

Nachdem das redundante Back-up-System ausgefallen war, fiel 50 Millisekunden später auch das Hauptsystem aus, das aus identischer Hard- und Software bestand. Dies führte dazu, dass das Trägheitsnavigationssystem nur Diagnosedaten an den Hauptcomputer der Ariane 5 lieferte. Diese Daten wurden als gültige Steuersignale interpretiert. Die Ariane versuchte, eine Abweichung von der Flugbahn zu korrigieren, die in der Realität gar nicht bestand. Durch die extremen Korrekturmanöver wurde die Rakete so überlastet, dass sie auseinander brach.

Das Unterprogramm, das zu dem Fehler führte, wurde von der Ariane 4 übernommen. Dabei ging man davon aus, dass die Software in der Ariane 4 fehlerfrei sei. Offensichtlich war bei der Ariane 4 die horizontale Bewegung geringer, so dass bei diesem System der Fehler zwar auftrat, allerdings nicht zu einem Überlauf führte.

Bei diesem Fehler sind eine Reihe von Fragen zu stellen. Dies gilt besonders dann, wenn man die Designphilosophie mit der des amerikanischen Sojourner vergleicht.

– War es notwendig, bei einem Überlauf in der Software gleich die gesamte Mission verloren zu geben und den Prozessor zu stoppen? Wäre es nicht möglich gewesen, gezielt wieder aufzusetzen und die Mission noch zu retten?
– Warum wurde die Routine, die zu dem Fehler führte, im Flug überhaupt aufgerufen? Ihr Zweck lag in der Positionsbestimmung der Rakete am Boden. Während des Flugs wurde sie überhaupt nicht gebraucht.
– Wieso wurde der Fehler nicht abgefangen? Die verwendete Programmiersprache, Ada, besitzt dazu die notwendigen Mechanismen.
– Warum wurde die Routine bei der Übernahme für die Ariane 5 nicht erneut getestet?

Weil die Ariane 5 aus europäischen Steuergeldern finanziert wird, sind derartige Fragen durchaus berechtigt. Allerdings beschränken sich Fehler in der Software nicht auf den Bereich Luft- und Raumfahrt. Auch bei Behörden, bei Banken und Versicherungen kommt es immer wieder zu Pannen, wie die zwei folgenden Fälle klar machen.

Fall 1.6: Das Jahr-2000-Problem, kein Mythos [10]

Über die Umstellung des Datums zur Jahrtausendwende ist viel gestritten worden. Die Tendenz reichte von totaler Verharmlosung bis zur Panikmache. Dass das Problem real ist, zeigt ein Fall aus dem US-Bundesstaat Maine. Dort erhielten im Herbst 1999 die Besitzer von Limousinen und Lkws Benachrichtigungen, in denen ihre Fahrzeuge als „Kutschen ohne Pferde" bezeichnet wurden. Was war geschehen?

Der Computer der zuständigen Behörde hatte das Jahr 2000 nicht richtig erkannt, sondern wegen der zweistelligen Darstellung das Jahr 1900 zu Grunde gelegt. Dafür war im Programm vorgesehen, Oldtimer mit Baujahr vor 1916 als „Kutsche ohne Pferde" zu bezeichnen.

Fall 1.7: Umstellungsprobleme [11]

Bei der Umstellung auf den Euro ist es bei der Bank 24, einer Tochter der Deutschen Bank, zu Fehlern gekommen. Bei der Abrechnung für das erste Quartal fanden Kunden auf ihren Konten Beträge, die um mehrere Billionen DM falsch waren. Am 6. und 7. April hatten Kunden von Bank 24 plötzlich Minusbeträge in 13stelliger Höhe auf ihren Konten, etwa einen Betrag von -7 902 343 433 862,49 DM. Andere wurden kurzzeitig zu Millionären.

Bank 24 behauptete, dass es sich um Einzelfälle handele, gab aber keine detaillierte Stellungnahme zur Ursache der Fehler ab.

Der Fall mit den meisten Todesopfern ereignete sich allerdings weder im Bereich der Wirtschaft noch in der Luft- und Raumfahrt, sondern auf einem Gebiet, wo es keiner erwartet hätte: Im Bereich der Medizintechnik. Unbemerkt von einer breiten Öffentlichkeit ist dort die Software auf breiter Front in die Geräte eingedrungen. Welche Folgen das hatte, zeigt der folgende Fall.

Fall 1.8: Krebsklinik [12,13]

In der zweiten Hälfte der achtziger Jahre wurden in den USA und Kanada eine Reihe von Unfällen mit einer Maschine zur Krebstherapie, der THERAC-25, bekannt. Dieses Gerät war eine Weiterentwicklung der THERAC-23 durch die kanadische Firma Atomic Energy of Canada Limited (AECL). Das Unternehmen war im Besitz der kanadischen Regierung und befasste sich hauptsächlich mit dem Bau von Kernkraftwerken.

Die Weiterentwicklung THERAC-25 war insofern bemerkenswert, als mit ihr sowohl Röntgenstrahlen *(X rays)* als auch Elektronenstrahlen verabreicht werden konnten. Außerdem war die Benutzerführung verbessert worden. Die Unfälle betrafen im Einzelnen die folgenden Kliniken:

- Marietta, Georgia, am 3. Juni 1985: Eine einundsechzigjährige Patientin erhielt eine Dosis von 15 000 bis 20 000 rads, was zu erheblichen Verbrennungen führte. Normale Dosen liegen bei etwa 200 rad. Sie konnte Arm und Schulter nach der Behandlung nicht mehr gebrauchen. Ihre Brüste mussten operativ entfernt werden.
- Hamilton, Ontario, Kanada, am 26. Juli 1985: Eine vierzigjährige Frau erhielt eine Strahlendosis im Bereich des Nackens, die zwischen 13 000 und 17 000 rads lag. Sie starb am 3. November 1985 an Krebs.
- Yakima, Staat Washington, Dezember 1985: Eine Patientin erhielt eine zu hohe Strahlendosis, was zu abnormaler Rötung ihrer rechten Hüfte führte.
- Tyler, Texas, 21. März 1985: Ein Mann erhielt eine Dosis zwischen 16 500 und 25 000 rads. Er konnte seinen rechten Arm nicht mehr gebrauchen und starb fünf Monate später an den Folgen der Überdosis.
- Tyler, Texas, 11. April 1986: Ein Mann wurde am Gehirn bestrahlt. Anstatt der vorgesehenen relativ kleinen Dosis erhielt er 4 000 rads. Der Patient starb am 1. Mai 1986 an den Folgen der Überdosis.

– Yakima, Staat Washington, Januar 1987: Ein Mann erhielt zwischen 8 000 und
10 000 rads. Vorgesehen hatte der Arzt ganze 86 rads. Der Patient starb im April
1987 an Komplikationen, für die die zu hohe Strahlenbelastung ursächlich war.

Die Behandlung mit der THERAC-25 wurde in der Regel unter der Verantwortung
eines Arztes von medizinisch-technischen Assistentinnen durchgeführt. Sie waren in
der Bedienung der Maschine geschult worden und man hatte ihnen glaubhaft ver-
sichert, dass ein Fehler durch eingebaute Kontrollen so gut wie ausgeschlossen wäre.
Der Hersteller der Maschine wies zunächst jede Verantwortung für die Unfälle von
sich und bestand darauf, dass die THERAC-25 einwandfrei arbeitete.

Licht in das Dunkel gegenseitiger Schuldzuweisungen brachten eigentlich erst die
Vorfälle in Tyler in Texas. Dort glaubte man den Beteuerungen des kanadischen Herstellers bald nicht mehr und ging daran, die Ursache des Versagens der THERAC-25 zu
klären. Werfen wir zunächst jedoch einen Blick auf eine Skizze der THERAC-25, so
wie sie in den meisten Kliniken eingebaut wurde.

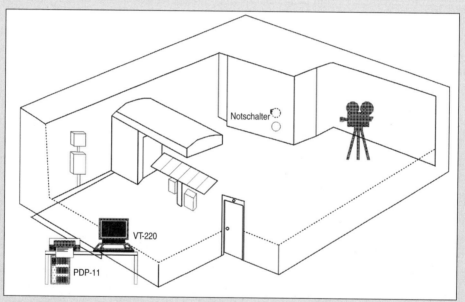

Abb. 1-1:   *Maschine zur Bestrahlung in der Krebstherapie*

Ein Patient sollte in der Klinik in Tyler am Rücken mit einer Dosis von 180 rads
bestrahlt werden. Die medizinisch-technische Assistentin (MTA) richtete ihn auf dem
Bestrahlungstisch sorgfältig ein und verließ dann den abgeschirmten Raum, in dem die
Bestrahlung verabreicht wird. Sie tippte am Bildschirm ihres VT-100-Terminals
schnell die notwendigen Daten ein. Sie bemerkte dann, dass sie versehentlich *x* (für
x ray) anstatt *e* (für *electron*) eingegeben hatte. Das ist ein verständlicher Flüchtigkeitsfehler, da die Behandlung mit Röntgenstrahlen (*x rays*) häufiger ist. Sie fuhr deshalb unter Benutzung der Pfeiltasten schnell in die Zeile hoch und ersetzte das *x* durch

ein *e*. Bei den übrigen Eingaben drückte sie zur Übernahme einfach auf die Eingabe-taste. Sie bestätigte zum Schluss die Eingaben und drückte *b* für *Beam*. Damit begann im Nebenraum die Bestrahlung.

Einen Augenblick später unterbrach die THERAC-25 die Behandlung und brachte die Fehlermeldung ‚Malfunction 54' auf den Bildschirm des Terminals. Außerdem wurde ‚treatment pause' angezeigt, ein minder schwerer Fehler. In der Dokumentation zu der THERAC-25 wird die Fehlermeldung 54 kurz als *dose input 2* beschrieben. Da derartige Fehlermeldungen des Geräts häufig sind und bei den Operatoren als nicht weiter schlimm betrachtet wurden, drückte die MTA die P-Taste für *proceed*. Sie setzte damit die Behandlung fort.

Der Patient auf dem Behandlungstisch hatte keinerlei Kontakt zur MTA am Compu-ter. Er fühlte sich, als hätte jemand brühend heißen Kaffee auf seinen Rücken geschüttet. Dann hörte er ein summendes Geräusch von der Maschine. Da es sich bereits um seine neunte Sitzung handelte, wusste er, dass das nicht normal war. Als er sich gerade vom Tisch wälzen wollte, bekam er einen Schlag, den er wie einen elektrischen Schock emp-fand. Das geschah in genau dem Moment, als die MTA draußen die P-Taste drückte.

Der Patient klopfte heftig an die Tür des Behandlungsraums. Die MTA war geschockt und rief nach einem Arzt. Es wurden massive Schäden festgestellt. Der Patient in Tyler überlebte die Strahlenbehandlung nur fünf Monate.

Einen Monat später ereignete sich in derselben Klinik und mit der gleichen medizi-nisch-technischen Assistentin ein ähnlicher Unfall. Dieser Patient starb als Folge der Überdosis am 1. Mai 1986, drei Wochen nach dem Unfall. Nun glaubte das verantwort-liche Personal der Klinik den Beteuerungen des Herstellers AECL aber nicht mehr. Es ging daran, in eigener Regie den Fehler zu rekonstruieren.

Die Mensch-Maschine-Schnittstelle – zu bedienerfreundlich?

Beim Vorgängermodell hatten sich die Benutzer oft über eine zu umständliche und Zeit raubende Benutzerführung beklagt. Bei der THERAC-25 können daher gewisse Daten aus dem Behandlungsplan einfach kopiert werden. Das macht auf den ersten Blick Sinn, denn oft handelt es sich um mehrere Sitzungen, die sich über Wochen und Monate hinziehen.

Die Umstellung der THERAC-25 von Röntgenstrahlen *(x rays)* auf Photonen *(elec-trons)* kann, was das Terminal betrifft, durch den Ersatz eines einzigen Buchstabens bewerkstelligt werden. Bei Röntgenstrahlen ist dabei nur ein konstanter Energiepegel vorgesehen, nämlich 25 MeV. Was war nun bei der verhängnisvollen Bestrahlung geschehen?

Die MTA war mit der Benutzung der Maschine bereits so vertraut, dass sie rasch in der Lage war, durch die Benutzung der Pfeiltasten auf dem Bildschirm nach oben zu gehen und das zunächst eingetippte *x* für Röntgenstrahlen in ein *e* (für *electrons*) zu ändern. Das Programm auf der PDP-11 befand sich zu der Zeit in einer Routine, die der Einstellung von Magneten im Behandlungsraum dient. Dieses Unterprogramm benö-tigte dafür acht Sekunden und während dieser Zeitspanne wurde das Terminal *nicht* abgefragt.

Die Folge dieser Programmierung war, dass zwar die Daten auf dem Bildschirm geändert wurden, sie aber vom Programm nicht übernommen wurden. Innerhalb der PDP-11 waren weiterhin die Daten für Röntgenstrahlen gespeichert und damit wurde der Patient bestrahlt. Man kann auch sagen, das Programm belog seinen Benutzer.

Eine weitere Schwachstelle lag in der Fortsetzung der Behandlung bei – vermeintlich – minder schweren Störungen. Den MTAs hatte man bei der Schulung erklärt, die THERAC-25 wäre so sicher, dass gar kein Unfall passieren könne. In der Praxis gab es allerdings immer wieder Schwierigkeiten und Probleme: Bei schweren Störungen musste der Wartungsdienst der Klinik die Einstellungen der THERAC-25 überprüfen, und gegebenenfalls musste die Herstellerfirma zu Rate gezogen werden.

Bei minder schweren Fehlern, und so wurde *Malfunction 54* zunächst eingestuft, drückte die MTA einfach die P-Taste zur Fortsetzung der Behandlung. Dies war bis zu fünf Mal möglich. Was sie nicht wusste: Die nichtssagende Fehlermeldung *Malfunction 54* und die Nachricht *dose input 2* bedeutete, dass der Patient bereits bestrahlt wurde und die verabreichte Dosis entweder zu hoch oder zu niedrig gewesen war. Durch das Drücken der P-Taste wurde der Röntgenstrahl ein zweites Mal aktiviert.

Das summende Geräusch, das der Patient nach der Verbrennung seines Rückens gehört hatte, war das Überlaufen der Ionenkammer unter dem Behandlungstisch gewesen. Nach der ersten Überdosis wurde er durch die so leichtfertig fortgesetzte Behandlung ein weiteres Mal bestrahlt.

Es wurde nach der Rekonstruktion des Unfalls geschätzt, dass er in weniger als einer Sekunde einer Dosis von 16 500 bis 25 000 rads über einer Fläche von einem Quadratzentimeter ausgesetzt war.

Den zweiten Patienten in Tyler traf es noch schlimmer. Er sollte wegen eines Krebsgeschwürs im Gesicht mit einer geringen Dosis von lediglich 10 MeV bestrahlt werden. Durch die zu hohe Strahlendosis wurde sein Stammhirn nachhaltig geschädigt.

Erst nachdem es den Benutzern in Tyler, Texas, gelungen war, die Fehler zu rekonstruieren und den Fehlerfall zu demonstrieren, wurde die Behandlung mit der THERAC-25 eingestellt. In den USA und Kanada sind eine Reihe von Prozessen anhängig, die von den Angehörigen der Opfer angestrengt wurden. Allerdings darf man bezweifeln, dass seitens des Herstellers große Summen gezahlt werden dürften. Bei AECL handelt es sich um eine *Crown Company*, also um ein Unternehmen im Besitz der kanadischen Regierung. Und wer jemals versucht hat, den Staat auf Schadensersatz zu verklagen, weiß, welch ein aussichtsloses Unterfangen das darstellt.

Bisher haben wir uns mit Fehlern befasst, bei denen es um funktionelle Mängel der Software ging. Das sind ohne Zweifel die am häufigsten auftretenden Fehler. Mit zunehmender Bedeutung der Software und ihrem Vordringen in alle Bereiche menschlichen Lebens treten jedoch auch Fehler auf, die man als Datenfehler bezeichnen muss. Dabei ist die Software in Ordnung, der Betreiber eines EDV-Systems setzt diese allerdings nicht richtig ein oder verwendet falsche Daten. Der folgende Fall handelt von einem solchen Datenfehler

Fall 1.9: Datenpanne [14]

Am 16. März 1998 wird die elfjährige Christina Nytsch auf dem Heimweg vom Hallenbad von einem Mann angesprochen. Sie steigt in das Auto des dreißigjährigen Ronny R. und wird vergewaltigt, mit dem Messer misshandelt und erdrosselt.

Die Polizei startet die bisher größte Massenaktion in der deutschen Kriminalgeschichte, um den Täter zu identifizieren. Er hat genetisches Material am Körper des toten Mädchens hinterlassen. Tausende von Männern in der Nähe von Cloppenburg unterziehen sich freiwillig einem Speicheltest, mit dem ihr genetischer Fingerabdruck ermittelt werden kann. Die Polizei hofft, dass sich auf diese Weise der Täter ermitteln lässt.

Spur Nummer 3889 führt zum Erfolg. Der Mörder von Christina Nytsch wird festgenommen. Zu bemerken ist allerdings, dass es dabei zu einer Panne kam. Ronny R. hatte bereits im Alter von 21 Jahren eine siebzehnjährige Verwandte vergewaltigt und war zu einer fünfeinhalbjährigen Haftstrafe verurteilt worden. Diese Haftstrafe fand sich nicht im Computer des Landeskriminalamts. Wären die Daten zu den Vorstrafen von Ronny R. vollständig gewesen, hätte die Polizei seine Speichelprobe vordringlich untersucht. Sie wäre in der Lage gewesen, den Mörder viel schneller zu fassen.

Verglichen mit funktionellen Mängeln in der Software machen Datenfehler zwar nur einen geringen Prozentsatz aus. Auf der anderen Seite fallen sie selbst in der Fachliteratur oft unter den Tisch.

Wenn man die Lage im Zusammenhang sieht, dann ergibt sich für die Zahl der bekannt gewordenen Fehler in der Software weltweit das folgende Bild (siehe Tabelle 1-1).

Bereich	Todesfälle	Lebensgefahr	Verluste von Sachwerten	Andere Risiken
Kommunikationssysteme	3	28	30	7
Raumfahrt	1	25	23	12
Streitkräfte	6	26	13	6
Militärische Luftfahrt	3	15	5	2
Zivile Luftfahrt	17	49	9	5
Öffentlicher Verkehr	7	18	1	6
Autoverkehr	3	14	2	3
Umwelt	0	3	0	1
Regelungssysteme	6	12	10	5
Roboter/KI	6	1	3	3
Medizintechnik	17	13	4	3
Stromerzeugung	2	23	2	6
Betrug im Finanzwesen	0	0	56	6
Verluste im Finanzwesen durch unbeabsichtigte Fehler	0	1	58	11

Bereich	Todesfälle	Lebensgefahr	Verluste von Sachwerten	Andere Risiken
Börse	0	0	20	1
Wahlen	0	1	1	30
Betrug mit dem Telefon	0	0	22	3
Versicherungsbetrug	0	0	2	0
Sicherheit, Verletzung der Privatsphäre	2	10	72	78
Kein Service	2	11	28	26
Datenbanken	2	4	12	4
Polizei/Gericht	0	14	11	15
Sonstige/Gerichtswesen	1	9	29	5
Verärgerung	3	5	45	43
Chaos bei der Entwicklung	0	0	12	0
Sonstige	0	1	5	37
Summe	81	286	476	319

Tabelle 1-1:   *Fehler durch Software [6]*

Wenn man diese Fehlerzahlen sieht, könnte man annehmen, dass die Verifikation und Validation von Software in den Unternehmen die höchste Priorität genießt. Zwar mag das gelegentlich behauptet werden. Fragt man dann allerdings, wie sich das Verhältnis von Testern zu Entwicklern darstellt, kehrt schnell Ernüchterung ein. Welches sind also die Hindernisse, die einem effektivem Test der Software im Wege stehen?

1.3   Der Zwang zu qualitativem Wachstum

Wer die Wahrheit sagt, braucht manchmal ein schnelles Pferd.
Chinesisches Sprichwort

Aus den vorher gebrachten Beispielen kann man den Schluss ziehen, dass Software in unseren Tagen in vielen Fällen eine unzureichende Qualität aufweist. Wenn das allerdings so ist, dann sollte der Test der Software in den Unternehmen einen breiten Raum einnehmen. Wir sollten es im Laufe der Jahre auch geschafft haben, Erfolge an dieser Front zu erzielen. Die Qualität der Software müsste besser sein.

Dies ist nicht in dem Ausmaß der Fall, wie wir das nach fünfzig Jahren, in denen Software entwickelt wird, erwarten könnten. Wo liegen nun die Gründe für die weiterhin unzureichende Qualität der Software?

Hier wären im Wesentlichen zwei Gründe anzuführen:

1. Das Wachstum der Programme sorgt dafür, dass Erfolge bei der Software-Qualität nicht in dem erwarteten Ausmaß durchschlagen. Zwar erzielen viele Unternehmen durchaus Erfolge darin, die Zahl der Fehler zu senken. Dem steht allerdings ein Wachstum beim Programmumfang gegenüber, das diese Erfolge zum großen Teil negiert. Das Wachstum der Programme ist unter anderem dadurch bedingt, dass neue Käuferschichten erschlossen werden. Diese sind nicht mit einer herkömmlichen Kommandozeile zufrieden, sondern verlangen komfortable grafische Oberflächen. Hinzu kommt, dass der Wettbewerb die Anbieter von Standardprodukten zwingt, Features in ihre Programme zu nehmen, die der Markt angeblich fordert.

2. Das Vordringen der Software in immer neue Gebiete der Technik und des menschlichen Lebens: Software dringt in Gebiete vor, die vorher von analoger Technik geprägt waren, zum Beispiel der Flugzeugbau. Diese neuen Applikationen verlangen große Programmpakete, um alle möglichen Fälle abzudecken.

Mit welchen Programmgrößen man heutzutage rechnen muss, zeigt anschaulich Tabelle 1-2.

Projekt	Codeumfang(LOC)
Fehlertolerantes verteiltes Betriebssystem	21 538
Textverarbeitungsprogramm in Ada	38 732
Simulator für die amerikanische AIR FORCE zur Modellbildung von Flugabwehrraketen	40 000
SHIP 2000, ein Software-System für die schwedische Marine	55 000
Cabin Management System für Boeing 777 in Ada	70 000
Ada Cross Compiler für Z80-Mikroprozessor	80 000
Static Analyser, Werkzeug zur Analyse von Ada Source Code in VAX/VMS-Umgebung	200 000
Bahnverfolgung von Satelliten für die NASA	220 000
Graphical Kernel System (GKS), Ada binding	242 580
Sprachübersetzer von COBOL und FORTRAN in Ada	338 000
PRIMARY AVIONICS SYSTEM SOFTWARE (PASS), das Navigations- und Steuerungssystem für die amerikanische Raumfähre	500 000
Software zur automatischen Steuerung eines Stahlwalzwerks in den USA (Weirton Steel)	500 000
Airplane Information Management System (AIMS) für Boeing 777	600 000
Software zur Flugkontrolle für den Luftraum über Spanien	800 000
Earth Observing System (EOS), Flugkontrollsoftware für einen Satelliten der NASA	870 000
Flugkontrollsoftware für die amerikanische Behörde zur Luftüberwachung (FAA)	1 000 000
Operational Flight Program für das Jagdflugzeug F-22 (Oktober 1999)	1 400 000
Software zur Steuerung des Kernkraftwerks Chooz B in Frankreich, erstellt von der SEMA-Gruppe, in Ada	1 500 000

Projekt	Codeumfang(LOC)
STANFINS-R, ein Buchhaltungssystem für die amerikanische Armee	1 800 000
Software für Boeing 777, zum größten Teil in Ada	4 000 000
Davon *Flight Control Software*	132 000
Unterseeboot *Seawolf* der US NAVY, in Ada	5 000 000
Software für den Advanced Tactical Fighter der US AIR FORCE	5 000 000
Microsofts Betriebssystem NT, US$ 150 Mill. Entwicklungskosten, 200 Programmierer und Tester	4 300 000
Microsofts WINDOWS NT, Version 5.0	30 000 000
US-Steuerbehörde IRS, 19 000 separate Applikationen, Summe	62 000 000

Tabelle 1-2:   *Programmgrößen*

Während man vor Jahren noch mit Programmpaketen von einigen Zehntausend Lines of Code (LOC) rechnen konnte, gehen heutige Projekte oftmals von Millionen Lines of Code aus. Für Microsofts WINDOWS NT, Version 5.0, werden 30 Millionen Lines of Code genannt. Da stellt sich natürlich die Frage, ob Projekte dieser Größenordnung überhaupt noch zu beherrschen sind. Oder anders gefragt: Ist es möglich, Programme dieser Größe so auszutesten, dass der Anwender Software bekommt, die nahezu fehlerfrei ist?

Betrachten wir dazu ein paar typische Applikationen, wobei wir für die Fehlerrate und die Restfehlerrate Durchschnittszahlen der Industrie zu Grunde legen wollen (siehe Tabelle 1-3).

Applikation	Umfang der Software	Zahl der Fehler	Zahl der Restfehler	Schwerwiegende Restfehler
Autopilot zur Steuerung einer Rakete	30 000	1 500	60	6
PASS, Navigationssystem des Space Shuttle	500 000	25 000	1000	100
Software zur Flugkontrolle über den USA oder Europa	1 000 000	50 000	2000	200
Software zur Steuerung eines Kernkraftwerks	1 500 000	75 000	3000	300

Tabelle 1-3:   *Restfehler bei verschiedenen Applikationen*

Dieser Tabelle liegen die folgenden Annahmen zu Grunde: Die Fehlerrate für die Entwicklung von Software wurde mit 50 Fehlern pro tausend Lines of Code (KLOC) angenommen. Das ist ein Wert, der sich in Unternehmen mit einem verantwortungsbewussten Management durchaus erreichen lässt, wenngleich nicht ohne Anstrengungen.

Bei der Restfehlerrate handelt es sich um die Zahl der Fehler, die nach dem Test und der Auslieferung der Software an den Kunden im Programmcode verbleibt. Hier kann man bei den besten Firmen in ihren jeweiligen Marktsegmenten, also zum Beispiel IBM, Hewlett-Packard oder dem *Software Engineering Laboratory* (SEL) der amerikanischen NASA, mit Werten im Bereich von 1 bis 3 Fehler pro tausend Programmzeilen rechnen. Für Tabelle 1-3 wurde konkret mit zwei Fehlern pro KLOC gerechnet. Von diesen Restfehlern sind wiederum nur rund zehn Prozent wirklich schwerwiegender Natur, führen also etwa zu einer Blockade im Programm *(deadlock)* oder einer Endlosschleife.

Wir können also davon ausgehen, dass bei der Flugsoftware des amerikanischen Space Shuttle während der Entwicklung rund 25 000 Fehler gemacht werden. Der überwiegende Teil dieser Fehler wird während der Entwicklungszeit gefunden und beseitigt. Die Zahl der Restfehler beträgt etwa eintausend und wir müssen mit rund hundert schwerwiegenden Restfehlern rechnen.

Dazu muss man allerdings erwähnen, dass es sich bei der Software für das Space Shuttle um ein Programm handelt, das eine der niedrigsten Restfehlerraten in der Industrie aufweist. Der Rest der Betriebe kann nur schlechtere Zahlen vorweisen.

Weil der Umfang der Software stetig wächst, weil aber auch immer mehr Programme in den Bereich sicherheitskritischer Anwendungen fallen, ist der Zwang zu qualitativem Wachstum in der Branche unausweichlich. Nur wenn beim Test, bei Verifikation und Validation der Software, wirklich Erfolge erzielt werden, kann das Wachstum der Branche weiter gehen. Ist das nicht Fall, stellt unzureichende Qualität der Programme ein Hindernis für das Wachstum dieses Industriezweigs dar.

1.4   Testverfahren im Überblick

Zur Steigerung der Software-Qualität sind im Laufe der Jahre verschiedene Wege ausprobiert worden. Bereits seit den ersten Tagen der Programmerstellung hat man versucht, die Software vor ihrer Auslieferung zu testen. Die damit erzielten Ergebnisse waren nicht immer befriedigend und in den sechziger Jahre ging man folglich daran, das Testen der Software auf eine breitere Grundlage zu stellen.

In dieser Zeit tauchten zum ersten Mal Begriffe auf, die auch heute noch in die Werkzeugkiste jeden guten Testers gehören. Hier wären zu nennen:

— White Box Test
— Black Box Test und externe Testgruppe
— Volume Test, Stress Test und Test auf Systemebene

Jeder dieser Begriffe beinhaltet bestimmte Techniken, die bei konsequenter Anwendung dazu führen können, dass Fehler in der Software aufgedeckt werden. Allerdings kommt der Erfolg nicht von ungefähr. Testen ist eine Tätigkeit, die viel Zeit verschlingt.

Während mit Testen alles begann, ist diese Technik doch alleine nicht ausreichend. Einer der größten Nachteile des Tests der Software besteht darin, dass Fehler erst in einer relativ späten Phase der Entwicklung gefunden werden. Weil aber die Beseitigung eines Fehlers umso teurer wird, desto später er gefunden wird, stellt diese Situation für die Unternehmensleitung ein Problem dar. Die Frage lautete also: Können wir Fehler in der Software früher finden?

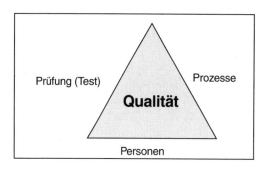

Abb. 1-2:
Maßnahmen zur Steigerung der Qualität

Das ist in der Tat möglich und man hat zum Test Techniken wie Fagan Inspections und Code Walkthroughs hinzugenommen. Vom Lebenszyklusmodell her gesehen kommen diese Techniken vor dem Test zum Einsatz, während sie historisch gesehen erst zehn bis zwanzig Jahre nach dem Test Bedeutung erlangt haben.

Das Konzept wurde also ausgeweitet und heute sprechen wir im Zusammenhang meistens von Verifikation und Validation der Software. Diese Techniken alleine reichen aber nicht aus. Hinzu kommen muss ein konstruktiver Ansatz, um Fehler zu vermeiden, bevor sie überhaupt in die Software eingeführt werden. Wenn wir fragen, wie wir die Qualität der Software auf breiter Front steigern können, dann ergibt sich Abbildung 1-2.

In dieser Grafik kann man von den drei Ps sprechen. Das erste P, Prüfung, nahm seinen Anfang mit dem Test der Software. Der zweite Ansatz besteht darin, einen Prozess zu kreieren, der so ausgelegt ist, dass mit hoher Wahrscheinlichkeit eine zufriedenstellende Qualität der Software erreicht wird.

Bei dem dritten P handelt es sich weitgehend um Zukunftsmusik. Es dürfte jedoch einsichtig sein, dass die dritte Angriffsspitze auf die Mitarbeiter in den Unternehmen zielen muss. Gut ausgebildete Mitarbeiter sind eher in der Lage, qualitativ hochwertige Software zu erstellen.

Wenn es um sicherheitskritische Software geht, dürfte keine der drei Stoßrichtungen allein ausreichen. Vielmehr müssen auf allen Gebieten Erfolge erzielt und Fortschritte gemacht werden. Der Blick auf alle drei Ps sollte allerdings nicht darüber hinweg täuschen, dass Verifikation und Validation der Software bereits eine ganze Reihe von Techniken und Methoden beinhalten, die beherrscht werden müssen. Nur basierend auf der soliden Beherrschung dieser Techniken können weitere Gebiete mit Aussicht auf Erfolg angegangen werden.

Software-Entwicklung als Prozess

Facilitating the change process is like sculpting a block of wood. Although we who envision the change may have images of the results we want, we do not have control; there is interplay with the wood.

F. Peavey

Der Einsatz eines geeigneten Prozessmodells stellt einen gangbaren Weg dar, um die Qualität der Software zu verbessern. Allein aus diesem Grund sollte ein Tester die bekanntesten Prozessmodelle kennen. Ein anderer, nicht unwichtiger Grund liegt darin, dass in allen Modellen eine Phase vorgesehen ist, in der die Software einem Test unterzogen wird. Die Länge dieser Phase zu bestimmen, ihr Verhältnis zu Gesamtentwicklungszeit zu beurteilen und daraus die Forderung nach personellen Ressourcen abzuleiten, ist im Rahmen der Testplanung eine essentielle Aufgabe. Deshalb ist es wichtig, sich mit den Vor- und Nachteilen verschiedener Prozessmodelle auseinander zu setzen.

2.1   Prozessmodelle

Das älteste Prozessmodell stammt aus den sechziger Jahren des letzten Jahrhunderts. Zweck des Wasserfallmodells war es, die Entwicklung in überschaubare Abschnitte oder Phasen zu gliedern, an deren Ende jeweils ein Software-Produkt abzuliefern ist. Das Wasserfallmodell ist in Abbildung 2-1 dargestellt.

Die Gründe für die Einführung des Modells sind heute so aktuell wie damals. Mit der Einführung des Modells sollte es gelingen, die folgenden Ziele zu erreichen:

1. Verifizierung von Software-Produkten am Ende einer Phase, nicht erst am Ende der Entwicklung; zum Beispiel Verifizierung der Software-Spezifikation am Ende der ersten Phase.
2. Gliederung der gesamten Entwicklungszeit in überschaubare Abschnitte und damit verbunden eine bessere Kontrolle durch das Management.
3. Verknüpfung bestimmter Software-Produkte, ihre Verifizierung und das Stellen unter Konfigurationskontrolle, mit bestimmten Entwicklungsphasen.
4. Besserer Einblick in die Entwicklung für den Kunden.

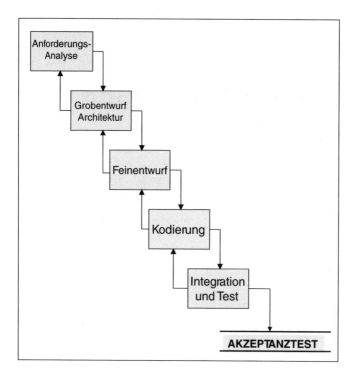

Abb. 2-1:
Wasserfallmodell

Natürlich lassen sich die oben angeführten Ziele nicht nur mit dem Wasserfallmodell reali-sieren. Das Modell ist wegen der starren Abfolge seiner Phasen oft kritisiert worden. Man sollte jedoch beachten, dass bereits bei diesem ersten Modell ein Rücksprung in frühere Phasen der Entwicklung durchaus möglich ist. Er ist lediglich unerwünscht. Kommen wir damit zu einem zweitcn Modell, dem V-Modell.

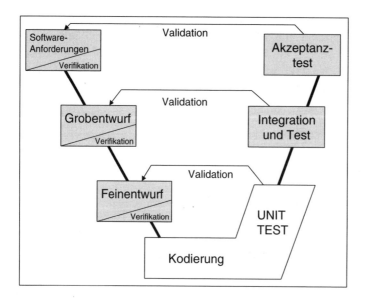

Abb. 2-2:
V-Modell der Software-Entwicklung

Das V-Modell ist ebenfalls ein Wasserfallmodell, allerdings sind die verschiedenen Phasen anders dargestellt. Durch die Anordnung in der Form eines stehenden V gelingt es, die Tätigkeiten Verifikation und Validation, die oftmals verwechselt werden, sehr klar heraus-zuarbeiten. Verifikation ist dabei die Überprüfung eines Software-Produkts am Ende einer Phase gegen vorgegebene Anforderungen, einen Standard oder die Ergebnisse der vorher-gehenden Phase. Bei Validation handelt es sich dagegen um die Frage, ob ein Software-Produkt seinen Anforderungen gerecht wird. Mit einem kleinen Wortspiel können wir auch sagen: Bei der Verifikation wird überprüft, ob das Produkt richtig ist. Bei Validation prüfen wir dagegen, ob wir das richtige Produkt erstellt haben.

Mit anderen Worten: Verifikation ist eher auf die Einzelheiten ausgerichtet, während wir bei Validation das Produkt in seiner Umgebung sehen. Verifikation ist als Methode eher für den Entwickler geeignet, weil er detaillierte Produktkenntnisse vorweisen kann. Bei der Validation hingegen stellen wir uns als Tester eher auf den Standpunkt des Kunden und der Benutzer.

Das V-Modell schließt nicht aus, dass vor der Erstellung der Software-Spezifikation eine Phase vorangeht, in der die Systemanforderungen definiert werden. Es kann sich bei dem Produkt also durchaus um Embedded Software [15] handeln. Die Modifikation des V-Modells ist möglich. So kann man etwa die Zahl der Phasen erhöhen, aber auch Rapid Prototyping (PT) einführen. Dies ist in Abbildung 2-3 gezeigt.

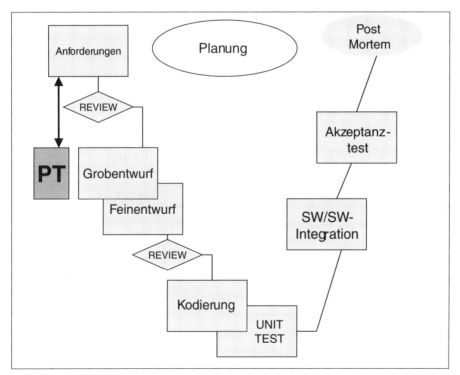

Abb. 2-3:   *V-Modell mit Rapid Prototyping*

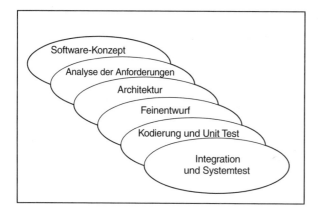

Abb. 2-4:
Sashimi-Modell

Während sowohl beim Wasserfallmodell als auch beim V-Modell großer Wert darauf gelegt wird, die Phasen voneinander abzugrenzen, ist dies beim so genannten Sashimi-Modell ausdrücklich nicht der Fall. Hier ist eine Überlappung verschiedener Phasen möglich. Dieses Modell ist in Abbildung 2-4 dargestellt.

Weil bei diesem Modell zum Beispiel Feinentwurf und Kodierung zum gleichen Zeitpunkt durchgeführt werden können, ist es durchaus möglich, dass ein Entwickler Module programmiert, die durch die Ergebnisse des Feinentwurfs unnötig werden. Damit handelt es sich natürlich um unnötige Doppelarbeit. Darüber hinaus muss man die Eignung dieses Modells für sicherheitskritische Software in Frage stellen, denn gerade bei dieser Art von Software muss die Entwicklung nach einem klar gegliederten Modell erfolgen; die Entstehung verschiedener Module muss jederzeit nachvollziehbar sein.

Kommen wir damit zum Spiralmodell. Es ist in Abbildung 2-5 gezeigt.

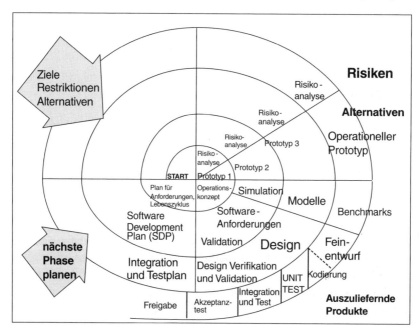

Abb. 2-5:
Spiralmodell

Das Spiralmodell ist bei TRW entstanden und eignet sich eher für Software-Projekte, die sich über Jahre hinziehen. Es ist in der Auswahl der Techniken relativ flexibel und erlaubt es, Risikobetrachtungen anzustellen und Prototypen zu erstellen. Auf der linken Seite finden sich keine Tätigkeiten, weil es sich eine Regierung zwischen den einzelnen Phasen schon einmal ein oder zwei Jahre überlegt, ob sie ein Projekt weiter vorantreiben will.

Kommen wir damit zum Wasserfallmodell mit Subprojekten. Eine der am schwierigsten zu beherrschenden Größen bei Software-Projekten ist die Komplexität. Das gilt sowohl für den Programmcode selbst als auch die Organisation der damit beauftragten Mitarbeiter. Bei einer größeren Zahl von Entwicklern geht die Zahl der Schnittstellen zwischen ihnen exponentiell in die Höhe. Man will allerdings seitens der Projektleitung keinen Diskutierklub einrichten, sondern möglichst viel Software in möglichst kurzer Zeit erzeugen. Bei der Erreichung dieses Ziels kann das Wasserfallmodell mit Subprojekten nützliche Dienste leisten. Es ist in Abbildung 2-6 dargestellt.

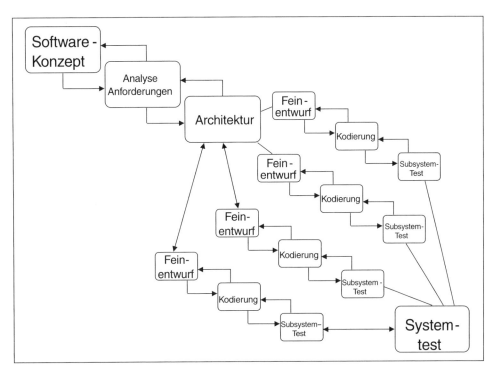

Abb. 2-6:   *Wasserfallmodell mit Subprojekten*

Beim Einsatz dieses Modells ist es möglich, nach der Erstellung des Grobentwurfs kleinen Gruppen von Programmierern bestimmte Aufgaben zuzuweisen, die sie relativ autonom bearbeiten können. Damit wird dem Wachstum der Schnittstellen entgegengewirkt.

Die Gefahr beim Einsatz dieses Modells liegt in einer ungenügend oder schlicht falsch definierten Architektur des Systems. In so einem Fall würden größere Änderungen auftreten und damit würde der erhoffte Effekt nicht erzielt werden. Es muss also im Vorfeld der

Aufteilung in Arbeitspakete für kleine Gruppen von Entwicklern größter Wert darauf gelegt werden, eine Software-Architektur zu kreieren, die der gestellten Aufgabe gerecht wird, ein gewisses Maß an Flexibilität erlaubt und die Zahl der Schnittstellen zwischen einzelnen Komponenten der Software minimiert. Wenn das gelingt, sollte sich bei einem größeren Projekt der Einsatz des Wasserfallmodells mit Subprojekten lohnen.

Kommen wir damit zu einem Modell, das sich ebenfalls für größere Projekte eignet. Ich denke dabei an Dutzende von Programmierern und ein paar Hunderttausend Lines of Code. In der Regel werden sich derartige Projekte Jahre hinziehen. Wenn der Projektleiter das erste Mal eine Kalkulation durchführt, kommt er vielleicht auf eine Projektlaufzeit von fünf Jahren. Diese Zahl mag realistisch sein, aber sie ist möglicherweise für den Kunden nicht akzeptabel. Er macht unmissverständlich klar, dass er nach spätestens drei Jahren die Software braucht.

Wenn der Projektleiter auf diese Forderung eingeht, wird er unglaubwürdig. Eine Projektlaufzeit von fünf Jahren lässt sich nicht auf drei Jahre komprimieren. Ein Ausweg würde in dieser Situation darin bestehen, als Vorgehensmodell *Incremental Delivery* einzusetzen. Bei diesem Modell wird ein Teil der funktionellen Software bereits nach drei Jahren ausgeliefert. Es könnte sich in unserem Beispiel etwa um sechzig bis siebzig Prozent des Funktionsumfangs handeln. Der Rest der Software wird dann in mehreren geplanten Releases über die nächsten zwei Jahre ausgeliefert. Dieses Modell ist in Abbildung 2-7 dargestellt.

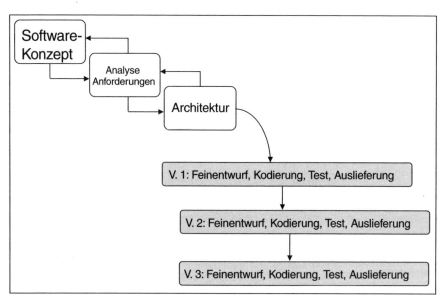

Abb. 2-7:   *Incremental Delivery*

Auch dieses Modell ist nicht ohne Tücken. Bereits das erste Release muss so ausgelegt werden, dass es mit der Datenmenge arbeiten kann, die für alle Releases definiert wurde. Das erfordert im Vorfeld sorgfältige Planung. Es besteht auch die Gefahr, dass die Anwender, wenn sie erst das erste Release in Händen haben und damit arbeiten können, mit einer Fülle neuer Anforderungen an die Software kommen, die alle in späteren Releases berücksichtigt werden sollen. Hier sind auf Seiten des Auftragnehmers die Projektleitung und das Konfigurationsmanagement gefordert, um die Zahl neuer Funktionen nicht ausufern zu lassen.

Der große Vorteil des Modells liegt andererseits darin, dass mit ihm sowohl die berechtigten Forderungen des Kunden erfüllt werden können als auch die Bedenken des Auftragnehmers in angemessener Form in die Projektplanung einfließen.

Kommen wir damit zu einem Modell, das in gewisser Weise Prototyping realisiert. Im Gegensatz zu dem Modell in Abbildung 2-3, wo Prototyping als Tätigkeit am Beginn der Entwicklung angesiedelt wurde, wandert Prototyping nun an das Ende der Entwicklungstätigkeiten. Das ist in Abbildung 2-8 gezeigt.

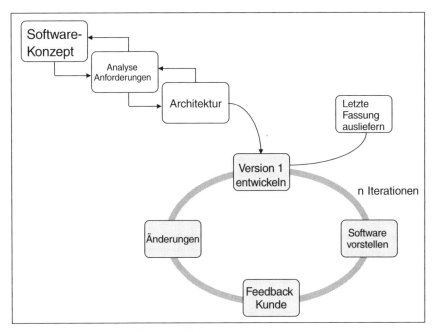

Abb. 2-8:   *Evolutionary Delivery*

Bei diesem Modell gehen wir davon aus, dass es einer ganzen Reihe von Iterationen bedarf, bevor der Kunde mit der Software zufrieden ist. Weil dies von vornherein der Ansatz ist, eignet sich dieses Modell mit Sicherheit nicht für Projekte, bei denen Dutzende von Programmierern an der Software arbeiten. Die Kosten wären einfach zu hoch.

Die Gefahr für den Auftragnehmer liegt beim Einsatz dieses Modells sicherlich darin, dass die Zahl der Iterationen gegen Unendlich tendiert. Damit wäre die Software-Entwicklung nicht mehr bezahlbar. Es muss also trotz des Eingehens auf Kundenwünsche das Bestreben der Firmenleitung des Auftragnehmers sein, die Software mit einer begrenzten Zahl von Versuchen ausliefern zu können. Auch dieses Modell enthält nach der Entwicklung natürlich Testtätigkeiten, obwohl sie nicht explizit dargestellt sind.

Welches Prozessmodell man im Einzelnen wählt, hängt von einer Vielzahl von Parametern ab. Dazu zählen Größe der Software, Wünsche des Kunden, Präferenzen der Mitarbeiter und gewiss auch die Erfahrungen, die man beim Einsatz eines bestimmten

Prozessmodells in der Vergangenheit gewonnen hat. Immer sollte man allerdings darauf achten, dass bei der Planung die Testphase ausreichend berücksichtigt wird und dafür Zeiten eingeplant werden.

2.2   Die Spezifikation als Grundlage für den Test

Testen ist immer ein Vergleich der Software und ihrer funktionellen Eigenschaften gegen eine Vorgabe. Wer keine solche Vorgabe besitzt, dem fehlt eine Messlatte, gegen die er die Software vergleichen kann. Nun stellt sich natürlich die Frage, woher wir diese Messlatte nehmen sollen. Bei Software ist das die Spezifikation, also eine Sammlung funktioneller Eigenschaften der Software. Hinzu kommen können allerdings auch Leistungsanforderungen, wenn sie einen Teil der Spezifikation bilden.

Weil ein Test ohne dazugehörende Messlatte keinen Sinn macht, werden wir kurz auf den Prozess eingehen müssen, der zur Software-Spezifikation führt. Die Software ist gegenüber anderen industriellen Produkten dadurch gekennzeichnet, dass das erste Produkt des Erstellungsprozesses bereits Software ist. Natürlich hat dies auch Nachteile. Wir können nicht mit einer fertigen Spezifikation beginnen, sondern müssen uns diese zunächst einmal erarbeiten. Falls die Spezifikation ihrem Namen nicht gerecht werden sollte, dann mangelt es uns an einer guten Messlatte für die Durchführung des Tests. Falls die Spezifikation nicht rechtzeitig fertig werden sollte, fehlt uns das Eingangsprodukt für die gesamte Testplanung. Falls die Spezifikation im Projektverlauf dauernd geändert werden sollte, führt dies zu Änderungen im Testplan. All dies mag nicht wünschenswert sein, aber es ist doch in vielen Projekten die tägliche Realität.

Fragen wir uns zunächst, wie wir zur Spezifikation der Software kommen. In vielen Fällen wird die Software auf Grund eines Vertrags zwischen einem Auftraggeber oder Kunden und einem externen Auftragnehmer zu Stande kommen. Diese Situation ist in Abbildung 2-9 dargestellt.

Auf Seiten des Auftraggebers wird eine Notwendigkeit bestehen, ein bestimmtes Problem zu lösen. Der Auftragnehmer hat dafür eine Lösung anzubieten und besitzt bestimmte Erfahrungen, Ressourcen und einen Prozess, mit dem er in der Lage sein sollte, diese Lösung zu realisieren. Als sichtbaren Ausdruck dafür, dass sie das Projekt durchführen wollen, werden die Absichten von Auftraggeber und Auftragnehmer in einem Vertrag festgeschrieben.

Als eines der ersten Software-Produkte wird die Spezifikation entstehen. Dabei kann man generell davon ausgehen, dass dieses Dokument vom Auftraggeber kommen kann, vom Auftragnehmer im Rahmen des Auftragsumfangs erstellt wird oder als ein Gemeinschaftsprodukt im Zusammenwirken beider Partner entsteht. Keine Norm, auch nicht DIN EN ISO 9001, macht in dieser Hinsicht [16] eine verbindliche Aussage. Es wird allerdings betont, dass die Spezifikation am Anfang des Prozesses steht. Auftraggeber und Auftragnehmer sollten partnerschaftlich zusammenarbeiten. In der Regel wird der Auftraggeber

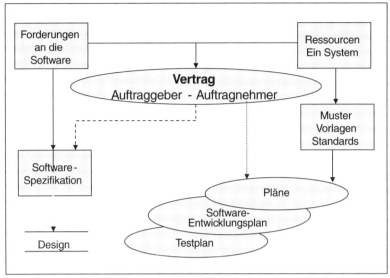

Abb. 2-9:   *Vom Vertrag zur Software*

nicht in der Lage sein, eine Spezifikation vorzulegen, die bereits diesen Namen verdient. Oftmals wird es seitens des Auftraggebers nur eine Liste von Forderungen, Wünschen und Funktionen der Software geben, die mit dem Programm realisiert werden sollen. Erst im Verlauf der ersten Phase der Entwicklung entsteht mit diesem Material des Kunden dann eine Software-Spezifikation, die mit Recht diesen Namen tragen darf. Dieser mehrstufige Prozess ist in Abbildung 2-10 aufgezeigt.

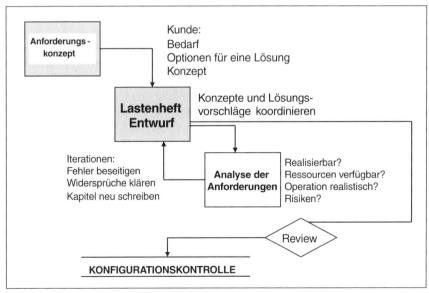

Abb. 2-10:   *Erarbeiten der Spezifikation*

Am Ende des oben skizzierten Prozesses wurden im Idealfall alle Forderungen des Kunden und der Anwender erfasst, mit der Realität abgeglichen und in ein Dokument gegossen, das sowohl vom Kunden als auch vom Auftragnehmer als Grundlage für die weitere Entwicklung der Software als verbindliche Richtschnur angesehen wird.

Für dieses Dokument gibt es bestimmte Vorgaben, die man zum Beispiel in einem Firmenstandard oder einer Verfahrensanweisung [16,17] im Rahmen eines Qualitätsmanagementsystems verbindlich vorgeben kann. Im Allgemeinen stellt man für eine Spezifikation die folgenden Forderungen auf:

1. Korrektheit
2. Widerspruchsfreiheit
3. Vollständigkeit
4. Testbarkeit
5. Änderbarkeit
6. Verfolgbarkeit der Anforderungen

Die Forderung nach **Korrektheit** bedeutet, dass die Spezifikation die Norm erfüllt, die für ihre Erstellung gilt. Das kann etwa eine Verfahrensanweisung im QM-Handbuch sein, aber auch ein geeigneter IEEE-Standard. Darüber hinaus muss jede funktionelle Forderung im Dokument bis in den Entwurf verfolgbar sein; es dürfen keine Funktionen der Software in diesem Umsetzungsprozess verloren gehen. Umgekehrt gilt auch, dass alle Forderungen einer System-Spezifikation, die der Software zugeordnet wurden, auf die System-Spezifikation zurückzuführen sein müssen.

Die Forderung nach **Widerspruchsfreiheit** bedeutet, dass sich die einzelnen Forderungen im Dokument nicht gegenseitig widersprechen dürfen. Es geht nicht an, auf Seite 3 eine bestimmte Forderung aufzustellen, aber im Text auf Seite 5 eine weitere Forderung zu bringen, die dem widerspricht. Die Forderung nach Widerspruchsfreiheit ist bei umfangreichen Spezifikationen in der Größenordnung von ein paar Hundert Seiten nicht leicht zu erfüllen. Schwierig wird es vor allem dann, wenn eine Forderung innerhalb des Dokuments an zwei oder mehr Stellen auftaucht. Treten im Projektverlauf dann Änderungen ein – und das ist fast unvermeidlich – kommt es leicht dazu, dass zwar an einer Stelle geändert wird, nicht jedoch an der anderen. Damit wird der Text des Dokuments inkonsistent.

Ebenfalls sehr leicht zu Widersprüchen führt es, wenn die Spezifikation interne Querverweise in großer Zahl enthält, etwa auf andere Abschnitte oder Kapitel. Weil im Projektverlauf das Material in der Spezifikation umgeschichtet wird, weisen diese Zeiger später oft auf Kapitel, die es gar nicht mehr gibt oder auf falsche Stellen im Text. Deswegen sollte man interne Querverweise vermeiden, wo immer es geht.

Vollständigkeit bedeutet, dass alle Forderungen an die Software im Dokument enthalten sind. Was nicht spezifiziert wurde, fließt nicht in die Software ein. Was nicht im Dokument steht, wird nicht Teil des Programmcodes. Im Dokument steht, welche Funktionen die Software enthalten wird. Was die Software nicht kann, wird man nicht erwähnen. Es ist also falsch, eine Spezifikation dazu herzunehmen, um bestimmte Funktionen der Software explizit auszuschließen.

Testbarkeit zielt darauf ab, nur solche Forderungen in die Spezifikation aufzunehmen, die durch Tests überprüfbar sind. Deswegen müssen Forderungen in der Spezifikation, die vage formuliert sind und zu nicht überprüfbaren Forderungen führen würden, entfernt und neu gefasst werden. Ein Beispiel wäre die Forderung nach einer ‚benutzerfreundlichen Mensch-Maschine-Schnittstelle‘. So gut das in einem Verkaufsprospekt klingen mag, es ist keine legitime Forderung für eine Spezifikation, weil diese Forderung nicht testbar ist. Der Ausdruck ist bereits in der Entwurfsphase extrem auslegbar: Was heißt benutzerfreundlich?

Der eine Benutzer mag sich darunter einen Computer vorstellen, mit dem er reden kann, womöglich noch im Dialekt. Der andere Benutzer ist bereits mit einem zeilenorientierten Programm zufrieden, weil er damit aufgewachsen ist. Um solchen Schwierigkeiten mit der Interpretation von Forderungen aus dem Weg zu gehen, müssen die Abschnitte der Spezifikation eindeutig formuliert sein.

Die Forderung nach **Änderbarkeit** ist gerade bei großen Projekten und sehr umfangreichen Spezifikationen äußerst wichtig. Änderungen sind zwar nicht immer erwünscht, im Projektverlauf aber unvermeidbar. Deshalb muss das Material im Dokument so strukturiert und angeordnet werden, dass Änderungen ohne unnötigen Aufwand eingearbeitet werden können. Es macht sich bezahlt, wenn eine bestimmte Forderung nur an einer Stelle beschrieben ist, wenn es keine unnötigen Querverweise gibt.

Wenn eine Spezifikation erst einmal unter Konfigurationskontrolle steht, müssen alle Änderungen geordnet in das Dokument einfließen. Die Änderungshistorie muss lückenlos sein, es dürfen keine nicht genehmigten Änderungen vorgenommen werden. Darüber hinaus muss jede Änderung auf ein übergeordnetes Dokument, in der Regel die System-Spezifikation, zurückgeführt werden können. Auf der anderen Seite müssen alle Elemente des Designs ihren Ursprung in der Software-Spezifikation haben. Der Entwickler darf keine Elemente einfügen, die gar nicht gefordert sind, die er aber für notwendig hält. Wenn eine Notwendigkeit tatsächlich besteht, muss zunächst die Spezifikation geändert werden.

Kommen wir zur Struktur der Software-Spezifikation. Der Aufbau der Spezifikation kann – oftmals sogar unbewusst – ganz erheblichen Einfluss auf die nächste Phase im Entwicklungsprozess, den Entwurf der Software, ausüben. Deswegen sollte die Struktur der Spezifikation das Resultat einer bewussten Entscheidung sein. Das Dokument darf nicht einfach eine Ansammlung funktioneller Forderungen sein, die eine eher zufällige Ordnung besitzen. Es bieten sich die folgenden Gliederungen an:

1. Input – Verarbeitung – Output: Das ist vielleicht die einfachste Möglichkeit, die Spezifikation zu gliedern. Wenn die Software nicht allzu komplex ist und überschaubar bleibt, ist nichts gegen diese Art der Gliederung einzuwenden.
2. Nach den hauptsächlichen Funktionen der Hardware: Diese Vorgehensweise findet man oft, weil es so einfach ist, sich an der Struktur der Hardware zu orientieren. Es bleibt zu fragen: Ist es das beste Gliederungsprinzip für die Software?
3. Nach den möglichen Zuständen eines Automaten, also einer Finite State Machine: Für bestimmte Arten von Software, etwa im Bereich Embedded Systems, ist das eine vernünftige Gliederung der Spezifikation.
4. Getriggert durch externe Ereignisse, etwa die Eingaben eines externen Benutzers. Für bestimmte dialogorientierte Systeme ist das eine gute Art und Weise, die Funktionen der Spezifikation zu ordnen.

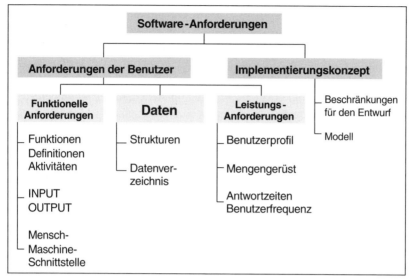

Abb. 2-11:   *Gliederung der Spezifikation*

Wie immer man vorgehen will, die Gliederung muss sich an der Art der Software orientieren. Unterlässt man dies, dann ist der Bruch zwischen der Spezifikation und dem Design der Software oft sehr krass und es besteht die reale Gefahr, dass durch den Software-Entwurf die Spezifikation nicht vollständig abgedeckt wird. Andererseits sollten die Entwickler sich durch die Struktur der Spezifikation nicht zu sehr gebunden fühlen. Sie haben durchaus die Freiheit, den Entwurf so zu gestalten, wie dies zweckmäßig erscheint.

Durch die Gliederung der Spezifikation werden viele Abhängigkeiten in der Software bereits festgelegt. Manchmal mag dies unbewusst sein, aber dennoch finden sich die dort festgelegten Strukturen später im Programmcode wieder. Gerade deshalb sollte darauf geachtet werden, in der Struktur der Spezifikation nicht Dinge zu zementieren, die unnötig sind oder gar später zu unnötigen Abhängigkeiten führen. Nicht zuletzt bildet die Spezifikation die Grundlage für den Testplan. Dessen Ableitung aus der Software-Spezifikation ist in Abbildung 2-12 gezeigt.

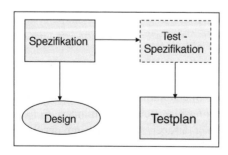

Abb. 2-12:
Ableitung des Testplans aus der Spezifikation

Bei größeren Projekten wird man aus der Spezifikation zunächst die Test-Spezifikation ableiten, und erst in einem zweiten Schritt den Testplan erstellen. Bei kleineren und mittelgroßen Projekten wird es genügen, direkt aus der Spezifikation die Forderungen zu extrahieren, die in den Testplan gehören. Unabhängig von der Vorgehensweise sollte allerdings verstanden werden, dass es sich beim Testen der Software um eine geplante Tätigkeit handelt, die im Rahmen des Prozessmodells eine ganz bestimmte Aufgabe zu erfüllen hat.

2.3 Testplanung

Do not plan a bridge by counting the number of people who swim across the river today.
Anonym

Als Informationsquellen zur Erstellung des Testplans bieten sich vor allem zwei Dokumente an: Das ist zum einen die Spezifikation, die alle Forderungen an die Software enthalten sollte. Zum zweiten ist das der Software-Entwicklungsplan. Über die Prüfung der Anforderungen an die Software hinaus benötigen wir nämlich weitere Informationen und einen Großteil davon werden wir im Software-Entwicklungsplan [17] finden.

Uns interessiert zum Beispiel, nach welcher Methode beim Design vorgegangen werden soll: Top-down oder Bottom-up? Diese Frage ist für den Test deswegen interessant, weil wir daraus ableiten können, wann mit dem Testen der Software begonnen werden kann. Uns interessiert natürlich auch der Zeitplan im Software-Entwicklungsplan, denn daraus können wir ersehen, ob für die Software-Entwicklung realistische Annahmen getroffen wurden. Wir werden auch erkennen, ob die für den Test der Software vorgesehene Zeitspanne ausreichend erscheint oder ob dort unrealistische Annahmen gemacht wurden.

Wie bei jedem Dokument ist auch beim Testplan wichtig, für wen wir den Plan schreiben. Erstellen wir das Dokument in erster Linie für Leser innerhalb des Unternehmens, dann brauchen wir auf vertragliche Dinge weniger stark einzugehen. Vielmehr können wir uns darauf konzentrieren, den Ansatz für die Testtätigkeiten klar darzustellen. Ist unser Leser dagegen in erster Linie der Kunde, zum Beispiel der Projektleiter des Auftraggebers, so sind wir als Ersteller des Plans unter Umständen in einem Dilemma. Wir wollen möglicherweise nicht all unser Know-how über den Test preis geben, weil wir der Meinung sind, als Organisation zu diesem Thema viel zu wissen. Ein Ausweg aus diesem Zwiespalt könnte es sein, zwei Testpläne zu schreiben: einen für interne Zwecke und ein zweites Dokument, das lediglich auf den Akzeptanztest mit dem Kunden ausgerichtet ist.

Wie immer wir uns entscheiden, der Zeitpunkt für das Erstellen des Testplans fällt in die Anfangszeit der Designphase. Zu diesem Zeitpunkt sind alle Informationen verfügbar, die wir als Input für den Testplan brauchen: Die Software-Spezifikation ist fertig und wird sich unter Konfigurationskontrolle befinden, der Entwicklungsplan steht uns zumindest als Entwurf zur Verfügung und wir haben auch Informationen darüber, wie das Design der Software angegangen werden soll.

Es stellt sich natürlich auch die Frage, wer den Testplan erstellen soll. Wenn für die Spezifikation zwei oder drei technische Redakteure oder Autoren eingesetzt wurden, so kann man nach dem Abschluss dieser Arbeiten einen dieser Mitarbeiter mit der Erstellung des Testplans beauftragen. Wenn es andererseits im Unternehmen eine externe Testgruppe gibt, so sollte es ihre Aufgabe sein, den Testplan zu erarbeiten. Kommen wir damit zum Inhalt des Plans. Er sollte, über den gesamten Lebenszyklus der Software hinweg, alle Tätigkeiten ansprechen, die zur Testphase der Software gehören.

Zur Erstellung des Software-Testplans kann das nachfolgende Muster verwendet werden.

Software-Testplan für [Projekt]

Nennen Sie auf dem Deckblatt das Projekt, geben Sie die Nummer des Dokuments an, wie sie das Konfigurationsmanagement vergeben hat, und schreiben Sie das Erstellungsdatum der jeweiligen Version in das Dokument. Nennen Sie Auftraggeber und Auftragnehmer für das Projekt. Führen Sie direkt auf dem Testplan ferner folgende Personen namentlich auf:

– Den Planfertiger
– Den Projektleiter
– Den verantwortlichen Leiter der Software-Entwicklungsgruppe
– Den verantwortlichen Manager der Qualitätssicherung

Lassen Sie diese Mitarbeiter als Zeichen ihrer Zustimmung zu den Vorgaben des Plans direkt auf dem Deckblatt des Testplans unterschreiben.

1 Einleitung

1.1 Identifikation

Identifizieren Sie unter dieser Überschrift eindeutig das Projekt sowie den Testplan mittels Datum und Dokumentennummer.

1.2 Überblick über das System

Geben Sie unter dieser Überschrift einen kurzen Überblick über das System, zu dem die zu testende Software gehört. Gehen Sie dabei davon aus, dass nicht jeder Manager den Testplan vollständig lesen will.

1.3 Überblick über das Dokument

Führen Sie aus, wie der Inhalt des Testplans organisiert ist.

1.4 Zusammenhang mit anderen Plänen

Stellen Sie in diesem Abschnitt den Zusammenhang mit anderen Dokumenten des Projekts her. Nicht fehlen darf der Bezug auf die Software-Spezifikation. Bei großen Projekten ist unter Umständen auch ein Hinweis auf die Schnittstellen-Spezifikation angebracht. Ferner könnten sich hier Verweise auf den Software-Entwicklungsplan, den Qualitätssicherungsplan sowie den Plan des Konfigurationsmanagements finden.

1.5 Akronyme und Abkürzungen

Listen Sie in diesem Abschnitt Akronyme und Abkürzungen auf. Falls die Liste zu lang wird, kann sie in den Anhang ausgelagert werden.

2 Referenzen

Führen Sie in diesem Abschnitt alle referenzierten Dokumente auf. Die Angaben sollten ausführlich genug sein, um den Leser des Testplans in die Lage zu versetzen, die aufgeführten Dokumente ohne große Schwierigkeiten besorgen zu können. Bei großen Projekten kann dieses Kapitel untergliedert werden.

3 Software der Testumgebung

3.1 Support Software

Führen Sie in diesem Abschnitt aus, welche Software gebraucht wird, um den Test der Einheiten unter Test durchführen zu können. Nennen Sie auch die Werkzeuge, die zu diesem Zweck eingesetzt werden sollen. Gehen Sie auch auf die Testumgebung ein und nennen Sie das Betriebssystem, das beim Test verwendet werden soll.

3.2 Hardware der Testumgebung

Beschreiben Sie in diesem Abschnitt die Hardware der Testumgebung. Falls spezielle Hardware gebraucht wird, die im Unternehmen nicht vorhanden ist, also erst beschafft oder gebaut werden muss, so führen Sie diese Hardware auf. Nennen Sie unter Umständen auch den Termin, bis zu dem spezielle Hardware verfügbar sein muss.

Falls das Testen der Software nicht vollständig in der Entwicklungs- oder Testumgebung im Hause des Auftragnehmers durchgeführt werden kann: Machen Sie Angaben zum Test im Hause des Auftraggebers. Diese Angaben müssen sich auf alle Umgebungen, Betriebssysteme, vorzuhaltende Daten und erwartete Ergebnisse beziehen. Falls Tests nur außerhalb der üblichen Arbeitszeiten durchgeführt werden können, machen Sie auch dazu Angaben.

3.3 Installation, Verifikation und Kontrolle

Führen Sie aus, wie die Software der Testumgebung installiert werden soll, welche Maßnahmen zur Verifikation getroffen werden müssen und wie die Testumgebung kontrolliert wird. Referenzieren Sie gegebenenfalls den Konfigurationsmanagementplan oder den Software-Entwicklungsplan.

4 Beschreibung des formellen Tests

4.1 Identifizierung der Software

Identifizieren Sie eindeutig die Software, die getestet werden soll. Falls sie in mehreren Versionen vorliegen kann, machen Sie Angaben zur Versionsnummer oder zum Release.

4.1.1 Anforderungen an den Test

Beschreiben Sie die Anforderungen an den Test. Gehen Sie darauf ein, auf welcher Ebene der Test der Software begonnen werden soll, und beschreiben Sie Tests über alle Ebenen der Entwicklung und Integration bis hin zum System- und Akzeptanztest.

Gehen Sie auf Testmethoden wie White Box und Black Box Test ein und geben Sie an, wer welche Tests durchführen wird. Beschreiben Sie, wie gefundene Fehler dokumentiert werden. Gehen Sie auf die Schnittstelle zur Qualitätssicherung ein. Stellen Sie die Abgrenzung zwischen dem jeweiligen Entwickler der Software und der externen Testgruppe dar.

4.1.2 Testkategorien

Führen Sie unter dieser Überschrift alle Testmethoden auf, die zum Einsatz kommen werden. Gehen Sie insbesondere auf

– Equivalence Partitioning,
– das Testen mit Grenzwerten und
– Error Guessing ein.

4.1.3 Testebene

Führen Sie aus, wie die Software über alle Ebenen der Entwicklung und Integration hinweg getestet wird. Nennen Sie Verifikation und Validation.

4.1.4 Testschritte

Führen Sie die Testschritte auf und machen Sie eine Aussage darüber, wie der Test dokumentiert werden soll.

4.1.5 Zeitplan für den Test

Geben Sie den Zeitplan für den Test an. Bei großen Projekten kann ein mit einem Werkzeug erstellter Terminplan referenziert werden. In diesem Fall muss der Testplan aber zumindest einen groben Zeitplan mit den wichtigsten Meilensteinen enthalten. Referenzieren Sie gegebenenfalls den Software-Entwicklungsplan.

5   Aufzeichnung von Daten

Geben Sie an, welche Daten beim Test aufgezeichnet werden. Machen Sie auch Angaben darüber, wie Testdaten archiviert und wie lange sie nach dem Ende des Tests aufbewahrt werden müssen. Machen Sie Angaben zur Datensicherung oder referenzieren Sie den Konfigurationsmanagementplan.

Testpläne sind immer auf das jeweilige spezifische Projekt hin abzustimmen. Deswegen wird kein Testplan einem anderen gleichen. Auf der anderen Seite tut man sich oft mit dem Erstellen leicht, wenn immer dieselbe Art von Software in der gleichen Umgebung erstellt wird. Es ist grundsätzlich auch möglich, den Testplan in den Software-Entwicklungsplan zu integrieren. Dies wird im Einzelfall von der Größe des Projekts abhängen. In der Regel spart man allerdings nicht viel, wenn man keinen separaten Testplan erstellt. Außerdem begibt sich der Autor des Testplans in eine zeitliche Abhängigkeit, wenn er seinen Plan zum Teil des Entwicklungsplans macht. Es ist daher bei den meisten Projekten durchaus sinnvoll, einen eigenständigen Testplan zu kreieren.

2.4 Die Notwendigkeit zur frühen Verifikation

In den siebziger Jahren des vorigen Jahrhunderts waren die führenden Unternehmen im Bereich der Software-Erstellung in den USA, darunter Firmen wie IBM und die Telefongesellschaft AT&T, so weit, dass sie Methoden wie White Box und Black Box Test routinemäßig einsetzten und beherrschten. Trotzdem war man im Management dieser Unternehmen mit dem Stand des Erreichten nicht zufrieden. Zwar fand man mit den erwähnten Methoden viele Fehler und die meisten davon sogar, bevor die Software an Kunden ausgeliefert wurde. Dennoch waren die mit der Fehlerbeseitigung verbundenen Kosten zu hoch. Wie die Kosten der Fehlerbeseitigung in Abhängigkeit von der Phase der Entwicklung steigen, zeigt Abbildung 2-13.

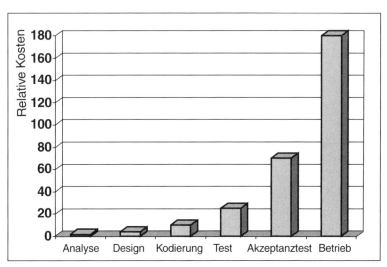

Abb. 2-13:   *Kosten der Fehlerbeseitigung in Abhängigkeit von der Phase [18]*

Wenn man in der obigen Grafik den Faktor Eins in der Analysephase mit rund zweihundert Dollar ansetzt, dann wird deutlich, welchen Vorteil es bringen würde, wenn ein Großteil der Fehler in der Software noch in den Phasen Design und Kodierung gefunden würde, nicht erst in der Testphase. Man hat also aktiv nach Methoden und Techniken gesucht, um Software-Fehler relativ früh im Lebenszyklus aufzudecken. Die Motive waren in erster Linie finanzieller Natur.

2.5   Verifikation ohne Computer

Obwohl es die Entwickler eilig haben mögen, Programme zu schreiben und diese anschließend auszutesten, lohnt es sich doch, zunächst in das Design der Software Zeit zu investieren. Ein ungenügendes oder falsches Design kann dazu führen, dass ein Programm ineffizient wird. Im Extremfall muss man den ersten Entwurf verwerfen und völlig neu beginnen. Es macht also durchaus Sinn, zunächst ohne Computer mit der Verifikation der Software zu beginnen.

Verifikation stellt dabei immer einen Prüfschritt am Ende einer Phase der Entwicklung dar. Bei dem zu prüfenden Software-Produkt kann es sich um eine Spezifikation, ein Schnittstellen-Dokument, einen Software-Entwurf oder um Programmcode handeln. Wichtig bei den hier besprochenen Methoden ist vor allem, dass der Mensch als Tester gefragt ist, weniger der Einsatz des Computers.

2.5.1   Fagan Inspections

Diese Art der Prüfung von Software geht auf Michael Fagan [19] zurück. Er experimentierte in den frühen siebziger Jahren des letzten Jahrhunderts bei IBM mit vielen Review-Techniken, um einen effektiven Prozess zur Aufdeckung von Fehlern zu finden. Der Prozess ist seither verfeinert worden und findet inzwischen in vielen Unternehmen Anwendung.

Bei Fagan Inspections handelt es sich um Reviews von Produkten, die kurz vor ihrer Fertigstellung stehen. Eine Gruppe von Kollegen des Entwicklers, in der Regel nicht mehr als vier oder fünf, studieren das Software-Produkt unabhängig voneinander und treffen sich schließlich, um das Produkt gemeinsam im Detail zu untersuchen. Die untersuchten Produkte sind relativ klein, bilden aber in sich abgeschlossene Arbeiten. Diese Produkte werden als Zwischenergebnisse der Arbeit des Entwicklers betrachtet, bis sie inspiziert wurden und der Entwickler die notwendigen Korrekturen eingebracht hat. Die als Prüfer ausgewählten Entwickler verwenden typischerweise eine bis vier Stunden Zeit darauf, das Produkt an ihrem Schreibtisch zu untersuchen, bevor die eigentliche Fagan Inspection stattfindet.

Die Fagan Inspection ist ein mehrstufiger Prozess, der in sechs Phasen beschrieben werden kann. Jeder dieser Phasen sind bestimmte Tätigkeiten zugeordnet.

1. **Planungsphase:** Wenn ein Entwickler ein Software-Produkt als fertig erklärt, wird ein Inspektionsteam aus den Kollegen des Entwicklers gebildet oder es wird ein bereits vorher bestehendes Team aktiviert. Der Leiter dieses Teams ist der Moderator. Er spielt eine zentrale Rolle bei der Fagan Inspection und muss für seine Aufgabe geschult sein. Der Moderator sorgt dafür, dass die Eingangsvoraussetzungen für die Durchführung einer Fagan Inspection erfüllt sind. So muss sich zum Beispiel Programmcode ohne Fehlermeldungen des Compilers übersetzen lassen. Den Mitgliedern des Inspektions-teams werden ihre Rollen (s.u.) zugewiesen, das zu untersuchende Produkt wird als Kopie verteilt und für die eigentliche Inspektionssitzung wird ein Termin anberaumt. Falls die Reviewer zur Beurteilung des Produkts weiteres Material benötigen, etwa die Spezifikation, dann werden diese Dokumente zur Verfügung gestellt. Die Ausfüllung der Rollen wird später erläutert.

2. **Einführung zur Fagan Inspection:** Falls das Verfahren im Unternehmen oder in einem bestimmten Projekt neu ist und zum ersten Mal angewandt werden soll, dann kann eine Einführungsveranstaltung zu der Methode durchgeführt werden. Dies gilt auch dann, wenn zwar einige Entwickler Fagan Inspections bereits kennen, andere jedoch keine Erfahrung mit dieser Methode besitzen. Diese Einführungsveranstaltung ist optional und kann entfallen, wenn das Entwicklungsteam bereits ausreichend mit der Methode vertraut ist.

3. **Vorbereitende Arbeiten:** Die Inpektoren bereiten sich individuell an ihrem Schreib-tisch auf die Sitzung vor, indem sie das verteilte Software-Produkt studieren. Zum Auf-decken häufig gemachter Fehler können dabei Fragebögen eingesetzt werden. Im Durchschnitt sollte diese Vorbereitungzeit nicht länger als eineinhalb Stunden dauern. Wenn der Inspektor diese Arbeit allerdings das erste Mal durchführt, kann er mehr Zeit benötigen.

4. **Gemeinsame Sitzung:** In diesem Teil des Prozesses, der eigentlichen Fagan Inspec-tion, treffen sich die Inspektoren, der Moderator und der Autor und untersuchen das Software-Produkt gemeinsam. Vor dem Beginn des Treffens überprüft der Moderator, ob sich alle Inspektoren auf die Sitzung vorbereitet haben. Die Person, die die Rolle des Readers übernommen hat, präsentiert dann das Produkt. Der Reader kann das Produkt so vorstellen, wie er es für richtig hält, muss allerdings das Produkt vollständig abdek-ken. Er kann einzelne Teile hervorheben. Alle anderen Teilnehmer suchen Fehler, wäh-rend der Reader das Produkt vorstellt. Der Autor selbst stellt seine Arbeit nicht vor, er greift höchstens ein, wenn der Reader einen bestimmten Punkt nicht verstanden hat. Während der Sitzung wird keine Zeit damit verschwendet, die Ursache gemachter Feh-ler zu diskutieren oder über Korrekturen zu reden. Es ist immer das Software-Produkt, das kritisiert wird, niemals der Autor. Alle gefundenen Fehler werden dokumentiert und nach ihrer Schwere klassifiziert. Die Zeit für eine Inspektion wird auf maximal zwei Stunden begrenzt, weil es sich bei der Tätigkeit um eine intensive geistige Anstrengung handelt, die nicht lange durchgehalten werden kann. Am Ende der Sitzung entscheidet das Team, ob das Produkt akzeptiert wird. Es kann auch beschlossen werden, dass der Autor die gefundenen Fehler beseitigen wird, wobei lediglich der Moderator dies über-wacht. In diesem Fall ist eine zweite Sitzung nicht notwendig.

5. **Nacharbeit:** Der Autor des Produkts beseitigt alle Fehler, die in der Sitzung identifiziert und dokumentiert wurden.

6. **Überprüfung:** Der Moderator prüft, ob der Autor alle Fehler beseitigt hat. Falls der Moderator mit der Nacharbeit einverstanden ist, wird das Produkt in der Regel als fertig betrachtet und in der vorliegenden Form unter Konfigurationskontrolle gestellt. Alternativ dazu kann eine zweite Inspektion durchgeführt werden.

Die Gliederung in sechs Phasen ist wichtig, aber darüber hinaus müssen bei Fagan Inspections eine Reihe wichtiger Regeln beachtet werden, wenn dieses Verfahren im Unternehmen ein Erfolg werden soll.

1. **Ziele:** Inspektionen sind darauf ausgerichtet, Fehler in dem untersuchten Software-Produkt zu finden. Wenn in der Sitzung diskutiert wird, warum ein Fehler gemacht wurde, welche alternative Lösung möglich gewesen wäre oder welche Verbesserungen durchgeführt werden müssen, um die Anforderungen zu erfüllen, dann ist die zur Verfügung stehende Zeit rasch zu Ende, ohne dass der eigentliche Zweck des Meetings erreicht wurde. Solche Diskussionen müssen vom Moderator verhindert werden, um das eine wichtige Ziel mit Sicherheit zu erreichen: Fehler im Produkt aufzudecken.

2. **Zusammensetzung des Inspektorenteams:** Es handelt sich immer um Kollegen des Autors, die mit ihm auf gleicher Stufe einer Hierarchie stehen. Die Gruppe sollte mindestens drei Mitglieder haben, aber nicht mehr als sechs Entwickler groß sein. Die Auswahl der Inspektoren sollte danach erfolgen, wie groß ihr Interesse an dem vom Autor gefertigten Produkt und dessen Qualität ist. So haben Programmierer, die eine Schnittstelle mit einem bestimmten Modul oder einer Komponente bearbeiten, gewiss Interesse an der Qualität dieser Software. Ein ähnliches Argument gilt für Mitarbeiter einer externen Testgruppe oder Mitarbeiter aus dem Bereich Support. Manager sollen an Fagan Inspections ausdrücklich nicht teilnehmen. Die Erfahrung bei Unternehmen in den USA hat gezeigt, dass die Inspektoren nur oberflächliche Fehler aufdecken, wenn ein Manager an der Sitzung teilnimmt. Manager können Fagan Inspections am besten dadurch unterstützen, indem sie Zeit dafür zur Verfügung stellen, den Moderator schulen und sich über die Ergebnisse unterrichten lassen.

3. **Rollenspiel:** In Inspektionen müssen eine ganze Reihe von Rollen ausgefüllt werden. Neben dem Autor wäre hier vor allem der Moderator zu nennen. Er ist dafür verantwortlich, die Sitzung vorzubereiten und sie zu leiten. Der Reader hat die Aufgabe, das Material während der Sitzung zu präsentieren. Weiterhin ist der *Recorder* oder *Scribe* zu nennen. Seine Aufgabe besteht darin, die während der Fagan Inspection aufgedeckten Fehler zu notieren. Der Autor kann keine dieser Rollen ausfüllen. Er darf auf keinen Fall die Rolle des Moderators oder des Readers übernehmen. Ein geschulter und engagierter Moderator ist essentiell für den Erfolg des Verfahrens. Er sorgt dafür, dass das Team vorbereitet ist, wenn die Sitzung beginnt, hält die Sitzung in Gang, weist ungerechtfertigte Kritik am Autor zurück und bemüht sich, möglichst alle Fehler zu finden. Von allen Teilnehmern an der Sitzung benötigt der Moderator die größte Erfahrung und hat den höchsten Bedarf an Schulung.

4. **Software-Produkte:** Die Fagan Inspection kann auf fast alle Produkte angewandt werden, die im Lauf der Entwicklung entstehen, also die Spezifikation, Designdokumente,

Programmcode, Testfälle, Benutzerhandbücher und andere Dokumente für Anwender. Es muss darauf geachtet werden, dass eine Sitzung nicht länger als zwei Stunden dauert. Deswegen sind die Produkte selten größer als 200 bis 250 Lines of Code oder zehn bis zwanzig Seiten Text.

5. **Ergebnisse:** Der Output der Sitzung besteht aus einer Liste der gefundenen Fehler und einem summarischen Bericht an das Management.

Sowohl Fagan Inspections als auch Code Walkthroughs fallen unter die Peer Reviews. Das bedeutet, dass das Management an diesen Sitzungen nicht teilnimmt. Der Ausdruck *Peer* bedeutet, dass jemand auf der gleichen Stufe einer Hierarchie steht. Es ist der Sinn des Verfahrens, dass die Kollegen des Autors in der Sitzung mit ihrer Kritik am Produkt sich in keiner Weise zurückhalten, dass diese Kritik allerdings nur in einem eng begrenzten Zirkel geäußert wird.

Die Rolle des Autors in der Sitzung ist zweifellos schwierig. Er muss sich die Kritik an dem von ihm gefertigten Produkt gefallen lassen, ohne dass er sich dazu äußern darf. Das fällt manchem Mitarbeiter sehr schwer. Allerdings muss man auch sehen, dass in einem Entwicklungsteam jeder einmal der Autor ist. Diese Rolle geht also reihum.

In einigen Quellen wird vorgeschlagen, den Autor generell von Fagan Inspections auszuschließen. Ich halte das für eine extreme Maßnahme, die in der Regel nicht gerechtfertigt ist. Wenn es sich bei dem Autor allerdings um eine Person handelt, die Kritik überhaupt nicht vertragen kann und bei jedem aufgedeckten Fehler sich Minuten dazu äußert, dann wird das Meeting schnell unproduktiv. In einem solchen Fall sollte der Moderator den Autor des Produkts tatsächlich ausschließen.

Die Erfolge mit der Anwendung von Fagan Inspections stellen sich nicht über Nacht ein. Wenn Unternehmen den Prozess allerdings über Jahre durchgeführt haben, waren die Resultate oft verblüffend eindeutig. Das zeigt sich in Abbildung 2-14.

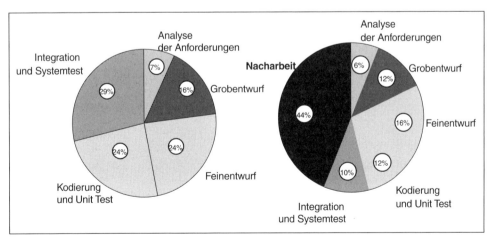

Abb. 2-14:   *Reduzierung der Nacharbeit durch Fagan Inspections [19]*

Das Kreisdiagramm auf der linken Seite zeigt einen Prozess, wie er vor der Einführung von Fagan Inspections existierte. Natürlich waren dabei in jeder Phase Kosten versteckt, die eigentlich der Fehlerbeseitigung dienten. In den meisten Unternehmen ist die Höhe dieser Kosten unbekannt. Als man allerdings daran ging, diese Kosten der Fehlerbeseitigung systematisch zu erfassen, kam man, bezogen auf alle Tätigkeiten des Lebenszyklus, auf stolze 44%. Dies zeigt das rechte Kreisdiagramm.

In der Regel kann man davon ausgehen, dass sich die Kosten einer Software-Entwicklung auf die einzelnen Phasen verteilen, wie das in dem linken Kreisdiagramm gezeigt ist. Kodierung und Unit Test schlagen dabei mit 24 Prozent des Aufwands zu Buche und die Tätigkeiten Integration und Systemtest brauchen noch einmal 29 Prozent. Zu fragen ist bei dieser Betrachtung natürlich, wie groß der Aufwand ist, der für Nacharbeit anfällt. Wenn man diese Aufwendungen systematisch erfasst, kommt man zu dem Ergebnis, dass dafür 44 Prozent des gesamten Entwicklungsaufwands gebraucht werden.

Das ist ohne Zweifel eine sehr hohe Zahl, und bei den meisten Unternehmen werden diese Aufwendungen wohl nicht explizit erfasst werden. Aber seien wir ehrlich: Sind sie in unserem eigenen Unternehmen niedriger oder scheuen wir uns nur, den hohen Aufwand für Nacharbeit zuzugeben?

Noch deutlicher wird der Erfolg von Fagan Inspections, wenn wir die Fehlerzahlen betrachten. In jeder Phase der Entwicklung werden Fehler aufgedeckt, aber es verbleiben auch Fehler in der Software. Wenn man nun vergleicht, wie sich diese Restfehler für jede Phase in Fehlern pro KLOC darstellen, dann ergibt sich Abbildung 2-15.

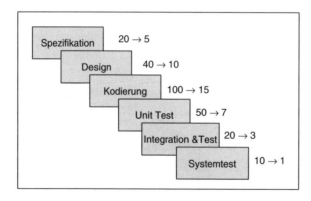

Abb. 2-15:
Verbleibende Fehler pro Phase [19]

Die erste Zahl bezieht sich dabei immer auf einen Entwicklungsprozess, in dem Fagan Inspections nicht durchgeführt werden. Die zweite Zahl zeigt, wie sich die Restfehler pro Phase senken lassen, wenn Fagan Inspections eingeführt werden.

Besonders eindrucksvoll ist dabei die Senkung der Restfehlerrate am Ende des Prozesses. Dabei kann man davon ausgehen, dass ohne Fagan Inspections die Software mit einer Restfehlerrate von 10 Fehlern pro tausend Lines of Code an den Kunden ausgeliefert wird. Mit Fagan Inspections sinkt diese Zahl auf 1 Fehler/KLOC.

Wenn wir diesen Fehlern Kosten zuordnen, dann ergeben sich die Zahlen in Tabelle 2-1.

	Ohne Fagan Inspections	Mit Fagan Inspections
Programmgröße in LOC	50 000	
Restfehler	500	50
Kosten für die Beseitigung der Restfehler in DM	36 Mio. DM	3,6 Mio. DM
Einsparung in DM	32,4 Mio. DM	

Tabelle 2-1:   *Einsparung durch Fagan Inspections*

Obwohl die Fehlerkosten nicht einheitlich sind, muss man immer mit sehr hohen Kosten rechnen, wenn ein Fehler erst während des operativen Einsatzes der Software aufgedeckt wird. Im Extremfall ist der Kunde so verärgert, dass er die geschäftlichen Beziehungen mit dem Ersteller der Software abbricht. Sehr teuer können Restfehler in der Software auch dann werden, wenn es sich um sicherheitskritische Software handelt. Der eine Fehler bei der Ariane 5 schlug mit 8 Milliarden US$ zu Buche.

Es lohnt sich in vielen Unternehmen also durchaus, Investitionen vorzunehmen, um Fagan Inspections zu einem regelmäßigen Teil der Entwicklung werden zu lassen. Wenden wir uns damit dem zweiten Verfahren zu, das unter Peer Reviews fällt.

2.5.2   Walkthroughs

Die Methode des Walkthrough ähnelt in vielerlei Hinsicht einer Fagan Inspection. Die Vorbereitung ist vergleichbar und der Kreis der Teilnehmer ist ähnlich strukturiert. Die Sitzung des Teams soll ungestört von äußeren Einflüssen wie klingelnden Telefonen verlaufen und darf zwei Stunden nicht überschreiten.

Walkthroughs sind ebenfalls Peer Reviews, das heißt für das Management ist bei der Durchführung sowie der Behandlung der Ergebnisse eine gewisse Zurückhaltung angebracht. Die Teilnehmer beim Walkthrough sind die folgenden:

– Der Autor oder Programmierer
– Der Tester
– Ein Sekretär oder Schreiber *(scribe)*
– Der Moderator

Der Moderator spielt seine Rolle wie bei der Fagan Inspection. Er bereitet das Treffen vor, benachrichtigt die Teilnehmer, verteilt das notwendige Material und sorgt dafür, dass ein ruhig gelegener Raum zur Verfügung steht.

Der Autor des Codes ist bei einem Walkthrough unbedingt notwendig. Der Sekretär oder Schreiber hat die Aufgabe, die während des Treffens gefundenen Fehler zu notieren. Nach der Sitzung übergibt er diese Liste dem Programmierer.

Der Tester schließlich ist diejenige Person, die sich vor dem Treffen intensiv mit dem Quellcode eines Moduls oder einer Komponente befasst hat. Hier unterscheidet sich nämlich das Walkthrough entscheidend von der Fagan Inspection. Die Teilnehmer des Walkthrough haben die Aufgabe, vor der Sitzung kleine und überschaubare Testfälle für den Code zu kreieren. Sie spielen praktisch Computer. Während der Sitzung werden die Testfälle dann ausgeführt, das heißt, die Teilnehmer untersuchen, wie sich der Quellcode bei bestimmten Testfällen verhalten würde. Tut das Programm, was es soll? Oder tritt irgendwo ein Fehler auf? Diese Testfälle auf Papier bezeichnet man als *Paper Test Cases*.

Mit den vorbereiteten Testfällen ist man meistens nicht in der Lage, den Code vollständig abzudecken. Das ist auch nicht der Zweck der Übung. Die mitgebrachten Testfälle sollen vielmehr dazu dienen, das Team in Fahrt zu bringen. Die impliziten Annahmen des Programmierers und die Logik des Quellcodes sollen hinterfragt werden. In vielen Fällen findet der Programmierer selbst eine beträchtliche Zahl von Fehlern, weil durch die Fragen seiner Kollegen unklare Punkte oder logische Fehler im Programm aufgedeckt wurden.

Hier ein paar Fragen zu einzelnen Bereichen von Programmen, die erfahrungsgemäß fehlerträchtig sind.

Fragen zum Kontrollfluss im Programm	*JA/NEIN*

1. Gibt es Endlosschleifen?

2. Kann es dazu kommen, dass das Programm seine Ausführung niemals beendet?

3. Gibt es genauso so viele geöffnete wie geschlossene Klammern?

4. Kann bei einem *case*-Statement das Programm mit einem Programmteil fortfahren, in den es nie kommen sollte ? *(fall through)*

5. Hängt eine Entscheidung von Bedingungen ab, die auf Gleichheit prüfen?

Tabelle 2-2:   *Kurzer Fragebogen zum Walkthrough*

Neben dem Kontrollfluss des Programms sind vor allem die Bereiche Ein- und Ausgabe und die Schnittstellen zwischen Modulen kritisch und fehleranfällig. Dies gilt auch für die Schnittstelle zur Hardware, besonders bei Embedded Systems.

Insgesamt gesehen sind die Regeln beim Walkthrough weniger starr als bei Inspektionen. Das Team sollte aus weniger als einem halben Dutzend Experten bestehen, darunter zum Beispiel

- ein erfahrener Programmierer,
- ein Fachmann für eine bestimmte Programmiersprache, der mit ihren Tücken vertraut ist,
- ein neu hinzugekommener Programmierer, der der Sache wahrscheinlich unvoreingenommen gegenübersteht,
- ein Entwickler, der das fertige Programm eines Tages warten muss.

Hat man ein Modul der Software mittels Walkthrough überprüft, so erfolgt die Beseitigung der Fehler in ähnlicher Weise wie bei der Fagan Inspection. Der Entwickler arbeitet die Änderungen ein und der Moderator ist dafür verantwortlich, dies in geeigneter Weise zu überprüfen. Es besteht bei sehr fehlerträchtigem Programmcode auch die Möglichkeit, ein zweites Walkthrough anzusetzen.

Wer in seinem Unternehmen Fagan Inspections und Code Walkthroughs einführt, der kann damit beeindruckende Ergebnisse erzielen. Allerdings macht es in den wenigsten Fällen Sinn, sich auf diese Methoden zu stürzen, wenn Techniken wie White Box Test und Black Box Test noch nicht vollständig verstanden wurden und routinemäßig eingesetzt werden. Kommen wir damit zu einer Verifikationsmethode der Software, die in der historischen Perspektive zeitlich weit vor Fagan Inspections bekannt war.

Verifikation der Software

Der Schüler fragte seinen Meister: Wie setze ich die Erleuchtung im täglichen Leben um?
Der Meister antwortete: Wenn du isst, esse. Wenn du schläfst, schlafe. Handle bei allem,
was du tust, mit der nötigen Bewusstheit und ungeteilter Aufmerksamkeit.
Zen

Zur Verifikation der Software am Ende einer Phase können verschiedene Techniken eingesetzt werden. Während es in den frühen Phasen Analyse der Anforderungen und beim Grob- und Feinentwurf sinnvoll ist, Techniken wie Fagan Inspections zu verwenden, wird später der Zeitpunkt kommen, an dem zum Testen ein Rechner gebraucht wird. Damit wollen wir uns jetzt auseinander setzen.

3.1 Die Rolle des Tests im Lebenszyklus der Entwicklung

Zu den Testtätigkeiten zählen alle Arbeiten, die der Überprüfung des Programmcodes mit Hilfe eines Computers dienen. Wir wissen bereits, dass dies nicht die einzige Methode zur Verifizierung von Software ist, beim Test handelt es sich jedoch um die bedeutendste und weit verbreitetste Aktivität zur Erhöhung der Qualität von Programmen.

Der Test der Software verschlingt dabei Ressourcen, die dreißig bis fünfzig Prozent des gesamten Aufwands für ein Software-Projekt ausmachen können. Dabei handelt es sich nicht gerade um kleine Summen, und man könnte daher annehmen, das Testen von Software sei eine wohlverstandene Technik, die an allen Hochschulen gelehrt wird und deren sich jeder Programmierer voll bewusst ist.

Leider ist dies nicht der Fall. Der Schwerpunkt der Lehrtätigkeit liegt weiterhin bei den Programmiersprachen und dem Gebiet Software Engineering. So wichtig das sein mag, zum konstruktiven Ansatz muss eine analytische Tätigkeit hinzukommen, wenn wir weiterhin fehlerfreie Programme hoher Qualität erzeugen und ausliefern wollen.

Das Testen von Programmen ist auch nicht die Tätigkeit, die die begabtesten und ehrgeizigsten Programmierer anzieht. Bei der Entwicklung von Programmen können sie eher glänzen, glauben viele Ingenieure und Wissenschaftler. Dabei ist das Entwerfen und Realisieren guter Testprogramme eine Tätigkeit, die im Grunde sehr viel Kreativität erfordert. Neben einem analytischen Verstand und dem Denken in vernetzten Zusammenhängen sind eben gerade bei der Testvorbereitung gute Ideen gefragt.

Wir haben in der Einleitung gezeigt, welcher Schaden durch schlecht ausgetestete Programme entstehen kann. Wahrscheinlich sind diese bekannt gewordenen Fälle nur die Spitze des Eisbergs. Software dringt schließlich in alle Lebensbereiche vor. Es ist daher angebracht, genau nachzufragen und das Testen der Software mit der Gründlichkeit anzugehen, die diese wichtige Tätigkeit verdient.

Wie passt der Test in den Ablauf der gesamten Software-Entwicklung und was muss beim Test unbedingt beachtet werden?

3.2   Die Abhängigkeit von Entwurf und Implementierung

Man könnte zunächst glauben, das Testen sei unabhängig von der Vorgehensweise beim Entwurf der Software und deren Kodierung. In der Praxis ist es jedoch unter dem Diktat des Zeitplans und knapper Mittel kaum möglich, mit dem Test erst dann zu beginnen, wenn alle Module kodiert und integriert sind. Das Management wird immer nach Möglichkeiten suchen, um die Testaktivitäten möglichst frühzeitig nach dem Entwurf eines Moduls und dessen Implementierung starten zu können.

Diese Vorgehensweise ist auch durch die vorhandenen Mitarbeiter bedingt. Eine externe Testgruppe aufzubauen und zu halten ist schwierig, denn es handelt sich um begehrte Spezialisten. Die Projektleitung wird also bestrebt sein, diese Fachleute möglichst frühzeitig mit fertigen Produkten zu beliefern. Es muss sich dabei durchaus nicht gleich um das vollständige Programm handeln, ein Subsystem genügt völlig. Eine möglichst kontinuierliche Arbeit liegt gewiss auch im Interesse der Qualitätssicherung und des Konfigurationsmanagements, denn beide Fachbereiche werden kaum in der Lage sein, einen plötzlichen großen Arbeitsanfall zu bewältigen.

Doch betrachten wir zunächst die technische Seite der Software-Erstellung. Die von uns zur Demonstration ausgewählten Kalenderroutinen sind nützliche kleine Programme, die sich für eine Vielzahl von Aufgaben einsetzen lassen. Deshalb ist Wiederverwendbarkeit ein Ziel, das beim Entwurf berücksichtigt werden muss. Wir betrachten zunächst nur das Kernprogramm mit seinen zugehörigen Modulen. Die wichtigsten Punkte zu ihrer funktionellen Spezifikation finden sich im Anhang A.2.

Wir werden das Programm in drei Ebenen gliedern. Auf der tiefsten Ebene befinden sich die Module oder *Software Units*, die keine weiteren Teile der Software aufrufen können. Auf der höchsten Ebene residiert unser Hauptprogramm *b_days*, das die anderen Teile der Software kontrolliert. Auf der mittleren Ebene ist die Komponente *dd* angesiedelt, die ihrerseits das Modul *jul_d* zur Bestimmung des Tages im Julianischen Kalender zweimal aufrufen wird.

Unser Entwurf stellt sich im ersten Ansatz so dar:

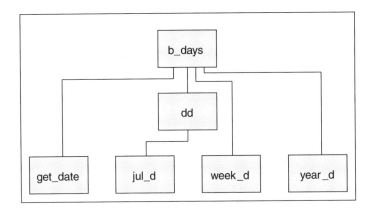

Abb. 3-1:
Entwurf 1 – Modul-
struktur des Programms

Wenn nun unser erster Entwurf so weit steht, stellt sich die Frage nach der Realisierung. Wir können theoretisch an der Spitze der Struktur beim Hauptprogramm *b_days* beginnen. Andererseits ist es möglich, mit einem der Module auf der tiefsten Ebene der Struktur anzufangen. Doch was ist besser? Und welche Auswirkungen hat unsere Entscheidung für den Entwurf in Bezug auf den Test? Wie gehen wir zweckmäßigerweise vor?

Wie so oft im Leben kann ich diese Fragen nur mit einem entschiedenen ,es kommt darauf an' beantworten. Beim Entwurf und der Implementierung spielt die Frage der Applikation eine entscheidende Rolle. Handelt es sich um ein relativ einfaches Programm, das viel interaktive Teile enthält, so wird beim Entwurf das Top-down-Design vorzuziehen sein.

Beruht die Applikation dagegen auf der tiefsten Ebene auf komplizierten Algorithmen, über deren Verhalten wir uns nicht vollständig im Klaren sind, so mag das Bottom-up Design die bessere Methode sein. Auch bei vielen Teilen der Software, die der Hardware nahe stehen, ist dieser Ansatz oftmals vorzuziehen. Lassen Sie mich die Vorteile für die eine oder andere Vorgehensweise kurz zusammenfassen.

Art der Applikation	Top-down Design überlegen	Bottom-up Design überlegen
Systemsoftware, z.B. Betriebssystem		x
Dateisystem		x
Software in Echtzeit, z.B. Autopilot eines Flugzeugs		x
Kommerzielle Anwendung, z.B. Lohnabrechnung	x	
Anwendung mit dominierender Mensch-Maschine-Schnittstelle	x	
Applikation mit großen interaktiven Anteilen	x	
Spielprogramme	x	

Tabelle 3-1:   *Top-down- und Bottom-up-Design im Vergleich*

Man wird also bei jeder Applikation sorgfältig abwägen müssen, welche Vorgehensweise beim Entwurf die Bessere ist. Bei einem Dateisystem ist zum Beispiel die Geschwindigkeit des Zugriffs auf die Daten des Systems auf der Festplatte ein ganz entscheidender Punkt. Ist das Programm nicht in der Lage, die benötigten Daten schnell genug zu liefern, so wird das Dateisystem nicht tauglich sein, und daran scheitert unter Umständen das gesamte Betriebssystem. Man wird also bei einer derartigen Anwendung gut beraten sein, wenn man die kritischen Module auf der untersten Ebene einer Hierarchie zuerst entwirft und kodiert. In noch stärkerem Maße trifft dieses Argument auf Software zu, die Daten und Kontrollinformationen in Echtzeit [12] verarbeiten muss, etwa für ein modernes Flugzeug. Gibt es hier Probleme, so können Menschenleben gefährdet sein. Deswegen ist Bottom-up-Design bei derartigen Applikationen fast immer vorzuziehen.

Andererseits existieren eine Vielzahl von Anwendungen, bei denen die Rechenoperationen gering und wenig komplex sind. Denken Sie an die Eingabe von Belegen in einer Bank oder das Ausstellen von Rechnungen bei einem Energieversorgungsunternehmen. Hier ist das Top-down-Design eine geeignete Methode.

Doch zurück zum Test. Es ist einsichtig, dass zuerst entworfene Module auch zuerst zum Test zur Verfügung stehen. Daher hat die gewählte Entwurfsmethode einen nicht zu unterschätzenden Einfluss auf die Planung des Tests, ganz besonders aber auf den Zeitplan des Projekts. Nur wenn Entwurfsplanung und Testplanung gut miteinander verzahnt sind, kann man mit einer reibungslosen Abwicklung des Projekts rechnen. Dabei ist immer zu bedenken, dass im Test aufgedeckte Fehler mit hoher Wahrscheinlichkeit eine Änderung des Entwurfs bedingen werden. Manchmal ist sogar eine Änderung des Lastenhefts notwendig. Die Einarbeitung dieser Änderungen in die Software kostet natürlich Zeit und auch der erneute Test will geplant und durchgeführt werden. Wie immer unsere Applikation im konkreten Einzelfall aussehen mag, wir werden uns für eine bestimmte Vorgehensweise entscheiden müssen. Steht die Vorgehensweise beim Entwurf fest, bleibt immer noch die Frage nach der Vorgehensweise in der Testphase der Entwicklung.

3.3   Top-down- versus Bottom-up-Strategie beim Test

Bei unseren Kalenderroutinen erscheint mir für den Entwurf eine Bottom-up-Strategie besser geeignet zu sein. Zu diesem Schluss komme ich, da sich die kritischen Module auf der tiefsten Ebene unserer Struktur befinden. Beim Testen wollen wir ebenfalls mit den Modulen der Software beginnen und uns dann Schritt für Schritt hocharbeiten.

Es wäre allerdings bei diesem einfachen Beispiel durchaus möglich gewesen, das Design nach der Top-down-Methode zu erstellen und anschließend mit dem Test bei den Modulen zu beginnen. Die beiden Vorgehensweisen beim Entwurf und Test sind zumindest theoretisch beliebig miteinander kombinierbar. Man muss sich nur darüber klar werden, welche Vorgehensweise bei einer bestimmten Applikation angebracht ist, welche Risiken man eingeht und was die Auswirkungen der getroffenen Entscheidungen sind. Da wir uns nun entschieden haben, mit dem Test der Module zu beginnen, brauchen wir Programme, um diese Teile der Software für sich allein testen zu können.In grafischer Form stellt sich die Lage so dar.

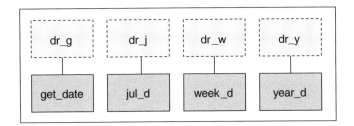

Abb. 3-2:
Test von Modulen
mittels Treibern

Man bezeichnet derartige Testprogramme als Treiber oder *driver*. In den USA ist für den Code, der lediglich zum Austesten dient, auch der Ausdruck *scaffolding* gebräuchlich. Das trifft die Sache ganz gut, denn in der Tat handelt es sich um ein Gerüst, das wir um unseren Programmcode herum bauen. Wir benötigen für jedes Modul auf der untersten Ebene unserer Struktur einen Treiber, der das zu testende Modul mit Werten versorgt und die Ergebnisse des Tests verfügbar macht.

Bei dem Modul *week_d* wird mit den Eingangsparametern Tag, Monat und Jahr der Wochentag berechnet. Ein Treiberprogramm zum Test der Funktion *week_d* lässt sich in der folgenden Form realisieren:

```
/*  COPYRIGHT (c) 2000 by George E. Thaller.
    All rights reserved
    UNIT NAME, VERSION:dr_wd.c
    Version A, 12-FEB-2000
    CHANGES: none
    FUNCTION: driver for testing function week_d          */
    #include <stdio.h>
    main()
    {
    int i,z,month,year;
    month=8; year=2000;
    printf("\nJahr: %d Monat:%d\n\n",year,month);
    printf("TAG  WOCHENTAG\n");

    for (i=22; i <= 31; i++)
      {
      z=week_d(i,month,year);
      printf("%d        %d\n",i,z);
      }
    }
```

Der auf eine Datei umgeleiteter Ausdruck des Testprogramms hat die folgende Form:

```
Jahr: 2000 Monat: 8

TAG  WOCHENTAG
22      2
23      3
24      4
25      5
26      6
27      0
28      1
29      2
30      3
31      4
```

Ich habe in diesem Fall spontan einen Dienstag Ende August gewählt, um ein kurzes Test-programm zu schaffen. Ob dies ein guter Test ist, ob die Eingabewerte sinnvoll gewählt wurden und ob unsere Chancen zum Aufdecken von Fehlern genügend hoch sind, soll zunächst nicht untersucht werden. Es geht mir hier in erster Linie um die Verzahnung von Entwurfs- und Teststrategie sowie die gegenseitigen Abhängigkeiten.

Lassen Sie uns noch für ein zweites Modul, die Routine *get_date*, ein Treiberprogramm entwerfen. Es stellt sich zum Beispiel so dar.

```
/*   COPYRIGHT (c) 2000 by George E. Thaller.
     All rights reserved
     UNIT NAME, VERSION:dr_g.c
     Version A, 16-MAY-2000
     CHANGES: none
     FUNCTION: driver for testing function get_date          */
#include <stdio.h>
main()
{
int day,month,year;
get_date(&day,&month,&year);/* SYSTEMABHAENGIG!*/
printf("\nAKTUELLES DATUM AUS SYSTEMDATEIEN:\n");
printf("\nTag: %d Monat: %d Jahr:%d\n",day,month,year);
}
```

Der Ausdruck beim Aufruf des übersetzten und gelinkten Programms sieht wie folgt aus:

```
AKTUELLES DATUM AUS SYSTEMDATEIEN:

Tag: 16 Monat: 5 Jahr: 2000
```

Bei diesem kleinen Programm ist übrigens zu beachten, dass es nur für einen bestimmten Compiler und einen dazugehörigen Rechner gilt. In einer anderen Entwicklungsumgebung kann sich der Zugriff auf das Systemdatum durchaus anders gestalten. Was wir im Grunde aus der Routine brauchen, ist lediglich das aktuelle Jahr. Das ist zwar mit Hilfe dieses

Unterprogramms auf elegante Art und Weise zu erhalten, es ließe sich zur Not allerdings auch eingeben.

Wenn wir die einzelnen Module mit der Hilfe von Treiber-Software getestet haben, ob nun per White Box oder mittels eines Black Box Tests, bleibt immer noch die Frage, wie wir weiter vorgehen wollen. Lassen Sie mich die Optionen anhand des leicht geänderten Entwurfs für das Programm mit den Kalenderroutinen erläutern. Ich führe dazu ein weiteres Modul namens *cards* ein, das zum Ausdrucken von Text und Grafiken mit Geburtstagsgrüßen dienen soll. Die Erstellung der in den Software-Anforderungen geforderten Liste konzentriere ich auf die Komponente *r_data*. Damit sieht der geänderte Entwurf so aus:

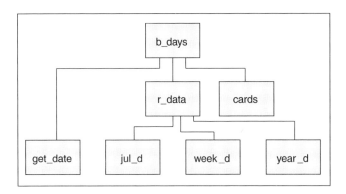

Abb. 3-3:
Entwurf 2 – Geändertes
Design der Kalenderroutinen
[20]

In unserem zweiten Entwurf wird die Komponente *r_data* die drei Unterprogramme *jul_d*, *week_d* und *year_d* aufrufen. Damit stellt sich jedoch die Frage, ob wir nach dem Test der drei Funktionen mittels Treiberprogrammen sofort alle drei Routinen mit der Komponente *r_data* linken oder ob wir Schritt für Schritt vorgehen wollen.

Entschließen wir uns, Schritt für Schritt vorzugehen, müssten wir die Routinen *jul_d*, *week_d* und *year_d* eine nach der anderen hinzunehmen und zunächst im Verbund mit *r_data* testen. Für diese zwei unterschiedlichen Vorgehensweisen sind die folgenden Ausdrücke gebräuchlich:

– Big Bang
– Incremental Testing

Die Big-Bang-Methode hat zwar den Vorteil, dass wir damit zunächst einmal schneller vorankommen. Ihren Wert muss ich allerdings in Zweifel ziehen. Der Name spricht im übrigen bereits für sich. In vielen Fällen erlebt man seine Überraschungen, wenn man so vorgeht. Allzu oft kracht es an der Schnittstelle und man weiß hinterher nicht, woran es liegt.

Im Gegensatz zu unserem kleinen Beispiel bestehen Komponenten in der Praxis oft aus ein paar Dutzend Unterprogrammen. Das erschwert die Fehlersuche, wenn etwas nicht funktioniert. Um die Fehlerursache zu finden, ist man in so einem Fall jedoch auf *Incremental Testing* angewiesen. Man wird also in der Praxis in vielen Fällen unter dem Strich keine Zeit sparen, wenn man nach der Big-Bang-Methode vorgeht.

Bei *Incremental Testing* dagegen wird ein Modul nach dem anderen dazugenommen. Man überprüft nach jedem Schritt erneut die Testergebnisse. Tritt nun ein Fehler auf, so liegt das Problem mit ziemlich hoher Wahrscheinlichkeit in dem neu hinzugekommenen Modul der Software oder der Schnittstelle.

Obwohl man also mit der Methode *Incremental Testing* zunächst langsamer voran- kommt, so gewinnt man doch an Sicherheit und vermeidet kostspielige Folgefehler. Diese Folgefehler oder Seiteneffekte haben zudem die Eigenschaft, dass sie schwer aufzuspüren sind. Die Incremental-Testing-Strategie ist also in der Regel der Big-Bang-Methode über- legen.

Nun lässt sich mit dem Test der Software gewiss auch an der Spitze einer Struktur beginnen. Wenn sich gerade dort die kritischen Teile der Software befinden oder das Pro- grammpaket insgesamt als nicht allzu schwierig eingeschätzt wird, ist diese Vorgehens- weise durchaus angebracht. Sehen wir uns dazu einen weiteren Entwurf an.

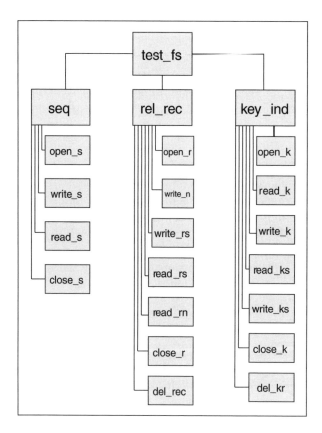

Abb. 3-4:
Entwurf zu einem Testprogramm

Im obigen Beispiel geht es darum, ein neu entwickeltes Dateisystem mittels Software zu testen. Es existieren die drei gebräuchlichsten Dateitypen *sequential*, *relative record* und *key indexed*. Das Testprogramm folgt dieser Struktur und besitzt weitere Unterprogramme, um jede der Funktionen des Dateisystems testen zu können. Dazu gehören bei jedem Dateityp zum Beispiel die Operationen *open* und *close*, *read* und *write*. Wenn wir uns bei der Überprüfung des Testprogramms dazu entschließen, nach der Top-down-Methode vorzugehen, so benötigen wir auch in diesem Falle zusätzliche Module. Man nennt diese Platzhalter *stubs*, manchmal auch *dummies*.

Stubs bestehen im einfachsten Fall aus kaum mehr als einem RETURN-Statement und sind daher relativ leicht zu erstellen. Will man allerdings die Funktion der durch Platzhalter vertretenen Module simulieren, so können Stubs bald recht umfangreich werden. Das ist wegen der Größe des Aufwands zur Programmerstellung natürlich nicht erwünscht. Sehen wir uns die Rolle von Stubs noch einmal in grafischer Darstellung an:

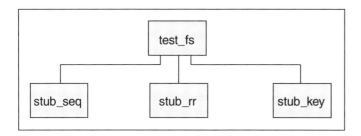

Abb. 3-5:
Einsatz von Stubs

Selbst wenn das in der Abbildung mit drei Platzhaltern gar nicht so wild aussieht, es geht ja weiter. Auch auf den unteren Ebenen müssen zunächst *Stubs* geschrieben werden, um die Aufrufe dieser Funktionen durch das aufrufende Programm zu befriedigen.

Wir können uns vorstellen, dass bei unserem ersten Entwurf die Aufrufe der Komponente *dd* durch ein Stub abgefangen werden könnten. Ein sehr einfacher Platzhalter für das Modul *jul_d* lässt sich mit ein paar Anweisungen schreiben:

```
/*   COPYRIGHT (c) 2000 by George E. Thaller.
     All rights reserved.
     UNIT NAME, VERSION:s_jul.c
     Version A, 22-MAY-2000
     CHANGES: none
     FUNCTION: simple stub for routine dd
*/
     int s_jul(j_d1,j_d2)
     long int *j_d1, *j_d2; /* pointers */
     {
     *j_d1 = 2500000; *j_d2 = 2500001;
     return;
     }
```

Es bereitet in der Tat keine große Mühe, diese paar Anweisungen zu kodieren. Die eigentliche Frage ist natürlich, ob uns damit auf längere Sicht gedient ist. Selbst wenn in der Komponente *dd* das erwartete Ergebnis von Eins herauskommt, über die Qualität des noch nicht existierenden Moduls *jul_d* wissen wir damit gar nichts. Komplizierte Stubs mit einer

Reihe unterschiedlicher Werte erfordern andererseits einen erhöhten Aufwand für die Kodierung.

Eine Erkenntnis dürften wir inzwischen gewonnen haben: Es kommen im Verlauf des Tests eine ganze Menge Routinen zusammen, die allein für Testzwecke geschaffen wurden. Der Aufwand für das Testen darf also keinesfalls unterschätzt werden. Hinzu kommt, dass Tests und Testfälle wie auszuliefernder Programmcode verwaltet und gepflegt werden müssen. Mit hoher Wahrscheinlichkeit werden wir einen Test mehr als einmal ausführen müssen. Es wäre also unklug, diesen Code wegzuwerfen oder einfach zu löschen.

Nun kann man ähnlich wie vorher beim Entwurf fragen, was denn die bessere Vorgehensweise zum Testen von Software sei, eine Bottom-up- oder Top-down-Strategie. Eindeutige Vorteile für die eine oder andere Methode vermag ich nicht zu erkennen. Man muss seine Pläne in der Tat an der Applikation ausrichten. Ich würde allerdings keinesfalls raten, bei Software für Echtzeitanwendungen, für Embedded Systems oder ein Betriebssystem nach der Top-down-Methode zu verfahren. Lassen Sie mich zum Abschluss dieser Betrachtungen die Argumente für beide Vorgehensweisen in Form einer Tabelle darstellen.

Top-down-Testen	
Vorteile	**Nachteile**
Es ist vorteilhaft, wenn sich schwerwiegende Fehler in den Teilen der Software befinden, die die Spitze der Struktur bilden	Es müssen Stubs erstellt werden
Wenn erst die Funktionen zur Ein- und Ausgabe von Daten hinzugenommen wurden, erleichtert sich das Testen	Stubs sind oft komplizierter, als man zunächst angenommen hatte
Es ist leicht möglich, eine rudimentäre Struktur des Programms relativ früh zu zeigen. Das hebt die Moral der Truppe und beeindruckt den Kunden.	Solange die Ein- und Ausgabefunktionen noch nicht zur Verfügung stehen, gestaltet sich der Aufbau von Testfällen in Stubs oft schwierig
	Die Beobachtung der Testergebnisse ist schwer möglich
	Man ist eher geneigt zu glauben, die Entwurfsphase und der Test würden sich überlappen lassen
	Die Vorgehensweise verleitet dazu, den Test schwieriger Module zu verschieben

Tabelle 3-2:   *Vor- und Nachteile des Top-down-Testens*

Die Nachteile überwiegen also, doch das mag bei einem konkreten Projekt ganz anders aussehen. Wenden wir uns der Bottom-up-Methode zu.

Bottom-up-Testen	
Vorteile	**Nachteile**
Die Strategie hat Vorteile, wenn sich schwerwiegende Fehler in den Modulen am Boden der Struktur verbergen	Es müssen Treiberprogramme geschrieben werden
Es ist leichter, die Testfälle zu kreieren	Das Programm als Ganzes existiert nicht, bis auch der letzte Programmteil dazu gelinkt wurde
Die Beobachtung der Ergebnisse von Tests gestaltet sich einfacher	

Tabelle 3-3:   *Vor- und Nachteile beim Bottom-up-Testen*

Da wir nun die Argumente für und wider die eine oder andere Vorgehensweise kennen, ist es nicht mehr besonders schwierig, ein gegebenes Projekt im Lichte dieser Erkenntnisse zu untersuchen. Es muss dann im konkreten Einzelfall entschieden werden, welcher Strategie man den Vorzug gibt.

Wenden wir uns nun einzelnen Modulen der Software zu. Es stellt sich nämlich die Frage, wie wir den Modultest am besten angehen sollten.

3.4   Modultest als White Box Test

Da wir den Entwurf und den Quellcode unserer Module kennen, sind wir bisher wie selbstverständlich immer davon ausgegangen, dass uns beim Testen die Programmlogik der innere Aufbau der Module bekannt ist. Das ist eine Annahme, die zwar vom Standpunkt des Programmierers gerechtfertigt ist, sie ist allerdings möglicherweise zum Testen von Software nicht der beste Ausgangspunkt.

Doch gehen wir zunächst einmal davon aus, dass wir den Quellcode kennen und in der Lage sind, auf diese Art und Weise zu testen. Damit handelt es sich um *White Box Testing*, denn der Code liegt offen vor uns wie in einem Behälter aus Glas. Gute Argumente für das White Box Testing lassen sich finden, wenn man Module hernimmt, die intern komplizierter sind, als das zunächst erschien. Betrachten wir dazu unser Modul *easter*. Es berechnet den Tag und den Monat für das Osterfest für ein vorgegebenes Jahr.

```
/*  COPYRIGHT (c) 2000 by George E. Thaller.
    All rights reserved.
    UNIT NAME, VERSION: easter.c
    Version A, 12-FEB-2000
    CHANGES: none
    FUNCTION: month, day of EASTER for a year
*/
```

```
easter(year,day,month)
int year,*day,*month;
{
int d,m,gn,c,gc,cc,ed,e;
gn=year%19+1;
if (year <= 1582)
    {
    ed=(5*year)/4;
    e=(11*gn-4)%30+1;
    }
    else
    {
    c=year/100+1;
    gc=(3*c)/4-12;
    cc=(c-16-(c-18)/25)/3;
    ed=(5*year)/4-gc-10;
    e=(11*gn+19+cc-gc)%30+1;
    if (((e == 25) && (gn > 11))
            || (e == 24)) e++;
    }
d=44-e;
if (d < 21 ) d=d+30;
d=d+7-(ed+d)%7;
if ( d <= 31 ) m=3;
    else
    {
    m=4;
    d=d-31;
    }
*day=d; *month=m;
return;
}
```

Um den Aufbau des Moduls verstehen zu können, muss man sich etwas mit der Geschichte unseres Kalenders [21] beschäftigen. Der von Julius Caesar eingeführte und nach ihm benannte Kalender rechnet jedes Jahr mit 365 Tagen. Jedes vierte Jahr zählt als Schaltjahr und hat somit 366 Tage. Andererseits irrte auch Gajus Julius Caesar. Das Sonnenjahr ist nicht einen Vierteltag, also sechs Stunden, sondern genau 5 Stunden, 48 Minuten und 46 Sekunden länger als 365 Tage. Obwohl diese paar Minuten Differenz vielleicht lächerlich gering erscheinen mögen, über die Jahrhunderte hinweg führt diese kleine Abweichung zu nicht mehr vertretbaren Fehlern bei der Zeitrechnung.

Papst Gregor XIII. führte deshalb im Jahr 1582 ein genaueres Verfahren ein. Ein Schaltjahr fällt nach dieser Rechenvorschrift immer dann aus, wenn die Jahreszahl durch 100, aber nicht durch 400 teilbar ist. Der Gregorianische Kalender wird im christlichen Abendland bis heute gebraucht.

Die Berechnung des Osterfestes ist deshalb wichtig, weil das Datum für eine Reihe anderer Feste davon abhängt. Fastnacht liegt 48 Tage vor Ostern und Pfingsten fällt auf den siebenten Sonntag nach Ostern. Himmelfahrt wiederum ist am zehnten Tag vor Pfingsten, während Fronleichnam auf den elften Tag nach Pfingsten fällt.

Für den Einzelhandel sind diese Feiertage wichtig, weil sich die Bevölkerung in ihren Kaufentscheidungen weitgehend nach solchen Festtagen richtet. Will man die Daten verschiedener Jahre, zum Beispiel den Umsatz, miteinander vergleichen, muss man die Lage dieser Feiertage kennen.

Doch zurück zu unserer Routine *easter*. Sie spiegelt in ihrem Aufbau die bewegte Geschichte unserer Zeitrechnung wider und enthält daher eine Reihe von Verzweigungen, um alle Fälle berücksichtigen zu können.

Wer die kleine Vorgeschichte nicht kennt, würde keinesfalls annehmen, dass sich am Jahr 1582 die Geister scheiden. Rein von den Eingaben her kann man nicht vermuten, dass in Abhängigkeit vom Jahr eine Fallunterscheidung vorzunehmen ist. Und hier liegt eben der große Vorteil des White Box Testing: Die Programmlogik ist dem Tester bekannt und er oder sie kann die Testfälle entsprechend entwerfen.

Für den ersten Test schreibe ich einen Treiber, der das Datum des Osterfests für ein paar Jahre in der Gegenwart berechnen soll. Werfen wir einen Blick auf das Programm.

```
/*  COPYRIGHT (c) 2000 by George E. Thaller.
    All rights reserved
    UNIT NAME, VERSION: dr_eva.c
    Version A, 13-MAY-2000
    CHANGES: TESTFAELLE FUER DIE GEGENWART
    FUNCTION: driver for testing function easter, WHITE BOX TEST
*/


    #include <stdio.h>
    main()
    {
    int day,month,year;
    printf("\n\nDATUM DES OSTERFESTS\n");
    printf("Jahr Tag Monat\n");

    for (year=1998; year <= 2003; year++)
        {
        easter(year,&day,&month);
        printf("%4d%2d %2d\n",year,day,month);
        }
    }
```

Um die errechneten Werte überprüfen zu können, suche ich mir ein paar Kalender der Jahre zusammen, die sich auf die Gegenwart beziehen. Daraus entnehme ich für das Osterfest die folgenden Daten:

Jahr	Datum	Jahr	Datum	Jahr	Datum	Jahr	Datum
1998	12. April	1999	4. April	2000	23. April	2001	15. April
2002	31. März	2003	20. April	2004	11. April	2005	27. März

Tabelle 3-4:   *Datum für das Osterfest*

Wenn wir das Testprogramm ausführen, ergeben sich die folgenden Werte:

```
DATUM DES OSTERFESTS
Jahr Tag Monat
1998  12  4
1999   4  4
2000  23  4
2001  15  4
2002  31  3
2003  20  4
2004  11  4
2005  27  3
```

Diese Werte stimmen offensichtlich mit den erwarteten Werten überein. Unsere kleine Routine scheint also in Ordnung zu sein. Nun will ich aber wissen, wie sie sich für die Jahre des Übergangs vom Julianischen auf den heute gebräuchlichen Gregorianischen Kalender verhält.

Die Schwierigkeit liegt nun im Beschaffen von Vergleichswerten. Wer nicht gerade Museumsdirektor ist, wird kaum einen Kalender aus dem sechzehnten Jahrhundert in der Schublade haben. Zum Glück gibt es unter dem Betriebssystem UNIX [22,23,24] jedoch das Kommando *cal*. Damit lässt sich für ein beliebiges Jahr der Kalender erzeugen. Gibt man das Kommando in der Form

cal month year

ein, so werden für das gewählte Jahr und den angegebenen Monat die Tage ausgegeben. Dazu werden zusätzlich die Tage der beiden unmittelbar benachbarten Monate angezeigt. Von diesem Kommando werden wir zur Überprüfung unserer Routine *easter* ausgiebig Gebrauch machen. Für das Jahr 1582 erzeugen wir zum Beispiel für die Monate März und April den folgenden Ausdruck:

```
       Mar                    Apr
 S  M Tu  W Th  F  S   S  M Tu  W Th  F  S
 1  2  3  4  5  6  7            1  2  3  4  5
 8  9 10 11 12 13 14   6  7  8  9 10 11 12
15 16 17 18 19 20 21  13 14 15 16 17 18 19
22 23 24 25 26 27 28  20 21 22 23 24 25 26
29 30                 27 28 29 30 31
```

Ich starte nun das Testprogramm in der Fassung B und erhalte damit die folgenden Werte:

```
DATUM DES OSTERFESTS
Jahr Tag Monat
1581  26  3
1582  15  4
1583  10  4
1584   1  4
1585  21  4
```

Die mit dem Kommando *cal* erzeugten Werte sagen uns natürlich nicht, auf welchen Sonntag das Osterfest in dem betreffenden Jahr gefallen ist. Immerhin können wir jedoch mit Hilfe der von dem Kommando *cal* erzeugten Kalenderdaten überprüfen, ob der Tag stimmt. Ich markiere das Datum des Osterfests zur Verdeutlichung in Fettschrift. Das Ergebnis sieht wie folgt aus:

```
      Mar 1581              Apr 1581
 S  M Tu  W Th  F  S     S  M Tu  W Th  F  S
              1  2  3  4                    1
 5  6  7  8  9 10 11     2  3  4  5  6  7  8
12 13 14 15 16 17 18     9 10 11 12 13 14 15
19 20 21 22 23 24 25    16 17 18 19 20 21 22
26 27 28 29 30 31       23 24 25 26 27 28 29
30


      Mar 1582              Apr 1582
 S  M  Tu W Th  F  S     S  M Tu  W Th  F  S
              1  2  3     1  2  3  4  5  6  7
 4  5  6  7  8  9 10     8  9 10 11 12 13 14
11 12 13 14 15 16 17    15 16 17 18 19 20 21
18 19 20 21 22 23 24    22 23 24 25 26 27 28
25 26 27 28 29 30 31    29 30


      Mar 1583              Apr 1583
 S  M Tu  W Th  F  S     S  M Tu  W Th  F  S
                 1  2        1  2  3  4  5  6
 3  4  5  6  7  8  9     7  8  9 10 11 12 13
10 11 12 13 14 15 16    14 15 16 17 18 19 20
17 18 19 20 21 22 23    21 22 23 24 25 26 27
24 25 26 27 28 29 30    28 29 30
31


      Mar 1584              Apr 1584
 S  M Tu  W Th  F  S     S  M Tu  W Th  F  S
 1  2  3  4  5  6  7           1  2  3  4
 8  9 10 11 12 13 14     5  6  7  8  9 10 11
15 16 17 18 19 20 21    12 13 14 15 16 17 18
22 23 24 25 26 27 28    19 20 21 22 23 24 25
29 30 31                26 27 28 29 30
```

Zur Verdeutlichung dieses Ergebnisses noch einmal in Tabellenform:

Jahr	Tag	Monat	Wochentag
1581	26	3	Sonntag
1582	15	4	Sonntag
1583	10	4	Mittwoch
1584	1	4	Mittwoch

Offensichtlich sind wir bei unserem White Box Test auf einen Fehler gestoßen. Der Mittwoch für Ostern ist einfach lächerlich. Nun fragt sich natürlich, was falsch ist, unser Programm oder das Kommando *cal* unter UNIX.

Was mir zu denken gibt, ist das Auftreten des Fehlers gerade an dieser Stelle. Bis zum Jahr 1582 christlicher Zeitrechnung, in dem vom Julianischen auf den Gregorianischen Kalender umgestellt wurde, ist alles in Ordnung. Für die darauffolgenden Jahre ist das Ergebnis allerdings falsch.

Ich verdächtige zunächst den Algorithmus. Da die ursprüngliche Fassung in FORTRAN geschrieben war, könnte möglicherweise ein Rundungsfehler das Ergebnis verfälschen. In FORTRAN wurde die Rundung ja immer durch einfaches Abrunden durchgeführt und das könnte eine mögliche Fehlerursache sein.

Stunden später verwerfe ich diese Theorie wieder. Die Vorlage in FORTRAN und der Code in C weisen keine signifikanten Unterschiede auf, die den Fehler erklären könnten.

Am nächsten Tag suche ich nach einer zweiten, unabhängigen Quelle für den Algorithmus. In Knuths Werk *The Art of Computer Programming: Fundamental Algorithms* [25] werde ich fündig. Hier ist das Verfahren zur Ermittlung des Osterfestes für die Jahre nach 1582 im Detail beschrieben. Leider liefert der von Knuth beschriebene Algorithmus kein besseres Ergebnis.

Um die Abweichung eingrenzen zu können, ändere ich meine Testprogramme leicht ab. Ich untersuche zunächst den Zeitraum von 999 bis 1007 und endlich die Jahre von 1799 bis 1808. Damit erhalte ich die folgenden Ausdrucke:

```
DATUM DES OSTERFESTS
Jahr Tag Monat
 999   9  4
1000  31  3
1001  13  4
1002   5  4
1003  28  3
1004  16  4
1005   1  4
1006  21  4
1007   6  4


DATUM DES OSTERFESTS
Jahr Tag Monat
1799  24  3
1800  13  4
1801   5  4
1802  18  4
1803  10  4
1804   1  4
1805  14  4
1806   6  4
1807  29  3
1808  17  4
```

Die Überprüfung mit den Ergebnissen des Kommandos *cal* zeigt eindeutig, dass es sich bei dem Datum immer um einen Sonntag handelt. Für diese Jahre können wir das Ergebnis folglich als richtig betrachten. Es bleibt der Fehler für die Jahre unmittelbar nach der Umstellung des Kalenders im sechzehnten Jahrhundert.

Ich komme zu dem Schluss, dass mein Wissen über unseren Kalender noch zu gering ist. Mein Lexikon [26] gibt wenig Einzelheiten her. Es berichtet lediglich über die Umstellung des Kalenders und darüber, dass im Jahr 1582 die Zeitrechnung laut Kalender dem tatsächlichen Sonnenjahr bereits zehn Tage vorauseilte. Mein Pech ist, dass ich diese zehn Tage nirgendwo finden kann. In den mit dem Kommando *cal* erzeugten Ausdrucken fehlen keine zehn Tage, schon gar nicht im Jahr der Umstellung.

Meine Geschichtsbücher [27] machen zur Umstellung des Kalenders ebenfalls keine Aussage. Ich erwäge bereits einen Besuch in der städtischen Bibliothek, um der Sache auf den Grund zu gehen, als mein Blick auf einen Almanach [28] aus dem Jahr 1990 fällt. Hier lese ich Folgendes: „Im Jahr 1582 hatte sich der Fehler auf geschätzte 10 Tage summiert. Papst Gregor XIII. verfügte, dass der auf den 4. Oktober 1582 folgende Tag der 15. Oktober sein sollte ..."

Na also, das ist doch wenigstens eine klare Aussage, denke ich mir. Ein erneuter Blick auf den Ausdruck des Kommandos *cal* für den Oktober 1582 macht mich allerdings nicht klüger. Dieser Monat hat einunddreißig Tage. Ich schüttle den Kopf und lese weiter: „Der Gregorianische Kalender wurde von Frankreich, Italien, Spanien und Luxemburg sofort eingeführt. Innerhalb der nächsten zwei Jahre folgten die meisten der deutschen Kleinstaaten ..."

„Die britische Regierung ordnete im Jahr 1752 für alle ihre Besitzungen, darunter die amerikanischen Kolonien, die Anwendung des Gregorianischen Kalenders an. Es wurde verfügt, dass der auf den 2. September 1752 folgende Tag der 14. September sein sollte, wodurch sich ein Verlust von elf Tagen ergab." Nun geht mir endlich ein Licht auf. Ich rufe das Kommando *cal 1752* auf und siehe da, der Monat September in Amerika in diesem Jahr ist bemerkenswert kurz.

```
        1752
        Sep
  S  M Tu  W Th  F  S
           1  2 14 15 16
 17 18 19 20 21 22 23
 24 25 26 27 28 29 30
```

Damit ist erklärt, warum das Ergebnis der Berechnung nicht mit dem erwarteten Ergebnis übereinstimmen konnte. In Europa wurde im Jahr 1582 umgestellt und in den aufstrebenden Kolonien der Neuen Welt erst 170 Jahre später.

Bemerkenswert ist in diesem Zusammenhang, dass Professor Knuth, der an der Stanford University in Kalifornien lehrt, die Umstellung im Jahr 1582 ansetzt. Die Schöpfer von UNIX hingegen, an der amerikanischen Ostküste beheimatet, blieben dagegen näher an der amerikanischen Realität und setzten die Umstellung des Kalenders in dem Kommando *cal* erst für 1752 an.

Wer hat nun eigentlich Recht? – Vermutlich beide! Es kommt eben auf den Standpunkt an. Für weite Teile Europas stimmt das Jahr 1582, während in den englischen Kolonien in Amerika die Änderung des Kalenders in der Tat erst im Jahr 1752 eintrat.

Eines hat dieser Test – mit dessen Ergebnis ich überhaupt nicht gerechnet hatte – jedoch eindeutig gezeigt: Testen ist eine Tätigkeit, die Hartnäckigkeit, Spürsinn und Kreativität verlangt. Sie kann zuweilen frustrierend sein, wenn der Tester ein ganzes Wochenende lang über einem Problem brütet. Sie ist andererseits oft auch mit überraschenden Ergebnissen und beachtlichen Erfolgen verbunden.

Wir wollen nun noch das Unterprogramm *jul_d* mittels White Box Test überprüfen. Der hier verwendete Julianische Kalender – oder die Julianische Periode – hat nichts mit dem von Julius Caesar begründeten Kalender gemein. Es handelt sich vielmehr um einen eigenen Kalender, der im Jahr 1582 von Joseph Scaliger [28] entwickelt wurde. Zu Ehren seines Vaters Julius nannte er ihn den Julianischen Kalender.

Aber warum ein weiterer Kalender? Haben wir nicht bereits genug davon?

Versuchen Sie zum Spaß einmal, ihr Alter in Tagen auszurechnen. Das wird durch die unterschiedlich langen Monate und die Schaltjahre mit ziemlicher Sicherheit eine schwierige Rechnung sein. Hier schafft der Julianische Kalender Abhilfe.

Die Routine zur Umrechnung eines Datums in den Julianischen Kalender ist nicht besonders schwierig. Sehen wir uns den Quellcode an.

```
/*  COPYRIGHT (c) 2000 by George E. Thaller.
    All rights reserved
    UNIT NAME, VERSION: jul_d.c
    Version A, 22-MAY-2000
    CHANGES: none
    FUNCTION: calculates JULIAN day from date(day,month,year)
*/
    jul_d(day,month,year,jd)
    int day,month,year; long *jd;
    {
    long int j,l,jj;

    j=(month-14)/12;
    l=year+j+4800;
    jj=day-32075+1461*l/4+367*(month-2-12*j)/12-3*((l+100)/100)/4;

    *jd=jj;

    return;
    }
```

Zum Test des Unterprogramms schreiben wir einen Treiber, der für den August 2000 die Werte im Julianischen Kalender ausrechnet. Wir müssen eigentlich nur darauf achten, die Zahlen für den Tag im Typ *long integer* zu vereinbaren.

```
/*    COPYRIGHT (c) 2000 by George E. Thaller.
      All rights reserved
      UNIT NAME, VERSION: dr_j.c
      Version A, 16-FEB-2000
      CHANGES: none
      FUNCTION: driver for testing function jul_d
*/

      #include <stdio.h>

      main()
      {
      int i,month,year;
      long int jd;

      year=1994; month=8;
      printf("\nJahr: %d MONAT:%d\n\n",year,month);
      printf("Tag Julianstag\n");
      for (i=1; i <= 31; i++)
          {
          jul_d(i,month,year,&jd);
          printf("%2d %8ld\n",i,jd);
          }
      }
```

Mit diesem Testprogramm erhalten wir die folgenden Ergebnisse:
```
Jahr: 2000 MONAT: 8

Tag Julianstag
 1  2451758
 2  2451759
 3  2451760
 4  2451761
 5  2451762
 6  2451763
 7  2451764
 8  2451765
 9  2451766
10  2451767
11  2451768
12  2451769
13  2451770
14  2451771
15  2451772
16  2451773
17  2451774
18  2451775
19  2451776
20  2451777
21  2451778
22  2451779
```

23	2451780
24	2451781
25	2451782
26	2451783
27	2451784
28	2451785
29	2451786
30	2451787
31	2451788

Ich weiß, dass der 31. Dezember 1994 im Julianischen Kalender der Tag 2 449 718 ist. Damit lassen sich die oben errechneten Zahlen [28] leicht überprüfen.

Jahr	Tag nach Julianischen Kalender
31. Dezember 1994	2 449 718
1995	365
1996 (Schaltjahr)	366
1997	365
1998	365
1999	365
Jahrestag für den 1. August 2000 (Schaltjahr)	214
Summe	2 451 758

Das Ergebnis stimmt also überein. Wir können damit unsere Routine vorläufig also getestet betrachten. Für das Problem mit dem Geburtstag wissen wir inzwischen selbstverständlich auch eine Lösung: Wir berechnen zunächst den Tag im Julianischen Kalender für das laufende Jahr und ziehen anschließend den entsprechenden Wert für das Geburtsjahr davon ab.

Während beim White Box Test in erster Linie auf den Kontrollfluss durch ein Programm abgestellt wird, kann man ergänzend dazu auch eine datenflussorientierte Methode wählen. Man orientiert sich dann an Definitionen, Variablen oder *Use Cases*.

Nun wollen wir untersuchen, wie wir den White Box Test systematisch angehen können und ob sich eventuell eine Methode zur Bewertung finden lässt.

3.5   Testabdeckung

Beim White Box Test liegt der Programmcode wie bei einer Landkarte offen vor uns. Wir können verfolgen, wie der Kontrollfluss des Programms erfolgt. Wir sehen die Daten und die Auswirkungen beim Setzen gewisser Werte. Wir verstehen die Logik des Programms und können uns vorstellen, wie sich das Programm in einer bestimmten Situation verhalten wird.

Da liegt es nahe, nach bestimmten Kriterien zur Beurteilung des White Box Tests zu suchen. Schließlich wollen wir nicht nur intuitiv testen, sondern auch einen Maßstab zur Beurteilung des Tests besitzen.

Wenn wir uns den Quellcode anschauen, liegt es nahe, einfach die Forderung nach der Ausführung jeder Anweisung im Programm aufzustellen. Wenn jede Anweisung ausgeführt wird, sollten sich verborgene Fehler im Test zeigen, könnte man argumentieren. Sehen wir uns das am Code der Routine *easter* etwas genauer an.

```
easter(year,day,month)
int year,*day,*month;
{
int d,m,gn,c,gc,cc,ed,e;
gn=year%19+1;
if (year <= 1582)
    {
    ed=(5*year)/4;
    e=(11*gn-4)%30+1;
    }
    else
    {
    c=year/100+1;
    gc=(3*c)/4-12;
    cc=(c-16-(c-18)/25)/3;
    ed=(5*year)/4-gc-10;
    e=(11*gn+19+cc-gc)%30+1;
    if (((e == 25) && (gn > 11))
        || (e == 24)) e++;
    }
d=44-e;
if (d < 21 ) d=d+30;
d=d+7-(ed+d)%7;
if ( d <= 31 ) m=3;
    else
    {
    m=4;
    d=d-31;
    }
*day=d; *month=m;
return;
}
```

Um die obige Bedingung zu erfüllen, müssen wir den Wert für das Jahr auf einen Wert kleiner oder gleich 1582 setzen. Damit werden die fettgedruckten Anweisungen ausgeführt. Alles, was hinter dem *else-Statement* kommt, wird ganz offensichtlich nicht getestet.

Was im zweiten Teil der Routine geschieht, wissen wir nicht genau. Das hängt wohl davon ab, ob Ostern in diesem Jahr in den Monat März oder April fällt. Uns wird jedoch klar, dass nur ein Zweig der Verzweigung getestet wird.

Wir erkennen also, dass das Ausführen jeder Anweisung ein ziemlich schwaches Kriterium ist. Was uns eigentlich vorschwebt, ist das Abdecken des gesamten Codes durch Test. Wir wollen erreichen, dass jeder Teil des Programms im Test mindestens einmal ausgeführt wird.

Um diese Bedingung erfüllen zu können, müssen wir uns entsprechende Testfälle ausdenken. Wir legen die folgenden Werte für die Eingaben fest:

Testfall 1:   year = 2000

Testfall 2:   year = 1580

Wir erfahren durch einen Blick auf unseren Kalender, dass Ostern im Jahr 2000 auf den 23. April fällt. Über das Jahr 1580 wissen wir naturgemäß ziemlich wenig. Der Blick auf den Taschenkalender des Jahres 2002 zeigt uns allerdings, dass in diesem Jahr der Ostersonntag auf den 31. März fällt. Wir haben also unseren letzten Testfall.

Testfall 3:   year = 2002

Wenn wir den Code mit den Werten für diese drei Fälle testen, haben wir jeden Teil des Unterprogramms einmal ausgeführt und damit alle Pfade durch den Quellcode abgedeckt.

Der Treiber und die damit erzeugten Werte stellen sich wie folgt dar:

```
/*    COPYRIGHT (c) 2000 by George E. Thaller.
      All rights reserved
      UNIT NAME, VERSION: dr_eve.c
      Version E, 17-MAY-2000
      CHANGES: TESTABDECKUNG C1
      FUNCTION: driver for testing function easter, WHITE BOX TEST
*/
#include <stdio.h>
main()
{
int i,day,month,year[3];
year[0]=2000; year[1]=1580; year[2]=2002;
printf("\n\nDATUM DES OSTERFESTS\n");
printf("Jahr Tag Monat\n");

for (i=0; i < 3; i++)
    {
    easter(year[i],&day,&month);
    printf("%4d%2d %2d\n",year[i],day,month);
    }
}


DATUM DES OSTERFESTS
Jahr Tag Monat
2000  23  4
1580   3  4
2002  31  3
```

Ein kurzer Blick in den Kalender zeigt uns, dass die Werte für unser Jahrhundert richtig sind. Für das Jahr 1580 fällt Ostern auf den ersten Sonntag im April. Der Wert ist also mit hoher Wahrscheinlichkeit richtig. Sowohl die Monate März wie auch April – und die damit verbundenen Programmpfade – wurden abgedeckt. Damit haben wir in der Routine *easter* sowohl die Jahre vor und nach der Umstellung des Kalenders im Jahr 1582 getestet. Jeder

Pfad in dem Programm und jede Anweisung wurde mindestens einmal ausgeführt. Diese Methode wird von den meisten Programmierern daher als intuitiv richtig empfunden.

Da wir schon am Ändern des Programms sind, stellen wir die Routine um. Es ist ja wohl kaum sinnvoll, die Jahre vor 1583 bei der Verzweigung zuerst zu behandeln. Der häufigere Anwendungsfall für das Programm wird vermutlich in der Gegenwart liegen. Bei dieser Gelegenheit fügen wir gleich ein paar sinnvolle Kommentare ein. Wir wollen schließlich auch nach ein paar Jahren noch wissen, was wir uns bei der Konstruktion des Programms gedacht hatten. Die revidierte Routine mit dem Namen *east2* schaut so aus.

```
/*    COPYRIGHT (c) 2000 by George E. Thaller.
      All rights reserved.
      UNIT NAME, VERSION: east2.c
      Version B, 17-MAY-2000
      CHANGES: order of statements
      FUNCTION: get day, month of EASTER for a given year
*/
east2(year,day,month)
int year,*day,*month;
{
int d,m,gn,c,gc,cc,ed,e;
gn=(year%19)+1;              /* golden number */
if (year > 1582)
      {
      c=year/100+1;          /* CENTURY */
      gc=(3*c)/4-12;         /* KORREKTUR */
      cc=(c-16-(c-18)/25)/3; /* KORREKTUR */
      ed=(5*year)/4-gc-10;   /* SONNTAG finden */
      e=(11*gn+19+cc-gc)%30+1; /* VOLLMOND */
      if (((e == 25) && (gn > 11))
            || (e == 24)) e++;
      }
      else
      {
      ed=(5*year)/4;         /* alter Kalender */
      e=((11*gn-4)%30)+1;
      }
      d=44-e;
      if (d < 21 ) d=d+30;
      d=d+7-(ed+d)%7;
      if ( d <= 31 ) m=3;    /* MAERZ */
            else
            {
            m=4;             /* APRIL */
            d=d-31;
            }
*day=d; *month=m;
return;
}
```

Da wir allerdings eine Veränderung im Programm vorgenommen haben, müssen wir es erneut testen. Wir verwenden dazu einen Treiber, der die Routine *east2* aufruft. Als Vergleichsprogramm benutzen wir das Programm *dr_evb*, das wir bereits früher eingesetzt hatten. Mit diesen zwei unterschiedlichen Programmen ergeben sich diese Ergebnisse.

```
DATUM DES OSTERFESTS
Jahr Tag Monat
1579  19  4
1580   3  4
1581  26  3
1582  15  4
1583  10  4
1584   1  4
1585  21  4

DATUM DES OSTERFESTS
Jahr Tag Monat
1579  19  4
1580   3  4
1581  26  3
1582  15  4
1583  10  4
1584   1  4
1585  21  4
```

Die Werte stimmen überein und die Ergebnisse sind in sich schlüssig. Damit können wir die Routine *east2* in der modifizierten Fassung einsetzen.

Doch zurück zur Testabdeckung oder *test coverage* in der amerikanischen Fachsprache. Es ist durchaus möglich, über das Ausführen jedes Pfades im Programm hinaus Kriterien für den White Box Test aufzustellen. In der Übersicht lässt sich das Maß für die *test coverage* wie folgt darstellen:

Maß der Testabdeckung	Beschreibung
C0	Alle Anweisungen in einem Modul oder Programm werden ausgeführt.
C1	Alle Segmente eines Moduls oder Programms werden mindestens einmal ausgeführt. Es werden also alle Pfade durch das Programm wenigstens einmal durchlaufen.
C1+	Alle Programmsegmente werden wie bei C1 mindestens einmal ausgeführt. Zusätzlich wird bei Schleifen mit den Extremwerten getestet.
C1p	Alle Programmsegmente werden mindestens einmal ausgeführt. Darüber hinaus wird bei jedem logischen Ausdruck so getestet, dass der Code bei jeder logischen Bedingung zumindest einmal ausgeführt wird.
C2	Alle Programmsegmente werden wenigstens einmal ausgeführt. Bei Schleifen muss so getestet werden, dass die Schleife 1. nicht ausgeführt wird, 2. mit einem niederen Wert des Schleifenzählers getestet wird und 3. mit einem hohen Wert des Schleifenzählers getestet wird.
Cik	Alle Programmsegmente werden mindestens einmal ausgeführt. Darüber hinaus werden alle Schleifen in dem Modul oder Programm für die Werte i bis k ausgeführt, wobei i = 1,2,3 … k.
Ct	Die Kombination aller möglichen Pfade wird durch White Box Test abgedeckt.

Tabelle 3-5:   *Maß der Testabdeckung beim White Box Test*

Es ist sicherlich sinnvoll, das erreichte Maß der Testabdeckung beim White Box Test nach dem obigen Schema einzuteilen. Dabei wird in unserer Zeit von den meisten Fachleuten das Maß C0 als nicht ausreichend betrachtet. Hundert Prozent Testabdeckung nach C1 ist der heutige Standard und das Kriterium C2 ist in vielen Fällen erreichbar.

Was darüber hinaus geht, wird oft schwierig. Entweder ist das Entwerfen entsprechender Testfälle bei tief geschacheltem und verzweigtem Code recht aufwendig, oder das Abarbeiten der Fülle der möglicher Testfälle dauert einfach zu lange. Es ist auch fraglich, ob durch zusätzliche Testfälle dieser Art neue Fehler entdeckt werden. Wenden wir uns daher jetzt der Frage zu, wie wir nach dem Test einzelner Module weiter vorgehen wollen.

3.6 Incremental Testing

Wir hatten bereits diskutiert, dass wir einmal sofort alle Bestandteile einer Komponente miteinander linken können, nachdem wir diese Module ausgetestet haben. Diese Vorgehensweise heißt *Big Bang*. Die Alternative dazu wäre, ein Modul nach dem anderen hinzuzunehmen und so die Integration Schritt für Schritt zu vollziehen.

Beim Test des Programms *r_data* wollen wir nach dieser Methode vorgehen. Wir beginnen mit einem Modul und nehmen später weitere Unterprogramme hinzu. Normalerweise wäre die Routine *r_data* ein Unterprogramm, das wiederum vom Hauptprogramm aufgerufen wird. Um besser testen zu können und unnötige Läufe beim Übersetzen und Binden des Programmms zu vermeiden, konstruieren wir *r_data* allerdings zunächst als Hauptprogramm.

Als Testfall nehmen wir die Daten eines Mädchens, das am 12. August 1982 geboren wurde. Sie wird also im Jahr 2000 achtzehn Jahre alt sein. Das Testprogramm sieht in der ersten Version so aus.

```
/*  COPYRIGHT (c) 2000 by George E. Thaller.
    All rights reserved
    UNIT NAME, VERSION: r_data1.c
    Version A, 18-MAY-2000
    CHANGES: none
    FUNCTION: driver for testing functions, INCREMENTAL TESTING
*/
#include <stdio.h>

main()
{
long int jj1,jj2;
int j_1,j_2,age_d,day,month,year;
j_1=1982; j_2=2000;
month=8; day=12; /*GEBURTSTAG */

printf("\nINCREMENTAL TESTING\n");
```

```
/* TEST 1: JULIANSTAG */
jul_d(day,month,j_1,&jj1); jul_d(day,month,j_2,&jj2);
age_d = jj2 - jj1; /* ALTER IN TAGEN */
printf("\nDIESES JAHR   GEBURTSJAHR   ALTER IN TAGEN");
printf("\n%7ld      %7ld  %5d\n",jj2,jj1,age_d);
}
```

Wenn wir dieses Programm ausführen, ergibt sich der folgende Ausdruck:

```
INCREMENTAL TESTING

DIESES JAHR   GEBURTSJAHR   ALTER IN TAGEN
2451769       2445194       6575
```

Das Ergebnis scheint richtig zu sein. Die Julianstage liegen im richtigen Bereich und 6575 Tage sind fast genau achtzehn Jahre. Die Differenz von fünf Tagen ist durch Schaltjahre zu erklären. Damit haben wir das erste Modul erfolgreich integriert und können das nächste Unterprogramm hinzunehmen. Es handelt sich um die Routine zur Berechnung des Wochentages. Damit können wir feststellen, um welchen Tag der Woche es sich handelt. Der Montag hat die Ziffer eins, der Dienstag die Ziffer zwei und so fort. Der Treiber ändert sich entsprechend.

```
/*   COPYRIGHT (c) 2000 by George E. Thaller.
     All rights reserved
     UNIT NAME, VERSION:r_data2.c
     Version A, 18-MAY-2000
     CHANGES: none
     FUNCTION: driver for testing functions, INCREMENTAL TESTING
*/
#include <stdio.h>

main()
{
long int jj1,jj2;
int j_1,j_2,age_d,w1,day,month,year;

j_1=1982; j_2=2000;
month=8; day=12; /* GEBURTSTAG */

printf("\nINCREMENTAL TESTING\n");

/* TEST 1: JULIANSTAG */
jul_d(day,month,j_1,&jj1); jul_d(day,month,j_2,&jj2);
age_d = jj2 - jj1; /* ALTER IN TAGEN */
printf("\nDIESES JAHR   GEBURTSJAHR   ALTER IN TAGEN");
printf("\n%7ld      %7ld  %5d\n",jj2,jj1,age_d);
/* TEST 2: WOCHENTAG */
w1=week_d(day,month,year);
printf("\nKENNZIFFER FUER GEBURTSTAG in diesem Jahr: %d\n",w1);
}
```

Wenn wir das kleine Programm ausführen, bekommen wir das folgende Ergebnis.

```
INCREMENTAL TESTING

DIESES JAHR    GEBURTSJAHR    ALTER IN TAGEN
2451769        2445194        6575

KENNZIFFER FUER GEBURTSTAG in diesem Jahr: 3
```

Hier sind wir offensichtlich auf einen Fehler gestoßen. Der 12. August 2000 ist ein Samstag, müsste also die Ziffer 6 haben. Unser Testprogramm druckt allerdings 3 aus. Wo kann der Fehler liegen?

Ich sehe mir den Aufruf des Unterprogramms genauer an. Er lautet:

```
w1=week_d(day,month,year);
```

Nun ist die Variable *year* zwar definiert, und das Programm hat dafür einen eher zufälligen Wert, eben drei, gefunden. Das war allerdings nicht das, was ich meinte. Ich wollte als Jahr 2000 verwenden. Wenn ich die richtige Variable *j_2* einsetze, sieht die geänderte Programmzeile so aus:

```
w1=week_d(day,month,j_2);
```

Mit dem geänderten Testprogramm ergibt sich der folgende Ausdruck.

```
INCREMENTAL TESTING

DIESES JAHR    GEBURTSJAHR    ALTER IN TAGEN
2451769        2445194        6575

KENNZIFFER FUER GEBURTSTAG in diesem Jahr: 6
```

Die Zahl sechs für den Samstag ist richtig, und damit ist auch das zweite Unterprogramm erfolgreich integriert worden. Eines können wir allerdings hier klar sehen: Durch das schrittweise Hinzunehmen der Routinen gestaltet sich die Fehlersuche ziemlich einfach. Da nur ein Programm hinzugekommen ist, liegt der Fehler mit hoher Wahrscheinlichkeit an der Schnittstelle zwischen den Programmen oder in der gerade hinzugefügten Routine.

Gehen wir den nächsten Schritt. Nun fehlt uns nur noch das kleine Programm zur Kalkulation des Jahrestages.

```
/*  COPYRIGHT (c) 2000 by George E. Thaller.
    All rights reserved
    UNIT NAME, VERSION:r_data3.c
    Version A, 18-MAY-2000
    CHANGES: none
    FUNCTION: driver for testing functions, INCREMENTAL TESTING
*/
#include <stdio.h>

main()
{
long int jj1,jj2;
int j_1,j_2,age_d,w1,jd,day,month,year;
```

```
j_1=1982; j_2=2000;
month=8; day=12;  /* GEBURTSTAG */

printf("\nINCREMENTAL TESTING\n");

/* TEST 1: JULIANSTAG */
jul_d(day,month,j_1,&jj1); jul_d(day,month,j_2,&jj2);
age_d = jj2 - jj1; /* ALTER IN TAGEN */
printf("\nDIESES JAHR   GEBURTSJAHR   ALTER IN TAGEN");
printf("\n%7ld      %7ld  %5d\n",jj2,jj1,age_d);

/* TEST 2: WOCHENTAG */
w1=week_d(day,month,j_2);
printf("\nKENNZIFFER FUER GEBURTSTAG in diesem Jahr: %d\n",w1);

/*TEST 3: JAHRESTAG */
jd=year_d(day,month,j_2);
printf("\nJAHRESTAG: %d\n",jd);
}
```

Nach der Ausführung des Treibers erhalten wir das folgende Ergebnis.

```
INCREMENTAL TESTING

DIESES JAHR   GEBURTSJAHR   ALTER IN TAGEN
2451769       2445194       6575

KENNZIFFER FUER GEBURTSTAG in diesem Jahr: 6

JAHRESTAG: 225
```

Um den Jahrestag zu überprüfen, genügt ein Blick in den Taschenkalender. Der 12. August 2000 ist wirklich der 225. Tag in diesem Schaltjahr. Damit ist auch die dritte Routine erfolgreich integriert worden.

Da nun alle drei Unterprogramme gut zusammenarbeiten, können wir aus dem Hauptprogramm endlich ein Unterprogramm machen. Es enthält die entsprechenden Variablen als Parameter, die beim Aufruf übergeben werden. Der Quellcode für die Routine *r_data* stellt sich so dar.

```
/*   COPYRIGHT (c) 2000 by George E. Thaller.
     All rights reserved
     UNIT NAME, VERSION: r_data.c
     Version A, 18-MAY-2000
     CHANGES: PGR IS A SUBROUTINE NOW
     FUNCTION: combines a number of functions
*/
     r_data(year_1,year_2,month,day,age_d,wd,jd)
     int year_1,year_2,month,day,*age_d,*wd,*jd;
     {
     long int jj1,jj2;
     int j_1,j_2,age,w1,juld;
```

```
jul_d(day,month,year_1,&jj1);
jul_d(day,month,year_2,&jj2);
age = jj2 - jj1; /* ALTER IN TAGEN */

/* WOCHENTAG */
w1=week_d(day,month,year_2);

/*JAHRESTAG */
juld=year_d(day,month,year_2);

*age_d=age; *wd=w1; *jd=juld;
return;
}
```

Nun benötigen wir allerdings einen weiteren Treiber, um *r_data* erneut testen zu können. Dieser Code sieht so aus. Die Resultate beim Aufruf des Programms folgen gleich anschließend.

```
/*  COPYRIGHT (c) 2000 by George E. Thaller.
    All rights reserved
    UNIT NAME, VERSION:dr_r.c
    Version A, 19-May-2000
    CHANGES: none
    FUNCTION: driver for testing component r_data
*/
#include <stdio.h>

main()
{
long int jj1,jj2;
int j_1,j_2,age_d,wd,jd,day,month;

j_1=1982; j_2=2000;
month=8; day=12; /*GEBURTSTAG */

r_data(j_1,j_2,month,day,&age_d,&wd,&jd);

printf("\nALTER IN TAGEN: %d",age_d);
printf("\nKENNZIFFER FUER GEBURTSTAG in diesem Jahr: %d",wd);
printf("\nJAHRESTAG: %d\n",jd);
}

ALTER IN TAGEN: 8575
KENNZIFFER FUER GEBURTSTAG in diesem Jahr: 6
JAHRESTAG: 225
```

Durch das Umstellen des Codes hat sich offenbar an den Ergebnissen nichts geändert. Daher können wir davon ausgehen, dass die Integration der drei Routinen *jul_d*, *week_d* und *year_d* erfolgreich war.

Obwohl der zusätzliche Code zum Testen nicht gerade gering ist, konnten wir den Test in ziemlich kurzer Zeit durchziehen. Wir haben uns damit bereits auf die Stufe des Hauptprogramms vorgearbeitet. Bevor wir uns weiter mit der Integration von Programmen beschäftigen wollen wir uns jedoch noch mit einigen Schwächen des White Box Tests auseinander setzen.

3.7   Schwächen des White Box Tests

Wir haben mit Hilfe von White Box Testing in der Tat einige Fehler in unserem Programm gefunden. Das ist sehr erfreulich, denn wir haben damit die Qualität der Software doch erhöht. Es beweist auf der anderen Seite natürlich nicht, dass wir diese Fehler nicht auch auf anderem Wege hätten finden können. Zum zweiten beweist es nicht, dass der Ansatz keine Schwächen hätte. Unter den Nachteilen des White Box Tests wären vor allem zu nennen:

1. Intensives Überprüfen eines Programms mittels White Box Test beweist nicht, dass das Programm mit seiner Spezifikation übereinstimmt.
2. Trotz White Box Test kann das Programm oder das Modul einige spezifizierte Funktionen nicht enthalten.
3. Beim White Box Test werden Fehler in den Daten häufig nicht aufgedeckt.

Das erste Argument gegen den White Box Test ist überzeugend. Schließlich braucht der Programmierer im Lastenheft nur etwas falsch verstanden zu haben, und schon schreibt er das falsche Programm. In sich ist dieses Modul möglicherweise schlüssig, doch es ist trotzdem falsch.

Genau so gut kann der Programmierer eine oder mehrere Forderungen des Lastenhefts übersehen. Da diese Funktionen nie im Code auftauchen, werden sie mittels White Box Test auch niemals getestet.

Das dritte Argument befasst sich mit Daten. Oft sind die Fehler in der Software ja subtil. Ein einziger falscher Buchstabe, eine Sekunde der Unaufmerksamkeit kann zu einem Fehler führen. Sehen wir uns das an einem Beispiel an.

```
easter(year,day,month)
int year,*day,*month;
{
int d,m,gn,c,gc,cc,ed,e;
gn=year%19+1;
if (year < 1582)
    {
    ed=(5*year)/4;
    e=(11*gn-4)%30+1;
    }
    else
    {
    c=year/100+1;
    gc=(3*c)/4-12;
    ...
```

In dem Programm ist nicht viel verändert, lediglich ein kleiner Tippfehler in der Zeile mit der Abfrage nach dem Jahr stört das Bild. Gewiss muss es heißen

```
if (year <= 1582) ...
```

Doch fällt so ein kleiner Flüchtigkeitsfehler unbedingt auf? Wird der Fehler entdeckt, wenn wir lediglich White Box Testing anwenden?

Wohl kaum. Die Logik des Programms ist in sich geschlossen. Selbst bei hoher Testabdeckung fällt die Diskrepanz zwischen dem Algorithmus in der Spezifikation und der Realisierung im Code nur schwer auf.

Deswegen sollten wir, bei allen Argumenten für den White Box Test, nicht aus den Augen verlieren, dass gewisse Arten von Fehlern mit dieser Art des Tests nicht oder nur sehr schwer aufzudecken sind.

3.8   Geeignete Werkzeuge

Man is a tool-making animal.
            Benjamin Franklin

Wenn wir einen konstruktiven Ansatz verfolgen, so eignen sich zur Überprüfung des *Source Code* alle Werkzeuge, die über die Prüfungen des Compilers hinaus dazu geeignet sind, mögliche Fehler aufzudecken. Solche Werkzeuge fallen in die Klasse der *Static Analyser.*

Verfolgen wir hingegen den analytischen Ansatz, so wird es darauf ankommen, die Güte der Testabdeckung des White Box Tests beurteilen zu können. So ist es zum Beispiel bei Projekten mit sicherheitskritischer Software durchaus üblich, dass die Qualitätssicherung in ihrem Plan ein Maß der Testabdeckung verbindlich vorschreibt. Dies sollte beim gegenwärtigen Stand der Technik C1 sein, also Pfadabdeckung. Hier kann man einen Wert von hundert Prozent fordern. Falls dies geschieht, muss es in der Praxis der Entwicklung auch überprüft werden. Bei Hunderten von Modulen in einem konkreten Projekt kann dies nur mit Hilfe eines Tools geschehen. Ob ein derartiges Tool in einer bestimmten Software-Entwicklungsumgebung und für eine bestimmte Programmiersprache verfügbar ist, muss am Anfang des Projekts geklärt werden. Viele Anbieter von Compilern haben entsprechende Tools im Angebot oder wissen zumindest, an wen man sich wenden kann. Die Chance, den Quellcode auch unter quantitativen Gesichtspunkten beurteilen zu können, sollte man sich nicht entgehen lassen.

Darüber hinaus sollte man als Tester und Entwickler den White Box Test allerdings als das sehen, was er ist: *eine* Möglichkeit der Verifikation der Software unter einer Reihe ähnlicher Verfahren.

Ein zweiter Ansatz: Black Box Test

Prüfe die Brücke, die dich tragen soll.
Sprichwort.

Neben dem White Box Test, der seit den Anfangstagen der Programmierung bekannt ist, steht gleichwertig der Black Box Test. Sein Ansatz ist verschieden vom White Box Test, und das bezieht sich vor allem auf die Person des Testers.

4.1 Die Motivation der externen Testgruppe

Wir sind bisher wie selbstverständlich immer davon ausgegangen, dass der Entwurf, das Kodieren und der anschließende Test von ein und derselben Person durchgeführt wird. Tatsächlich muss das nicht so sein; es sprechen eine ganze Reihe guter Gründe dafür, die Arbeit anders zu organisieren. Viele Organisationen haben mit wichtigen Projekten Schiffbruch erlitten, weil sie konstruktive und analytische Tätigkeiten nicht sauber voneinander getrennt haben. Lassen Sie mich zu diesem Punkt Tom DeMarco [29] zitieren. Ich könnte es mit meinen eigenen Worten nicht besser sagen.

„Ganz zu Beginn des Computerzeitalters gab es einmal im Bundesstaat New York eine Firma, die große blaue Computer baute. Sie lieferte auch gleich die passende Software dazu. Die Kunden dieser Firma waren recht nette Leute, aber sie konnten ganz schön böse werden, wenn fehlerhafte Programme ausgeliefert wurden. Eine Weile konzentrierte sich unser Konzern mit den blauen Computern darauf, die Kunden zu mehr Toleranz gegenüber fehlerhaften Programmen zu erziehen. Als das nichts fruchtete, entschloss man sich schließlich, den Fehlern in der Software auf den Leib zu rücken.“
„Der einfachste und offensichtliche Weg bestand darin, die Programmierer dazu zu bringen, vor der Auslieferung des Codes alle Fehler auszumerzen. Das funktionierte allerdings nicht. Aus irgendwelchen Gründen schienen die Programmierer – zumindest damals – daran zu glauben, dass ihre Programme keine Fehler hätten. Sie gaben ihr Möglichstes, aber den wirklich letzten Fehler zu finden war schwierig.“

„Einige Programmierer schienen der gestellten Aufgabe allerdings besser gewachsen zu sein als andere Kollegen. Die Firma fasste diese Gruppe zusammen und stellte ihr die explizite Aufgabe, die Software vor der Auslieferung an die Kunden zu testen. Das Schwarze Team war geboren."

„Dieses Team bestand ursprünglich aus Leuten, die im Testen von Software etwas besser waren als andere. Sie waren auch besser motiviert: Da sie den Programmcode nicht selber geschrieben hatten, hatten sie keine Angst vor gründlichen Tests."

Das Schwarze Team wurde im Lauf der Zeit immer besser. Sie erwarteten Fehler in der Software und waren entschlossen, sie aufzudecken. Sie standen in Opposition zum Schreiber des Programms. Die von ihnen ausgeheckten Tests waren ausgeklügelt, oft zerstörerisch und schwer zu bestehen. Die Mitglieder der Gruppe begannen, sich ganz in schwarz zu kleiden. Es galt bald als eine Ehre, zum Schwarzen Team zu gehören.

Fast unnötig zu sagen, dass die Firmenleitung begeistert war. Jeder gefundene Fehler war ein Defekt, den die Kunden nicht finden konnten. Das sparte viel Geld, das sonst für Wartung und Kundendienst hätte aufgewendet werden müssen. Manche Mitglieder verließen das Schwarze Team, doch sie wurden immer sofort wieder ersetzt. Die externe Testgruppe hatte sich innerhalb der Firma etabliert.

Es ist nicht zu leugnen, dass viele Menschen eine Hemmschwelle haben, wenn es um eigene Fehler geht. Den Balken im eigenen Auge sehen wir eben nicht. Warum sollte das bei Programmierern anders sein?

Es ist also durchaus sinnvoll, nach dem Test durch den ursprünglichen Entwickler, etwa in der Form eines White Box Tests, den zweiten Schritt zu tun und das Programm einer externen Testgruppe zu übergeben. Das Wort *extern* bedeutet dabei außerhalb der Gruppe, die innerhalb der Firma für den Entwurf und dessen Implementierung verantwortlich ist.

Black Box Test bedeutet, dass der Tester den Programmcode lediglich nach der Funktion beurteilt. Er weiß in der Regel gar nicht, wie eine Funktion implementiert wurde. Selbst wenn für ein Unterprogramm zwei durchaus unterschiedliche Lösungen möglich sind, den Tester interessiert das wenig: Solange die Routine die spezifizierte Funktion erfüllt, ist das Programm für ihn in Ordnung.

Gewiss braucht der Tester einen Leitfaden, an dem er sich orientieren kann. Das kann zum einen das detaillierte Lastenheft der Software sein. Besonders gut eignet sich auch das Benutzerhandbuch, falls es zum Zeitpunkt des Tests vorliegt. Grundsätzlich sollte sich ein Mitglied der Testgruppe auf den Standpunkt eines Kunden und Benutzers des Programms stellen. Er darf kein Wissen voraussetzen, das der Entwickler vielleicht hat, der Benutzer aber nicht. Eine gewisse Robustheit und Tauglichkeit für den täglichen Betrieb sollte der Tester von der Software verlangen.

Es gibt beim Black Box Test kein Maß der Testabdeckung wie beim White Box Test, das uns eine Messzahl über die Güte des Tests liefern könnte. Dennoch haben sich im Laufe der Jahre ein paar Grundregeln herausgebildet, die man als Tester unbedingt beachten sollte.

4.2   Bewährte Grundsätze beim Black Box Test

Die nachfolgend genannten Regeln haben sich im Laufe der Jahre als ein Schatz an Erfahrung bei Fachleuten [30,31] angesammelt, die das Testen von Software professionell betreiben. Wer sie beherzigt, hat eine reelle Chance, Fehler im Programmcode zu finden. Lassen Sie uns gleich in die Materie einsteigen.

1. Ein Programmierer sollte nie versuchen, sein eigenes Programm zu testen.

Der Programmierer als der Schöpfer eines Computerprogramms ist in aller Regel viel zu sehr Partei, um sein eigenes Werk wirklich kritisch sehen zu können. Er hat den Code geschaffen, hat beim Entwurf und der Kodierung viele Schwierigkeiten überwunden und endlich läuft es!

Mit dieser geistigen Haltung ist aber ein in die Tiefe gehender und erfolgreicher Test einfach nicht zu erwarten. Wenn der Programmierer manche Testfälle gar nicht kreiert, weil er sich über das Ergebnis durchaus nicht sicher ist, so werden im Endeffekt bestimmte Programmsegmente nicht getestet. Das hat zur Folge, dass eine Reihe von Fehlern erst beim Kunden und Benutzer aufgedeckt werden.

Viele Programmierer mögen sich gegenüber ihrem eigenen Programm für unbefangen halten. Es ist jedoch objektiv nur schwer vorstellbar, zunächst in der Design- und Implementierungsphase ausgesprochen konstruktive Tätigkeiten auszuführen, dann aber von einer Stunde zur nächsten die Seite zu wechseln. Der notwendige Schritt in die Rolle des Testers, der das Programm einem zerstörerischen Test aussetzen will, gelingt in der Praxis also nicht.

Ein weiterer Gesichtspunkt kommt noch hinzu: Der Programmierer kann einfach sein Lastenheft falsch verstanden haben. In diesem Fall würde er natürlich einen Widerspruch zwischen der Spezifikation und dem Code gar nicht bemerken können. Für ihn ist schließlich weiterhin alles in Ordnung.

Ganz anders der externe Tester des Programms: Er kann sich unbefangen ein Urteil bilden. Er braucht keine Rücksichten zu nehmen, wenn es um die Qualität des Codes geht. Für ihn ist sowohl die Spezifikation als auch das Programm Neuland und für ihn müssen beide übereinstimmen.

Man kann den Test eines Programms durchaus mit der Herstellung eines Buchs vergleichen. Die Lektorin findet immer noch Fehler im Text, obwohl der Autor sein Werk bestimmt fünf- oder sechsmal gelesen hat. Die Überprüfung durch einen unbeteiligten Dritten tut also sowohl einem Buch als auch einem Computerprogramm sehr gut: Es werden Fehler gefunden.

2. Die mit dem Entwurf und der Implementierung eines Software-Pakets betraute Gruppe sollte nie versuchen, ihren eigenen Code auszutesten.

Was für einen einzelnen Programmierer gilt, hat im übertragenen Sinn auch für ein Team von Entwicklern Gültigkeit. Eine solche Gruppe arbeitet eng zusammen und ist ein lebender Organismus. Ein allzu kritischer Blick auf das Werk eines Kollegen könnte leicht allzu leicht dazu führen, dass beim eigenen Programm später derselbe strenge Maßstab angelegt wird.

Zum zweiten wird das Programmierteam als eine Einheit wahrscheinlich danach beurteilt, ob es die vom Management gesteckten Ziele in Bezug auf den Zeitplan und das Budget einhält. In einer solchen Gruppe könnte zerstörerisches Testen unter Umständen dazu führen, dass ein Mitglied des Teams ausgegrenzt wird.

Unter diesen Umständen ist es sinnvoller, die rein konstruktiven Tätigkeiten den Entwicklern der Software zuzuordnen. Die Tester dagegen haben ebenfalls ein klar abgegrenztes Ziel, nämlich möglichst viele Fehler in der Software vor der Auslieferung an den Kunden zu finden.

3. Planen Sie nie einen Test in der Annahme, dass doch keine Fehler gefunden werden.

Dieser Grundsatz wird in der Praxis sehr häufig verletzt. Der Projektmanager geht von der Annahme aus, dass der Test bestätigen wird, dass das Programm korrekt läuft. Folglich plant er lediglich eine vergleichsweise kurze Zeitspanne für den Test ein.

Das Gegenteil ist natürlich richtig. Der Programmcode enthält Fehler, die aufgedeckt und beseitigt werden müssen. Die Tester finden zunächst die leichten Fehler. Dann haben sie sich eingeschossen und nun stoßen sie auf die schweren Fehler.

Durch das Ausbessern der Fehler müssen die Entwickler den Programmcode und den Entwurf ändern. In vielen Fällen wird es gar nicht zu vermeiden sein, das Lastenheft zu ändern, bei einigen Projekten sogar unter der Mitwirkung des Kunden.

Das alles kostet eine Menge Zeit. Nach der Änderung des Programms muss erneut getestet werden und nicht alle Änderungen haben den gewünschten Erfolg. Wer also in der geistigen Haltung an den Test herangeht, das Programm wäre schon richtig, liegt fast immer falsch.

4. Das Testen von Software ist eine sehr kreative und intellektuell herausfordernde Tätigkeit.

Wir haben bereits erlebt, dass das Finden und Aufspüren von Fehlern gar nicht so leicht ist. Es bedarf einer gewissen Phantasie, um sich ein bestimmtes Fehlerbild vorstellen zu können. Der Entwurf geeigneter Testfälle ist eine ausgesprochen kreative Tätigkeit. Es wäre also von Seiten des Managements falsch, wenn nur diejenigen Mitarbeiter mit dem Test betraut würden, die man bei der Entwicklung der Software nicht einsetzen kann oder will.

5. Das Testen von Software ist ihrer Natur nach ein Experiment.

Experimente in der Physik haben die Eigenschaft, dass man ihren Ausgang nicht exakt vorhersagen kann. Man sollte sich gelegentlich ins Gedächtnis rufen, dass das Testen von Software immer ein Experiment bleiben wird, dessen Ergebnis durchaus von dem erwarteten Resultat abweichen kann.

6. *Testen ist definiert als die Ausführung eines Programms mit der erklärten Absicht, Fehler zu finden.*

Ganz im Gegensatz zum ursprünglichen Ersteller eines Programms kann sich der Tester auf den Standpunkt stellen, dass Fehler eine positive Seite haben. Der Tester ist motiviert, Fehler aufzudecken. Für ihn ist jeder gefundene Fehler ein Erfolgserlebnis. Es bestätigt ihm, dass er auf der richtigen Spur ist.

Man tut also gut daran, den Erfolg eines Tests an der Anzahl der gefundenen Fehler aufzuhängen. Mit einem guten Test werden Fehler gefunden.

Ein Vergleich mit der Medizin ist durchaus angebracht. Wenn Ihnen Ihr Arzt nach einer Untersuchung mitteilt, das Ergebnis wäre negativ, so ist das eine erfreuliche Nachricht. Beim Test von Software können wir einen ähnlichen Standpunkt einnehmen: Scheitert ein Test – ist das Ergebnis also negativ – so konnten wir trotz aller Bemühungen keinen Fehler finden. Ist das Ergebnis dagegen positiv, so konnte mit Hilfe eines Testfalls ein Fehler im Programmcode aufgespürt werden. Nun erst kann über die geeignete Maßnahme zur Abhilfe nachgedacht werden.

7. *Zu jedem Test gehört die Definition des erwarteten Ergebnisses vor dem Beginn des Tests.*

Wer hätte nicht schon einmal erlebt, dass im Nachhinein versucht wird, eine Schwäche des Programms als wünschenswerte Eigenschaft darzustellen?

Solche Diskussionen, die sich oft in die Länge ziehen, können vermieden werden, wenn das erwartete Ergebnis eines Tests vor Beginn des Tests eindeutig schriftlich fixiert wird. Damit wird Diskussionen nach der Durchführung des Experiments der Boden entzogen.

8. *Ein guter Testfall hat eine hohe Wahrscheinlichkeit, bisher nicht bekannte Fehler im Code aufzudecken.*

Gute Tester entwerfen Testfälle mit der Absicht, Fehler zu finden. Deswegen werden sie nicht Fehler da suchen, wo nach aller Wahrscheinlichkeit und nach ihrer Erfahrung keine zu finden sind.

Ein geschickt entworfener Test hat folglich eine hohe Wahrscheinlichkeit, einen Fehler im Code zu finden.

9. *Die Wahrscheinlichkeit, in einem bestimmten Segment des Programmcodes in der näheren Umgebung eines bereits bekannten Fehlers weitere Fehler zu finden, ist überproportional hoch.*

Ganz im Gegensatz zu Fehlern in der Elektronik und Mechanik sind Fehler in der Software nicht zufällig verteilt. Die Fehlerverteilung ist nicht homogen, sondern heterogen. Das liegt vermutlich daran, dass bestimmte Module schwieriger sind als andere, dass eine bestimmte Stelle im Lastenheft nicht verstanden und folglich falsch umgesetzt wurde oder dass ein Programmierer einfach einmal einen schlechten Tag hatte.

Das Ergebnis ist jedoch immer gleich: Es schleichen sich Fehler ein und ein Fehler kommt selten allein. Für den Tester bedeutet dies, dass es sich lohnt, in der Umgebung eines bereits bekannten Fehlers nach weiteren Fehlern im Code zu suchen.

10. Mit einem erfolgreichen Test wird ein bisher nicht bekannter Fehler aufgedeckt.

Hier ist erneut die Motivation der externen Testgruppe angesprochen: Das Aufdecken von Fehlern ist ein Erfolgserlebnis. Folglich sind gute Tests definiert als Experimente, mit denen bisher im Code schlummernde potentielle Fehler gefunden werden.

11. Die Ergebnisse von Tests müssen gründlich untersucht und analysiert werden.

Es ist oft sehr leicht, einen Fehler zu übersehen. Die Ausdrücke mit den Ergebnissen der Tests sind manchmal ellenlang. Ein Fehler zeigt sich vielleicht lediglich in einem falschen Buchstaben.

Beim interaktiven Betrieb am Bildschirm huscht eine falsche Ausgabe möglicherweise im Bruchteil einer Sekunde vorüber. Es ist oft schwer, den Fehler wieder zu rekonstruieren.

Trotzdem zeigt die Erfahrung, dass Fehler in der Software meist bereits früh Zeichen ihrer Anwesenheit erkennen lassen. Um den Fehler wirklich festzunageln, das Fehlerbild einwandfrei nachzuweisen und die Ursache finden zu können, dürfen diese ersten Anzeichen eines Fehlers keinesfalls ignoriert oder einfach übersehen werden.

12. Testfälle müssen sowohl für gültige als auch ungültige und falsche Eingabewerte geschrieben werden.

Gerade für eine externe Testgruppe ist es wichtig, nicht nur die verlangten und erwarteten Funktionen eines Programms zu überprüfen. Ganz im Gegenteil: Man muss damit rechnen, dass die Benutzer das Programm mit Eingaben füttern werden, an die der Programmierer nicht im Traum gedacht hat.

Ob diese Eingaben im Sinne des Lastenhefts der Software richtig oder falsch sind, ist hier nicht die Frage. Es kommt zunächst vordringlich darauf an, das Verhalten des Programms unter extremen Bedingungen im Sinne eines Experiments zu überprüfen.

Was nämlich immer passieren kann, ist das Auftreten schwerer Fehler, also zum Beispiel eine Endlosschleife oder ein Programmabsturz. Was immer der Tester getan hat, um solch ein Ergebnis zu provozieren, dazu hätte es nicht kommen dürfen.

13. Die Überprüfung der Funktion des Programms in Hinsicht auf richtiges Funktionieren ist nur die halbe Arbeit. Eine weitere wichtige Tätigkeit eines Testers besteht darin, nach nicht verlangten Funktionen zu suchen.

Manchmal neigen Programmierer dazu, zu viel zu tun. Sie bauen Funktionen ein, die niemand verlangt hat. Zu den Aufgaben einer externen Testgruppe gehört es auch, den Programmcode mit den Forderungen des Lastenhefts zu vergleichen und überflüssige Funktionen zu identifizieren.

14. Testfälle sind eine Investition.

Sie haben es wahrscheinlich bereits gemerkt. Wir haben, um unsere Software-Module austesten zu können, viele Testprogramme geschrieben. Es wäre ausgesprochen töricht, diese Programme nach Abschluss des Tests wegzuwerfen oder zu löschen.

Zum einen kann immer ein neuer Fehler auftauchen. Das bedeutet einen Rücksprung in eine frühere Phase der Entwicklung und unweigerlich auch einen erneuten Test. In vielen Fällen genügt es, wenn ein bereits vorliegender Testfall geringfügig erweitert wird, um die geänderte Software austesten zu können.

Zum anderen kann es sein, dass man die Testprogramme als Nachweis der durchgeführten Tests benötigt. Vom Kunden und Benutzern kann durchaus verlangt werden, dass die richtige Funktion der Software demonstriert wird. Da tut sich die Organisation leicht, die ihre Testfälle aufgehoben und archiviert hat.

Die von uns erarbeiteten vierzehn Punkte können die Charta einer externen Testgruppe bilden. Wer nach ihnen verfährt – und sie im Laufe der Zeit verinnerlicht – hat ausgezeichnete Chancen, Fehler in der Software zu finden. Das Testen von Software ist, wie gesagt, eine intellektuelle Herausforderung. Wer sich ihr stellt, kann durchaus beachtenswerte Erfolge erzielen.

Wir hatten implizit bei unseren vierzehn Punkten bereits angenommen, dass ein vollständiger Test der Software nicht möglich ist. Lassen Sie uns diesen Punkt noch einmal kurz diskutieren.

Ein Computerprogramm besteht aus einer Vielzahl von Anweisungen, darunter Schleifen und Verzweigungen. Der Wertebereich vieler Variablen kann sich – völlig legal – in weiten Grenzen bewegen. Denken Sie zum Beispiel an die Jahreszahl bei unseren Kalenderroutinen. Da ist vom Beginn der christlichen Zeitrechnung bis in die ferne Zukunft alles möglich. Wir werden andererseits nicht in der Lage sein, von Christi Geburt bis zum Ende des nächsten Jahrtausends Testfälle zu entwerfen und die Ergebnisse nachzuprüfen.

Ein weiteres Problem kommt hinzu: Zwar sind unsere Kalenderroutinen klar gegliedert und der Programmcode kommt in handlichen Portionen daher, doch das ist leider nicht die Regel. Oft lassen sich, schon auf Grund des Algorithmus, komplizierte Bedingungen und daraus resultierende Verzweigungen im Programm gar nicht vermeiden. Nimmt man noch Schleifen hinzu, die oft einen weiten Wertebereich abdecken, so wird das Problem eines extensiven Tests deutlich.

Wir müssen also einsehen, dass innerhalb eines begrenzten Zeitraums und mit vertretbaren Kosten ein extensiver Test der Software, der alle möglichen Zustände und Bedingungen des Betriebs abdecken soll, nicht möglich ist. Diese Erkenntnis bedeutet natürlich nicht, die Testphase zu vernachlässigen oder ganz zu streichen. Wir sollten uns nur auf das beschränken, was vernünftig und unter den geschilderten Randbedingungen machbar ist.

Wenn wir diese Einschränkungen akzeptieren, müssen wir nach Kriterien suchen, um das Testen der Software trotzdem zu einem Erfolg zu machen. Die Frage muss offensichtlich lauten:

Wie finden wir mit dem geringsten Aufwand eine möglichst große Zahl von Fehlern?

Ganz falsch wäre es, einfach zufällig Werte herauszusuchen und den Programmcode damit zu testen. Wir wissen, dass die Fehler im Code nicht zufällig verteilt sind, und daher ist diese Methode ungeeignet. Was uns vorschwebt sind typische Werte, die gleichsam für eine ganze Klasse von Eingaben stehen. Mit diesem Konzept könnte es uns gelingen, mit relativ wenigen Testfällen den Code trotzdem gründlich zu testen.

4.2.1   Equivalence Partitioning

Wir haben bereits erkannt, dass sich ein guter Testfall dadurch auszeichnet, dass mit ihm eine hohe Wahrscheinlichkeit besteht, einen Fehler im Code aufzuspüren. Wir wollen also durch die Auswahl geeigneter Eingabewerte und das Formulieren entsprechender Testfälle erreichen, dass die Software gründlich und tiefgehend getestet wird. Zur Wahl derartiger Testfälle lassen sich zwei Kriterien [30] formulieren:

1. Durch die Auswahl des Testfalls wird die Anzahl der gesamten zu erstellenden Testfälle überproportional reduziert.

2. Die für den Testfall gewählten Werte sind typisch, stehen also stellvertretend für eine ganze Klasse von Eingabewerten.

Obwohl diese zwei Forderungen sehr ähnlich klingen, so zielen sie doch in eine unterschiedliche Richtung. Die erste Forderung verlangt die Reduzierung der Testfälle auf ein „vernünftiges" Maß. Die zweite Forderung dagegen zielt auf die Auswahl bestimmter Testwerte, die typisch oder glcichwertig sind. Man nennt diese Methode der Auswahl von Werten *Equivalence Partitioning*.

Am besten machen wir uns die Vorgehensweise an einem Beispiel klar. Unser Modul zur Berechnung des Wochentags verlangt als Eingabeparameter den Tag, den Monat und das Jahr. Das Modul wird also mit der folgenden Anweisung aufgerufen:

```
week_d(day,month,year);
```

Im Sinne eines Black Box Tests interessiert uns überhaupt nicht, was das Modul mit diesen Werten macht und wie das Ergebnis zu Stande kommt. Wir liefern lediglich das Datum eines Tages ab und erwarten als Ergebnis einen Wert für den Wochentag zurück. Für den Monat sind die möglichen Eingabewerte klar:

```
1   2   3   4   5   6   7   8   9   10   11   12
```

Wenn wir nach einer Klasse gleichwertiger Parameter suchen, so wird uns schnell klar, dass die Werte von 2 bis 11 ziemlich gleich sein sollten. Es ist nicht einzusehen, warum die Monate sechs oder sieben unterschiedlich verarbeitet werden sollten, oder der September und der Oktober. Wir bilden also eine Klasse von Werten, die aus den Zahlen von 2 bis 11 besteht. Bei diesen Eingabewerten wollen wir davon ausgehen, dass sie sich ähnlich verhalten und es genügt, nur mit einem dieser Werte zu testen.

Unser erster Testfall für das Modul *week_d* wäre also:

```
Fall 1:

day = 22; month = 6; year = 2000;
```

Bei der Wahl des Tages gelten ähnliche Überlegungen wie beim Monat. Alle Wochentage erscheinen uns gleichwertig, und wir wählen den Mittwoch aus. Beim Jahr haben wir – aus der Sicht des Black Box Tests – erst recht keine Kriterien, um ein bestimmtes Jahr auszusuchen. Der leichteren Überprüfbarkeit wegen wählen wir das Jahr 2000. Ein zweiter Fall mit typischen Werten wäre zum Beispiel:

```
Fall 2:

day = 19; month = 5; year = 2000;
```

Um den Test durchführen zu können, benötigen wir erneut ein Treiberprogramm. Damit füttern wir die Routine *week_d* und sehen, was sie uns als Ergebnis abliefert. Das Testprogramm sieht folgendermaßen aus:

```
/*  COPYRIGHT (c) 2000 by George E. Thaller.
    All rights reserved
    UNIT NAME, VERSION: dr_w3.c
    Version A, 26-MAY-2000
    CHANGES:       none
    FUNCTION: BLACK BOX,
    EQUIVALENCE PARTITIONING
*/
    #include <stdio.h>
    main()
    {
    int i,z,day,month,year;
    printf("\nTAG MONAT WOCHENTAG\n\n");

    /* TEST CASE 1 */
    day=22; month=6; year=2000;
    z=week_d(day,month,year);
    printf(" %2d     %2d      %1d\n",day,month,z);

    /* TEST CASE 2 */
    day=19; month=5; year=2000;
    z=week_d(day,month,year);
    printf(" %2d     %2d      %1d\n",day,month,z);

    }
```

Wenn wir dieses Programm ausführen, liefert es uns die folgenden Ergebnisse:

```
TAG MONAT WOCHENTAG

 22    6    4
 19    5    5
```

Ein Blick in den Kalender zeigt uns, dass beide Werte für den Wochentag in Ordnung sind. Wir hatten vereinbart, dass der Montag die Zahl eins bekommt und dann weitergezählt wird bis Sonnabend. Der Sonntag soll die Ziffer Null erhalten, wie es unter UNIX üblich ist.

Lassen Sie uns nun die Methode *Equivalence Partitioning* auf das Unterprogramm *jul_d* anwenden. Es erzeugt aus dem Datum den Julianstag. Ein kleines Testprogramm mit typischen Werten könnte so aussehen.

```
/*  COPYRIGHT (c) 2000 by George E. Thaller.
    All rights reserved
    UNIT NAME, VERSION: dr_j2.c
    Version A, 26-MAY-2000
    CHANGES: none
    FUNCTION: BLACK BOX TEST
*/
#include <stdio.h>
main()
{
int day,month,year;
long int jd;

printf("\nTag Monat Jahr JULIANSTAG \n\n");
/* TEST CASE 1 */
year=2000; month=5; day=7;
jul_d(day,month,year,&jd);
printf(" %2d    %2d %4d   %8ld\n",day,month,year,jd);

/* TEST CASE 2 */
year=2000; month=8; day=7;
jul_d(day,month,year,&jd);
printf(" %2d    %2d %4d   %8ld\n",day,month,year,jd);
}
```

Der mit dem Programm erzeugte Output wird auf eine Datei umgeleitet und ausgedruckt.

```
Tag Monat Jahr JULIANSTAG

   7    5 2000    2451672
   7    8 2000    2451764
```

Mit Hilfe meines Almanachs [28] und eines Taschenkalenders überprüfe ich das Ergebnis. Zu beachten ist dabei, dass die Schaltjahre mit 366 Tagen berücksichtigt werden müssen. Meine Rechnung bestätigt jedenfalls die vom Testprogramm erzeugten Ergebnisse.

Damit genug über Equivalence Partitioning. Das Verfahren ist wohl inzwischen klar geworden. Durch das Auswählen möglichst typischer Werte bei der Eingabe wird versucht, eine ganze Klasse von Variablen zu testen. Damit kann der Aufwand für das Testen in Grenzen gehalten werden. Werfen wir nun einen Blick auf eine ergänzende Methode.

4.2.2   Analyse von Grenzwerten

Wir hatten bei der Betrachtung der möglichen Eingabewerte für die Routine *week_d* bereits erkannt, dass beim Black Box Test die Werte von zwei bis elf als gleichwertig zu betrachten sind. Schauen wir uns die ganze Zahlenreihe noch einmal an.

Abb. 4-1:
Analyse von Grenzwerten

Wir würden sicherlich einen Fehler machen, wenn wir die Werte eins und zwölf, als die Monate Januar und Dezember, außer Acht lassen würden. Ganz im Gegenteil: Die Erfahrung zeigt, dass gerade Grenzwerte besonders fehlerträchtig sind. Die Untersuchung von Grenzwerten beim Black Box Test nennt man im amerikanischen Sprachraum *Boundary Analysis*.

Wir schreiben gleich ein Testprogramm, um die entsprechenden Eingaben bereitstellen zu können. Ich habe dabei die untersuchten Grenzwerte durch Fettdruck gekennzeichnet.

```
/*  COPYRIGHT (c) 2000 by George E. Thaller.
    All rights reserved
    UNIT NAME, VERSION:dr_w4.c
    Version A, 26-MAY-2000
    CHANGES: none
    FUNCTION: BLACK BOX, Grenzwerte
*/
#include <stdio.h>
main()
{
int i,n,wd,day,month,year;

printf("\nTESTFALL TAG MONAT JAHR WOCHENTAG\n");
year=2000; n=11;

for (i=3; i <= n; i++)
    {
    if (i == 3) { day=1; month=1; }
    if (i == 4) { day=31; month=12; }
    if (i == 5) { day=0; month=1; }
    if (i == 6) { day=32; month=1; }
    if (i == 7) { day=7; month=0; }
    if (i == 8) { day=7; month=13; }
    if (i == 9) { day=8; month=1; year=0; }
    if (i == 10) { day=8; month=1; year= -1; }
    if (i == 11) { day=8; month=12; year=9999; }

    wd=week_d(day,month,year);
    printf("     %2d   %2d     %2d %4d %1d\n",i,day,month,year,wd);
    }
}
```

Ist Ihnen etwas aufgefallen? – Ab dem Testfall 5 bin ich dazu übergegangen, falsche Eingaben zu verwenden. Der Tag null ist sicherlich kein gültiger Wert für die Eingabe. Trotzdem ist nicht auszuschließen, dass so ein Wert im Programm auftaucht. Bereits durch einen schlichten Tippfehler kann es dazu kommen, dass die Routine *week_d* diesen Wert verarbeiten muss. Deswegen sind falsche Eingabewerte beim Black Box Test eine durchaus berechtigte und verständliche Forderung.

In der Praxis würden wir bei derart vielen Testfällen wahrscheinlich bereits dazu übergehen, die Eingabedaten in eine eigene Datei zu schreiben und vom Treiber lediglich einlesen und verarbeiten zu lassen. Diese Vorgehensweise vereinfacht die Änderung der Testdaten und ist daher bei allen größeren Projekten anzuraten.

Sehen wir uns nun an, was unser Programm aus den Eingabewerten gemacht hat.

TESTFALL	TAG	MONAT	JAHR	WOCHENTAG
3	1	1	2000	6
4	31	12	2000	0
5	0	1	2000	5
6	32	1	2000	2
7	7	0	2000	2
8	7	13	2000	0
9	8	1	0	0
10	8	1	-1	6
11	8	12	9999	3

Ab dem Testfall 5 sind die Eingabewerte falsch. Zunächst wurde der Wert für den Tag auf null und zweiunddreißig gesetzt, dann der Monat null und dreizehn angegeben. Im letzten Schritt wurde untersucht, wie sich das Programm bei falschen Werten für das Jahr verhält. Wie geht nun die Routine *week_d* mit falschen Werten um?

Sie liefert sicherlich falsche Ergebnisse, das steht fest. Auf der anderen Seite kommt es aber nicht dazu, dass das Programm abstürzt oder in eine Endlosschleife läuft. Bei falschen Eingabewerten macht man nämlich wirklich ein Experiment mit dem Programm. Man geht über das hinaus, was eigentlich verlangt ist und untersucht, wie sich das Programm im Niemandsland verhält.

Reagiert das Programm gewalttätig und stürzt ab, so muss auf alle Fälle für Abhilfe gesorgt werden. Man könnte zum Beispiel daran denken, am Beginn des Unterprogramms alle Werte in der Liste der Parameter auf Plausibilität zu überprüfen. Liegt dann ein Wert außerhalb des tolerierten Bereichs, wird die Verarbeitung abgebrochen.

In unserem Fall hatten wir im Lastenheft (siehe Anhang A.2) gesagt, dass die Eingabedatei vor der Verarbeitung durch das Programm auf Plausibilität überprüft werden soll. Es ist daher nicht unbedingt notwendig, in der Routine *week_d* Maßnahmen zum Abfangen von Fehlern zu ergreifen.

Eines muss bei der Betrachtung von Grenzwerten noch erwähnt werden. Der Ausdruck Grenzwert bezieht sich nicht nur auf den eigentlichen Grenzwert, also beim Monat auf die Zahlen 1 und 12, sondern darüber hinaus auch auf die unmittelbar benachbarten Werte. In unserem Beispiel wären das die Zahlen Null und Zwei sowie Elf und Dreizehn. Warum ist das so?

Der Grund liegt darin, dass beim Eintippen von Quellcode leicht ein Fehler passieren kann. Beim schnellen Schreiben des Codes tippt man rasch einmal

`< 12,`

obwohl man eigentlich

`<= 12`

gemeint hatte. Derartige Flüchtigkeitsfehler sind nicht nur schnell gemacht, sie sind auch sehr schwer zu finden. Wenn man die Grenzwerte nicht untersuchen würde, könnte ein derartiger Fehler relativ lange unentdeckt im Programmcode bleiben. Man tut deshalb gut daran, immer auch Testfälle für Grenzwerte und ihre unmittelbaren Nachbarn zu schaffen.

Dass sich die Routine *week_d* trotz des Fütterns mit falschen Eingaben relativ stabil verhalten hat, liegt möglicherweise auch daran, dass durch unsere Eingabewerte keine Division durch Null erfolgt ist. Die Ziffer Null ist ein beliebter Wert beim Testen mit falschen Eingaben. Natürlich fällt in diese Klasse auch das Leerzeichen oder Blank, leere Felder, Datensätze und dergleichen.

Wie gesagt, es ist nicht unbedingt die Aufgabe eines Programms, jeden denkbaren Fehler abfangen zu können. Das würde in vielen Fällen dazu führen, dass der dazu benötigte Programmcode dreißig bis fünfzig Prozent der gesamten Software ausmachen würde. Dieser Aufwand ist oft nicht erwünscht oder nicht tragbar.

Trotzdem sollte jedes Programm eine gewisse Robustheit gegen falsche Eingaben aufweisen und solche Werte zuverlässig ablehnen. Auf keinen Fall darf ein einziger falscher Wert bei der Eingabe gleich dazu führen, dass das Programm abstürzt oder in eine Endlosschleife läuft.

Durch das Auswählen von Werten nach der Methode Equivalence Partitioning und das anschließende Testen mit Grenzwerten wird es den Testern in vielen Fällen gelingen, eine ganze Reihe von Fehlern aufzuspüren. Darüber hinaus kommt jedoch etwas hinzu, das man kaum in ein starres Gerüst von Regeln fassen kann.

4.2.3   Error Guessing

Ein guter Testingenieur entwickelt mit der Zeit einfach einen sechsten Sinn für Fehler. Er weiß, dass bestimmte Teile des Programms fehleranfälliger sind als andere. Er ist sich bewusst, dass in der Nähe eines bereits entdeckten Fehlers mit hoher Wahrscheinlichkeit weitere Fehler zu finden sind. Er ist sich der Beschränkungen und Gefahren der verwendeten Programmiersprache wohl bewusst.

Er weiß auch, dass die Abbildung einer Programmiersprache auf eine bestimmte Maschine manchmal schwierig ist. Er hat erfahren müssen, dass Register, Puffer und Speicherzellen nur eine bestimmte Länge haben und dass solche Beschränkungen in Handbüchern sehr selten explizit herausgestellt werden. Er traut auch Compilern und anderen Werkzeugen nur bis zu einem bestimmten Punkt: Sie sind auch Software und daher fehlerträchtig.

Wenn also unser Tester alles getan hat, was nach den vorher beschriebenen Methoden notwendig war, so ist der Punkt erreicht, sich einmal zurückzulehnen und ein bisschen Zeit mit Nachdenken zu verbringen. Was könnte noch falsch sein?

Error Guessing stellt einfach den Versuch dar, auf Grund von Erfahrung und Wissen über die Grenzen der Programmierkunst neue Testfälle zu definieren. Man geht dabei von einer begrenzten Falschheitsvermutung aus, unterstellt also, dass sich im Programmcode an bestimmten Stellen noch Fehler verbergen könnten.

In unserem Fall hat sich beim White Box Test gezeigt, dass das Jahr 1582 eine gewisse Wasserscheide darstellte. Es erscheint unter diesen Umständen vernünftig, wenn wir das Verhalten der Module *week_d* und *year_d* an dieser Stelle näher untersuchen. Das Modul *jul_d* dagegen benutzt einen anderen Kalender und ist daher weniger verdächtig.

Für *week_d* verwenden wir zunächst ein Testprogramm, das für einen bestimmten Tag im Jahr, den 3. Februar, den Wochentag für die Gegenwart bis zum 16. Jahrhundert berechnet.

```
/*  COPYRIGHT (c) 2000 by George E. Thaller.
    All rights reserved
    UNIT NAME, VERSION: dr_w5.c
    Version A, 27-MAY-2000
    CHANGES: none
    FUNCTION: ERROR GUESSING
*/
    #include <stdio.h>
    main()
    {
    int z,day,month,year;
    month=2; day=3;    /* immer 3. Februar */
    printf("\nJAHR WOCHENTAG \n\n");

    for (year=2007; year >= 1580; year--)
      {
      z=week_d(day,month,year);
      printf("%4d    %1d\n",year,z);
      }
    }
```

Bei der Ausführung des Programms erhalten wir die folgenden Ergebnisse. Ich habe den Ausdruck wegen der Überlänge mit dem Editor nachträglich gekürzt.

```
JAHR WOCHENTAG

2007    6
2006    5
2005    4
2004    2
2003    1
2002    0
2001    6
2000    4
```

1999	3
1998	2
1997	1
1996	6
...	
1914	2
1913	1
1912	6
1911	5
1910	4
1909	3
1908	1
1907	0
1906	6
1905	5
1904	3
1903	2
1902	1
1901	0
1900	6
1899	5
...	
1758	5
1757	4
1756	2
1755	1
1754	0
1753	6
1752	4
1751	3
1750	2
...	
1585	0
1584	5
1583	4
1582	3
1581	2
1580	0

Die Werte für die Gegenwart sind schnell überprüft und scheinen richtig zu sein. Ein Blick auf den Kalender für das Jahr 2000 zeigt uns, dass der 3. Februar ein Donnerstag ist. Das stimmt mit dem Eintrag in der obigen Liste überein.

```
      Jan 2000                  Feb 2000
 S  M Tu  W Th  F  S        S  M Tu  W Th  F  S
                   1               1  2  3  4  5
 2  3  4  5  6  7  8        6  7  8  9 10 11 12
 9 10 11 12 13 14 15       13 14 15 16 17 18 19
16 17 18 19 20 21 22       20 21 22 23 24 25 26
23 24 25 26 27 28 29       27 28 29
30 31
```

Interessant wird es wieder um das Jahr 1752, in dem die englische Kolonie in Amerika endlich ihren Kalender umstellte. Für das Jahr 1753, ein Jahr nach der Umstellung, fällt der 3. Februar auf einen Samstag.

```
        Jan 1753                     Feb 1753
 S  M Tu  W Th  F  S      S  M Tu  W Th  F  S
       1  2  3  4  5  6                  1  2  3
 7  8  9 10 11 12 13      4  5  6  7  8  9 10
14 15 16 17 18 19 20     11 12 13 14 15 16 17
21 22 23 24 25 26 27     18 19 20 21 22 23 24
28 29 30 31             25 26 27 28
```

Dieses Ergebnis stimmt mit den von der Routine *week_d* erhaltenen Werten überein. Und wie sieht es mit dem Jahr der Umstellung, eben 1752, aus?

```
        Jan 1752                     Feb 1752
 S  M Tu  W Th  F  S      S  M Tu  W Th  F  S
       1  2 14 15                         1
16 17 18 19 20 21 22      2 14 15 16 17 18 19
23 24 25 26 27 28 29     20 21 22 23 24 25 26
30 31 32 33 34 35 36     27 28 29 30 31 32 33
37 38 39 40 41 42        34 35 36 37 38 39 40
```

Hier liefert das Kommando *cal* unter UNIX völlig falsche Ergebnisse. Damit fehlt uns eine Grundlage für den Vergleich. Für das folgende Jahr stimmt das Ergebnis ebenfalls nicht überein und das geht so weiter bis zum Jahr 1580. Ganz offensichtlich fehlen uns zuverlässige Vergleichswerte. Das muss nicht unbedingt bedeuten, dass unser Algorithmus falsch ist. Wir könnten allerdings den Wertebereich so einschränken, dass die Routine für Jahre kleiner als 1753 kein Ergebnis liefert.

Wenden wir uns dem Unterprogramm *year_d* zu. Hier sieht das Testprogramm so aus:

```
/*  COPYRIGHT (c) 2000 by George E. Thaller.
    All rights reserved
    UNIT NAME, VERSION: dr_y3.c
    Version A, 27-MAY-2000
    CHANGES: none
    FUNCTION: driver for testing function year_d, error guessing
*/
    #include <stdio.h>
    main()
    {
    int yd,day,month,year;
    month=12; day=31;
    printf("\nJAHR JAHRESTAG\n\n");

    for (year=2000; year >= 1580; year--)
      {
      yd=year_d(day,month,year);
      printf("%4d      %3d\n",year,yd);
      }
    }
```

Sehen wir uns nun einen Ausschnitt aus der Liste mit den Ergebnissen an.

```
JAHR JAHRESTAG

2000    366
1999    365
1998    365
1997    365
1996    366
1995    365
1994    365
1993    365
1992    366
1991    365
...
1755    365
1754    365
1753    365
1752    366
1751    365
...
1585    365
1584    366
1583    365
1582    365
1581    365
1580    366
```

Die Routine produziert in regelmäßigen Abständen ein Jahr mit 366 Tagen, eben ein Schaltjahr, wie ich mir das für unsere Testdaten mit dem 31. Dezember auch vorgestellt hatte. Das lässt sich durch einen Blick auf den Kalender leicht überprüfen.

```
      Jan 1996              Feb 1996
 S  M Tu  W Th  F  S    S  M Tu  W Th  F  S
       1  2  3  4  5  6              1  2  3
 7  8  9 10 11 12 13    4  5  6  7  8  9 10
14 15 16 17 18 19 20   11 12 13 14 15 16 17
21 22 23 24 25 26 27   18 19 20 21 22 23 24
28 29 30 31            25 26 27 28 29
```

Selbst für das Jahr 1580 ist das Ergebnis noch richtig. Es bestehen also keine Bedenken, die Routine im täglichen Betrieb zu verwenden.

Wir haben mit Error Guessing tatsächlich ein paar Ungereimtheiten gefunden, obwohl wir uns über die Ursache nicht wirklich im Klaren sind. Das wird jedoch in der Praxis, wo die Resultate eher in der Gegenwart anfallen, viel leichter zu überprüfen sein. Deshalb ist es sinnvoll, nach den vorher beschriebenen Tests die bisherigen Fehler Revue passieren zu lassen und darüber nachzudenken, wo sich weitere Fehler verbergen könnten. In den meisten Fällen wird man als Tester fündig werden.

In manchen Fällen wird das Aufspüren der Fehlerursache allerdings recht schwierig. Ein solcher Fall ist beim Testen der Kalenderroutinen tatsächlich passiert.

4.3   Instrumentierung

Lassen Sie uns nun noch ein paar Testfälle für das Unterprogramm *dm* schreiben. Es berechnet aus dem Jahrestag und dem Jahr die restlichen Bestandteile des Datums. Wir haben es eigentlich nur deswegen in das Lastenheft (siehe Anhang A.2) aufgenommen, um das Paket zu komplettieren und die Programme wiederverwendbar zu machen.

Erinnern wir uns: Bei dieser Routine geht es darum, den Tag und der Monat zu berechnen, wenn uns das Jahr und der Jahrestag bekannt ist. Der Jahrestag wird in vielen Branchen verwendet, zum Beispiel im Bankgewerbe. Bei der Kennzeichnung von Produkten, darunter auch Software, taucht er oft in der Versionsnummer auf. Wenn man den Jahrestag weiß, möchte man natürlich in vielen Fällen das Datum herausbekommen. Die Routine *dm* führt die dafür notwendigenBerechnungen durch.

```
/*  COPYRIGHT (c) 2000 by George E. Thaller.
    All rights reserved
    UNIT NAME, VERSION: dm.c
    Version A, 18-MAY-2000
    CHANGES: none
    FUNCTION: calculates the day,month from year_day and year
*/
    int dm_b(jt,year,day,month)
    int jt,year,*day,*month;
    {
    int l,j,k,d,m;

    l=0;
    if ((year/4)*4 == year ) l=1;
    k=0;
    if ( jt > (59+1)) k=2-1;
    j=jt+k+91;
    m=(j*100)/3055;
    d=j-(m*3055)/100;
    m=m-2;
    *month=m; *day=d;
    return;
    }
```

Um das Programm austesten zu können, setzen wir Programm *dr_d* ein. Es berechnet mittels einer simplen Schleife den Jahrestag für das gesamte laufende Jahr.

```
/*  COPYRIGHT (c) 2000 George E. Thaller.
    All rights reserved
    UNIT NAME, VERSION: dr_d.c
    Version A, 19-MAR-2000
    CHANGES: none
    FUNCTION: driver for testing function dm
*/
    #include <stdio.h>
```

```
main()
{
int i,day,month,year;
year=1999;
printf("JAHRESTAG  TAG  MONAT\n");

for (i=1; i <= 365; i++)
  {
  dm(i,year,&day,&month);
  printf("%4d      %3d %3d\n",i,day,month);
  }
}
```

Mit diesem Programm erhalten wir das folgende Ergebnis. Die Liste ist wieder nachträglich gekürzt worden.

```
JAHRESTAG  TAG  MONAT
    1       1    1
    2       2    1
...
   29      29    1
   30      30    1
   31      31    1
   32       1    2
...
  221       9    8
  222      10    8
  223      11    8
  224      12    8
  225      13    8
  226      14    8
  227      15    8
  228      16    8
  229      17    8
  230      18    8
  231      19    8
  232      20    8
  233      21    8
  234      22    8
  235     633   -12 ???
  236     634   -12
  237     635   -12
  238     636   -12
  239     637   -12
  240     638   -12
  241     639   -12
...
```

Hier sind wir beim Test auf einen Fehler gestoßen, und zwar im Monat August. Die Fehlerursache ist jedoch nicht unmittelbar erkennbar. Den großen Unterschied zwischen dem 22. August 1999 und dem folgenden Tag sehe ich jedenfalls nicht. Was ist zu tun?

Hier bietet sich als Ausweg die Instrumentierung des Programmcodes an. Was heißt das nun konkret?

Wir müssen den Quellcode mit weiteren Anweisungen versehen, um uns die Zwischenwerte der Berechnung ausdrucken zu lassen. Damit erhöhen sich unsere Chancen, die Fehlerursache festnageln zu können.

```
/*   COPYRIGHT (c) 2000 by George E. Thaller.
     All rights reserved
     UNIT NAME, VERSION: dm_b.c
     Version B, 18-FEB-2000
     CHANGES: INSTRUMENTIERT
     FUNCTION: calculates the day,month from year_day and year */

     int dm_b(jt,year,day,month)
     int jt,year,*day,*month;
     {
     int l,j,k,d,m;
printf("\n JAHRESTAG >>> %5d JAHR >>> %3d\n",jt,year);
     l=0;
     if ((year/4)*4 == year ) l=1;
     k=0;
     if ( jt > (59+l)) k=2-l;
     j=jt+k+91;
     m=(j*100)/3055;
printf("\n M >>> %5d",m);
     d=j-(m*3055)/100;
printf("\n D >>> %5d",d);
     m=m-2;
printf("\n M >>> %5d\n",m);
     *month=m; *day=d;

     return;
     }
```

Mit den zusätzlich ausgedruckten Werten sieht das Ergebnis an der interessanten Stelle im August so aus:

```
JAHRESTAG  TAG  MONAT
...
M >>>     10
D >>>     20
M >>>      8
232       20      8

JAHRESTAG >>>    233 JAHR >>> 1999

M >>>     10
D >>>     21
M >>>      8
233       21      8
```

```
JAHRESTAG >>>   234 JAHR >>> 1999

M >>>    10
D >>>    22
M >>>     8
234        22       8


JAHRESTAG >>>   235 JAHR >>> 1999

M >>>    -10
D >>>    633
M >>>    -12
235       633      -12


JAHRESTAG >>>   236 JAHR >>> 1999

M >>>    -10
D >>>    634
M >>>    -12
236       634      -12


JAHRESTAG >>>   237 JAHR >>> 1999

M >>>    -10
D >>>    635
M >>>    -12
237       635      -12


JAHRESTAG >>>   238 JAHR >>> 1999

M >>>    -10
D >>>    636
M >>>    -12
238       636      -12
```

Der 234. Jahrestag, der 22. August, ist offensichtlich noch in Ordnung. Für den 23. August kommt dann bereits ein falsches Ergebnis heraus. Sehen wir uns zusammen mit den Werten aus dem Ausdruck die Stelle im Quellcode an.

```
m=(j*100)/3055;
d=j-(m*3055)/100;
```

Wir setzen einfach die Zwischenergebnisse ein. Damit erhalten wir für den 22. August 1999 das folgende Resultat: Der Wert *m* ist 10 und folglich ergibt sich für den Ausdruck in der Klammer in der zweiten Zeile das Ergebnis 30 550.

Beim nächsten Tag, dem 23. August, wird der Wert *m* negativ. Nun habe ich aber einen Verdacht. Der Wert 30 550 für das Zwischenergebnis liegt verdächtig nahe bei 32 786. Könnte da der Fehler liegen?

Der verwendete Compiler benutzt für den Typ *integer* sechzehn Bits. Davon muss man noch ein Bit für das Vorzeichen abziehen, so dass ganze fünfzehn Bits für die Darstellung der Zahl übrig bleiben. Der Wert 2^{15} stellt sich im Dezimalsystem als 32 768 dar.

Um diese Theorie auf den Prüfstand zu stellen, vereinbaren wir die Variablen für die Zwischenergebnisse in der Routine nunmehr als *long integer*. Damit sieht *dm_dc* in der Version C folgendermaßen aus:

```
/*  COPYRIGHT (c) 2000 by George E. Thaller.
    All rights reserved
    UNIT NAME, VERSION: dm_c.c
    Version C, 19-FEB-2000
    CHANGES: INSTRUMENTIERT
    FUNCTION: calculates the day,month from year_day and year */

    int dm_b(jt,year,day,month)
    int jt,year,*day,*month;
    {
    int l,k;
    long int m,j,d;
printf("\n JAHRESTAG >>> %5dJAHR >>> %3d\n",jt,year);
    l=0;
    if ((year/4)*4 == year ) l=1;
    k=0;
    if ( jt > (59+1)) k=2-1;
    j=jt+k+91;
printf("\n K >>> %5d J >>> %5ld",k,j);
    m=(j*100)/3055;
printf("\n M >>> %5ld",m);
    d=j-(m*3055)/100;
printf("\n D >>> %5ld",d);
    m=m-2;
printf("\n M >>> %5d\n",m);
    *month=m; *day=d;
    return;
    }
```

Das mit der geänderten Routine erzielte Ergebnis hat die folgende Form:

```
JAHRESTAG  TAG  MONAT

JAHRESTAG >>>    220  JAHR >>> 1999

K >>>      2 J >>>    313
M >>>     10
D >>>      8
M >>>      0
220 8      8

...

JAHRESTAG >>>    234  JAHR >>> 1999

K >>>      2 J >>>    327
M >>>     10
D >>>     22
M >>>      0
234       22       8
```

```
JAHRESTAG >>>   235  JAHR >>> 1999

K >>>     2 J >>>   328
M >>>    10
D >>>    23
M >>>     0
235          23    8


JAHRESTAG >>>   236  JAHR >>> 1999

K >>>     2 J >>>   329
M >>>    10
D >>>    24
M >>>     0
236          24    8
...
JAHRESTAG >>>   365  JAHR >>> 1999

K >>>     2 J >>>   458
M >>>    14
D >>>    31
M >>>     0
365          31   12
```

Damit haben wir durch den Einsatz zusätzlicher Schreibbefehle den Fehler eingegrenzt und anschließend beseitigt. Mit Instrumentierung sind wir also in der Lage, der Ursache von Fehlern auf die Schliche zu kommen, selbst wenn es manchmal nicht ganz einfach ist.

Bei einer externen Testgruppe wäre die Erkennung des Fehlers und die Beseitigung der Ursache natürlich getrennt voneinander zu sehen. In so einem Fall kommt es für den Tester entscheidend darauf an, das Fehlerbild treffend zu beschreiben. Je bessere und genauere Informationen der ursprüngliche Entwickler von der Testgruppe bekommt, desto schneller ist er in der Lage, den Fehlermechanismus zu begreifen und den Fehler in seinem Code einzukreisen.

Die Fehlermeldung sollte seitens der Testgruppe schriftlich erfolgen. Ein Fehlerbericht oder *Software Trouble Report (STR)* muss die folgenden Informationen enthalten:

– Eine detaillierte Beschreibung des Testfalls oder der Aktionen, die zum Auftreten des Fehlers geführt haben.
– Eine Aussage über die Reproduzierbarkeit des Fehlers.
– Die genaue Hardware-Konfiguration, bei der der Fehler eingetreten ist. Falls sich der Fehler bei unterschiedlichen Konfigurationen in unterschiedlicher Art und Weise zeigt, sollte dies dokumentiert werden.
– Eine genaue Beschreibung des durch den Fehler im Code verursachten Schadens und die Einstufung in eine Fehlerklasse.

In vielen Fällen wird nach der Entdeckung des Fehlers ein Dialog zwischen dem Tester und dem ursprünglichen Entwickler der Software einsetzen. Der Tester stellt seine Testfälle und weitere Informationen zur Verfügung, manchmal sogar die eigene Testumgebung.

Falls der Entwickler den Fehler nicht sofort findet, aber einen Verdacht in eine gewisse Richtung hegt, wird er vielleicht um das Erstellen weiterer Testfälle bitten. Das sollte in der Regel der Tester erledigen, denn er braucht meist nur vorhandene Testfälle oder Testprogramme abzuändern.

Schließlich wird der Entwickler den Fehler finden. Die Beseitigung des Fehlers ist dann meist die Tätigkeit, die am wenigsten Zeit kostet. Es sind die Tätigkeiten im Umfeld, die eigentlich zeitintensiv sind.

Instrumentierung ist ein Hilfsmittel, das man nicht notwendigerweise erst dann einsetzen muss, wenn bereits ein Fehler festgestellt wurde. Es kann auch vorbeugend verwendet werden. Bei Software-Projekten im kaufmännischen Bereich und der Verwaltung ist Speicherplatz und Rechenzeit selten so knapp wie bei Echtzeitsystemen.

Vermutet man bei den Entwicklern in so einem Fall, dass bestimmte Zwischenwerte einer Berechnung während der Integration und Testphase gebraucht werden, obwohl sie später nicht ausgedruckt werden sollen, so setzt man die Instrumentierung ein. Die ausgewählten Werte werden nur dann ausgedruckt, wenn eine bestimmte Variable gesetzt wird, wie bei einem Schalter in der Elektrotechnik. Solche Variablen können natürlich auch in einer Parameterliste übergeben werden. Man behält sie oft auch in der Wartungsphase noch eine Weile bei, um Fehlermeldungen der Benutzer leichter bearbeiten zu können.

Damit wollen wir die Software-Module verlassen und uns wieder dem etwas größeren Bild zuwenden.

4.4   Vom Modul zum Programm

Nachdem wir sicher sind, unsere Module gründlich getestet zu haben, können wir uns der Integration und dem anschließenden Test zuwenden. Bevor wir das allerdings tun, wollen wir noch das Design ändern. Wir rufen bisher die drei Unterprogramme *week_d, jul_d* und *year_d* über die Komponente *r_data* auf. Das funktioniert zwar soweit ganz gut, doch es ist wahrscheinlich nicht die beste Lösung für unsere gestellte Aufgabe. Glenford J. Myers hat in seinem Buch zum *Composite Design* [32] zwei Grundsätze aufgestellt, die man wie folgt zusammenfassen kann:

1. Unterprogramme sollten einen möglichst großen inneren Zusammenhalt besitzen *(cohesion)*.
2. Die Zahl der zwischen Unterprogrammen ausgetauschten Parameter und die Zahl der Aufrufe sollte minimiert werden *(low coupling)*.

Wenn man unseren zweiten Entwurf im Lichte dieser Forderungen untersucht, ist das Durchreichen der Parameter in der Komponente *r_data* für die später benötigten Module *week_d* und *year_d* eigentlich unnötig. Die Routinen könnten genauso gut gleich vom Hauptprogramm aus aufgerufen werden. Zum zweiten ist das Modul *cards* überflüssig. Es ist im Lastenheft nirgendwo gefordert und kann deshalb vollständig entfallen. Der dritte Entwurf sieht in der geänderten Fassung folgendermaßen aus:

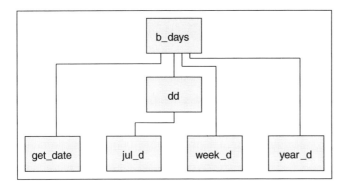

Abb. 4-2:
Entwurf 3 zu den Kalender-
routinen

Damit haben wir zu unserem ersten Entwurf zurück gefunden. Er war offenbar der bessere. Durch den geänderten Entwurf sind natürlich kleine Anpassungen in der Komponente *dd* notwendig. Der Quellcode in der letzten Fassung sieht so aus:

```
/*   COPYRIGHT (c) 2000 by George E. Thaller.
     All rights reserved
     UNIT NAME, VERSION: dd2.c
     Version A, 22-MAY-2000
     FUNCTION: ALTER IN TAGEN
*/
     long int dd2(day,month,year_1,year_2)
     int day,month,year_1,year_2;
     {
     long int jj1,jj2,diff;
     int j_1,j_2,age,w1,juld;

     jul_d(day,month,year_1,&jj1);
     jul_d(day,month,year_2,&jj2);
     diff = jj2 - jj1; /* difference IN TAGEN */
     return diff;
     }
```

Um die Komponente auszutesten, benötigen wir erneut einen Treiber. Dieses Programm und der dazugehörige Ausdruck ist im Folgenden abgedruckt.

```
/*   COPYRIGHT (c) 2000 by George E. Thaller.
     All rights reserved
     UNIT NAME, VERSION: dr_dd2.c
     Version A, 22-MAY-2000
     CHANGES: none
     FUNCTION: driver for testing function dd2
*/
     #include <stdio.h>
     main()
     {
     int day,month,year_1,year_2;
     long int dif;
     printf("\n\nTEST FUER dd\n");
```

```
day=12; month=8; year_1=1999; year_2=2000;

dif=dd2(day,month,year_1,year_2);

printf("\n%ld\n",dif);
}
```

TEST FUER dd

366

Wir überprüfen das Ergebnis mittels Taschenrechner. Es stellt sich als richtig heraus. Die Komponente *dd* entspricht aber unseren Erwartungen noch nicht ganz. Sie ist im Grunde nur für einen Spezialfall einsetzbar, nämlich zum Errechnen des Alters in Jahren für eine Person, die Geburtstag hat.

Dieser Fall lässt sich verallgemeinern. Wahrscheinlich werden wir öfter vor der Frage stehen, wie wir für zwei beliebige Datumsangaben den Unterschied in Tagen errechnen können. Da wir Wiederverwendbarkeit als Entwicklungsziel fördern wollen, entschließen wir uns, das Unterprogramm etwas allgemeiner zu formulieren.

```
/*  COPYRIGHT (c) 2000 by George E. Thaller.
    All rights reserved
    UNIT NAME, VERSION: dif_day.c
    Version A, 26-MAR-2000
    FUNCTION: DIFFERENCE BETWEEN TWO DAYS IN JULIAN CALENDAR
*/
long int dif_day(day_1,month_1,year_1,day_2,month_2,year_2)
int day_1,month_1,year_1,day_2,month_2,year_2;
{
long int jj1,jj2,diff;
int j_1,j_2,age,w1,juld;

jul_d(day_1,month_1,year_1,&jj1);
jul_d(day_2,month_2,year_2,&jj2);
diff = jj2 - jj1; /* Differenz IN TAGEN */
return diff;
}
```

Wir kopieren das Treiberprogramm und ändern den Quellcode für die Routine *dif_day* leicht ab. Der anschließende Test bringt das gleiche Ergebnis wie mit dem Unterprogramm *dd*. Damit ist die Integration und der Test bis zur Komponentenebene abgeschlossen.

Bevor wir uns dem Hauptprogramm zuwenden, wollen wir eine Frage diskutieren, die bisher nicht angesprochen wurde. Wir verlangen von unseren Routinen eine gewisse Robustheit und das Abwehren falscher Eingaben. Für das Modul *dm* ist etwa gefordert, dass lediglich Jahreszahlen im Bereich von 1901 bis 2099 zugelassen werden sollen.

Nun müssen wir uns fragen, wie wir diese Forderung realisieren wollen. Grundsätzlich sind folgende Lösungswege möglich:

1. Im Unterprogramm *dm* wird eine Abfrage eingebaut, die bei falschen Werten eine Meldung erzeugt.
2. Im Unterprogramm *dm* wird verfahren wie unter Punkt 1, jedoch wird die Routine danach sofort beendet.
3. Im Hauptprogramm werden falsche Eingaben durch einen bedingten Aufruf abgefangen, so dass die Routine *dm* gar keine falschen Parameter erhalten kann.
4. Das Unterprogramm *dm* liefert bei falschen Eingaben negative Werte zurück. Dies bedeutet für das Hauptprogramm, dass ein Fehler passiert ist.

Machbar sind alle vorgeschlagenen Lösungen. Wir sollten allerdings überlegen, was unter dem Gesichtspunkt der Wiederverwendbarkeit die beste Lösung ist. Wird nämlich die Routine *dm* im Rahmen eines anderen Projekts eingesetzt, so sollte sie keinen Code enthalten, der lediglich für das Software-Paket mit den Kalenderroutinen Bedeutung besitzt. Sehen wir uns daher die Implementierung zum ersten Vorschlag an.

```
/*   COPYRIGHT (c) 2000 by George E. Thaller.
     All rights reserved.
     UNIT NAME, VERSION: dm_d.c
     Version D, 28-MAY-2000
     CHANGES: INSTRUMENTIERUNG beseitigt,
     Meldung bei Fehler
     FUNCTION: calculates the day,month from year_day and year
*/
     int dm_b(jt,year,day,month)
     int jt,year,*day,*month;
     {
     int l,k;
     long int m,j,d;
     if (year <= 1900 || year >= 2100)
         printf("\nERROR: year out of range\n");
     l=0;
     if ((year/4)*4 == year ) l=1;
     k=0;
     if ( jt > (59+l)) k=2-l;
     j=jt+k+91;
     m=(j*100)/3055;
     d=j-(m*3055)/100;
     m=m-2;
     *month=m; *day=d;
     return;
     }
```

Der Programmcode ist zwar nicht falsch, doch wäre diese Lösung nicht besonders geschickt. Es nutzt wenig, wenn die Fehlermeldung schnell über den Bildschirm huscht. In den meisten Fällen würde sie wahrscheinlich untergehen. Etwas besser ist bereits der zweite Vorschlag.

```
if (year < 1900 || year > 2100)
    { printf("\nERROR: year out of range\n");
      exit (1); }
```

Hier wird die Ausführung des Programms beendet. Zumindest weiß der Tester oder Programmierer in diesem Fall, dass ein Fehler aufgetreten ist, dem nachgegangen werden muss. Ein guter Testingenieur wird natürlich keinesfalls vergessen, das Programm auch mit falschen Eingabewerten zu füttern. Was gegen die Realisierung in dieser Art und Weise spricht, ist die geforderte Wiederverwendbarkeit. Für den Programmierer in einem zweiten Projekt ist das Abfangen der falschen Eingaben nicht transparent. Er wird in vielen Fällen nur den Objektcode zur Verfügung gestellt bekommen. Sehen wir uns die dritte Lösung an.

```
/*  COPYRIGHT (c) 2000 by George E. Thaller.
    All rights reserved
    UNIT NAME, VERSION: dr_dx.c
    Version A, 28-MAY-2000
    CHANGES: none
    FUNCTION: driver for testing function dm_dx
*/
    #include <stdio.h>
    main()
    {
    int i,day,month,year;
    year=2000;
    printf("JAHRESTAG  TAG  MONAT\n");

    for (i=1; i <= 365; i++)
      {
      while (year >= 1900 && year < 2100 )
                      dm_e(i,year,&day,&month);
      printf("%4d       %3d3d\n",i,day,month);
      }
    }
```

Diese Art der Kodierung ist ohne Zweifel möglich und fängt falsche Werte sicher ab. Allerdings ist anzumerken, dass bei einer Verwendung der Routine *dm* für ein zweites oder drittes Projekt die WHILE-Schleife im Hauptprogramm wohl verloren gehen wird. Daher bin ich auch mit dieser Lösung nicht vollkommen zufrieden. Deshalb der folgende vierte Versuch.

```
/*  COPYRIGHT (c) 2000 by George E. Thaller.
    All rights reserved
    UNIT NAME, VERSION: dm_f.c
    Version F, 28-MAY-2000
    CHANGES: Meldung bei Fehler nach C-Konvention
    FUNCTION: calculates the day,month from year_day and year
*/
    int dm_f(jt,year,day,month)
    int jt,year,*day,*month;
    {
    int l,k;
    long int m,j,d;
```

```
l=0;
if ((year/4)*4 == year ) l=1;
k=0;
if ( jt > (59+l)) k=2-l;
j=jt+k+91;
m=(j*100)/3055;
d=j-(m*3055)/100;
m=m-2;
if (year < 1900 || year > 2100 )
        { *month= -1; *day= -1; } /* Fehler */
else
        { *month=m; *day=d; }

return;
}
```

Der Hauptteil der Routine bleibt unverändert. Es wird aber bei falschen Werten für das Jahr für die beiden zurückgegebenen Parameter ein negativer Wert geliefert. Das ist eine in der Sprache C weitgehend übliche und eingeführte Vorgehensweise. Da sowohl für den Monat wie für den Tag negative Werte unsinnig sind, stören diese Zahlen auch bei richtiger Verarbeitung nicht weiter. Natürlich muss auch das Hauptprogramm seinen Teil zum Abfangen falscher Werte beitragen.

```
/*  COPYRIGHT (c) 2000 by George E. Thaller.
    All rights reserved
    UNIT NAME, VERSION: dr_dz.c
    Version A, 28-MAY-2000
    CHANGES: none
    FUNCTION: driver for testing function dm_dx
*/
    #include <stdio.h>
    main()
    {
    int i,day,month,year;
    year=1594;              /* out of RANGE */
    printf("JAHRESTAG  TAG  MONAT\n");

    for (i=1; i <= 365; i++)
      {
      dm_f(i,year,&day,&month);
      if (day < 0 || month < 0)
            { printf("\nfailure in routine dm");
              printf("\nyear/month out of range\n");
              exit(1); }
      printf("%4d      %3d %3d\n",i,day,month);
      }
    }
```

Diese Lösung gefällt mir am besten, denn sie erlaubt das leichte Übertragen der Routine *dm* in andere Projekte. Zudem ist das Liefern negativer Werte bei einem Fehler im Unterprogramm eine Vorgehensweise, die üblich ist. Sie lässt sich bei den anderen Routinen in unserem Paket ebenfalls anwenden.

Nachdem wir auf der Ebene der Komponenten alle Software getestet haben, können wir uns dem Hauptprogramm zuwenden. In unserem Beispiel heißt es *b_days*. Wir gehen vor wie gewohnt. Die Unterprogramme werden Schritt für Schritt hinzugenommen, um Fehler leichter zuordnen zu können. Am Ende dieses Prozesses sind alle Module und Komponenten integriert und das Programm sollte richtig sein.

Wir stellen uns nun auf den Standpunkt eines Testers, der das Programm mittels Black Box Test überprüfen soll. Dazu sind Kenntnisse über die Implementierung nicht notwendig. Der Tester überprüft lediglich, ob das Programm die geforderten Funktionen laut Lastenheft (siehe Anhang A.2) richtig ausführt. Die Eingabedatei mit dem ersten Testfall könnte so aussehen.

```
13-JAN-xxxx MUM
14-JAN-1934 Anni
27-FEB-xxxx Angie
27-MAR-1962 Gudrun B.
03-APR-xxxx Ruth P.
11-APR-1950 Juergen
28-APR-1961 Sybille B.
13-MAI-xxxx B.
05-JUN-1914 Hermine
28-JUN-xxxx Jenny
15-JUL-xxxx Doris
12-AUG-1982 Stefanie
18-AUG-xxxx Claire Hassler
01-SEP-1923 Kaethe R.
04-SEP-xxxx Uschi
30-SEP-1984 Ollie
03-OCT-xxxx Arleen
18-NOV-xxxx Roger C.
16-NOV-xxxx Hannelore
11-DEC-1996 Lea
```

Das sind typische Fälle, die wir hier zum Test gewählt haben. Jeder Monat ist einmal vertreten und die Daten bilden ein Sammelsurium von Fällen. Werfen wir einen Blick auf die Ausgabedatei, die uns das Programm bei der Ausführung des Codes liefert.

NAME	WOCHENTAG	GEBURTSTAG	JAHRESTAG	ALTER	ALTER [d]
MUM	Donnerstag	13-JAN-xxxx	13		
Anni	Freitag	14-JAN-1934	14	66	24106
Angie	Sonntag	27-FEB-xxxx	58		
Gudrun B.	Montag	27-MAR-1962	87	38	13880
Ruth P.	Montag	03-APR-xxxx	94		
Juergen	Dienstag	11-APR-1950	102	50	18263
Sybille B.	Freitag	28-APR-1961	119	39	14245
B.	Samstag	13-MAI-xxxx	134		
Hermine	Montag	05-JUN-1914	157	86	31412
Jenny	Mittwoch	28-JUN-xxxx	180		

```
Doris       Samstag    15-JUL-xxxx   197
Stefanie    Samstag    12-AUG-1982   225   18   6575
Claire H.   Freitag    18-AUG-xxxx   231
Kaethe R.   Freitag    01-SEP-1923   245   77  28125
Uschi       Montag     04-SEP-xxxx   248
Ollie       Samstag    30-SEP-1984   274   16   5844
Arleen      Dienstag   03-OCT-xxxx   277
Roger C.    Samstag    18-NOV-xxxx   323
Hannelore   Donnerstag 16-NOV-xxxx   321
Lea         Montag     11-DEC-1996   346    4   1461
```

Diese Werte sehen so aus, als würden sie die im Lastenheft enthaltenen Anforderungen erfüllen. Doch das ist nicht der ganze Test. Suchen wir uns nun Eingabewerte, die weniger typisch sind und das Programm etwas stärker belasten sollten. Wir gehen dazu der Reihe nach vor und untersuchen zunächst den Tag aus dem Datum in der Eingabedatei. Für die Testfälle 2 und 3 suchen wir uns die folgenden Werte aus.

```
99-JAN-1949 TEST CASE 2

00-DEC-1994 TEST CASE 3
```

Sowohl der 99. Januar als der 0. Dezember sind natürlich blanker Unsinn. Die Frage ist allerdings, wie sich das Programm bei solchen falschen Eingabewerten verhält.

```
NAME    WOCHENTAG  GEBURTSTAG  JAHRESTAG ALTER ALTER [d]

NAME    WOCHENTAG  GEBURTSTAG  JAHRESTAG ALTER ALTER [d]
```

In der Ausgabedatei steht in beiden Fällen nur die Überschrift. Das ist ein richtiges Ergebnis, denn die Spezifikation verlangt, dass bei falschen Eingabewerten kein Satz in die Ausgabedatei geschrieben werden darf. Also geht es mit dem nächsten Testfall weiter. Hier die Eingabe.

```
29-FEB-2000 TEST CASE 4
```

Der 29. Februar 2000 ist durchaus ein richtiges Datum, denn das Jahr 2000 ist ein Schaltjahr. Es fragt sich, ob unser Hauptprogramm einen solchen Fall richtig behandeln kann. Hier das Ergebnis für das Ausführungsdatum 17. Mai 2001.

```
NAME         WOCHENTAG  GEBURTSTAG JAHRESTAG ALTER  ALTER [d]
TEST CASE 4  Donnerstag 29-FEB-2000       60     1       366
```

Eine der Fragen, die wir von unserem kleinen Programm beantwortet haben wollen, ist die Frage nach dem Wochentag für den Geburtstag im laufenden Jahr. Da ist die Antwort schon einmal falsch. Der Donnertag ist nämlich bereits der 1. März 2001. Auch der Jahrestag fällt bereits in den März.

Wir haben also mit dem Testfall 4 offensichtlich einen Fehler gefunden. Es ist eine Meldung an den zuständigen Entwickler unseres Programms fällig. Obwohl sich der Tester im Rahmen eines Black Box Tests um die Beseitigung des Fehlers weiter keine Sorgen machen würde, sondern mit seiner Serie von Testfällen weiterarbeiten würde, wollen wir dem ursprünglichen Entwickler des Programms doch über die Schulter schauen. Warum ist der Fehler aufgetreten?

```
if ( ! no_age)
age_d=dif_day(day,month,year,day,month,cu_year);
```

Bei einem Blick auf den Aufruf des Unterprogramms fällt nicht notwendigerweise gleich ein Fehler auf. Die Routine *dif_day* übernimmt das Datum des Geburtsjahres aus der Eingabedatei, also die Variablen *day, month* und *year*. Im zweiten Teil der Parameterliste werden die entsprechenden Variablen für das laufende Jahr übergeben. Die Komponente *dif_day* ihrerseits ruft das Modul *jul_d* zweimal auf, bildet die Differenz der zwei Tage im Julianischen Kalender und liefert das Ergebnis in der Variablen *age_d* ab.

Aufgerufen wird das Unterprogramm nur dann, wenn in der Eingabedatei tatsächlich eine Jahreszahl steht. Sind dagegen im dritten Bestandteil des Datums nur die Buchstaben ‚x‘ zu finden, wird der Aufruf unterdrückt. Soweit, so gut: Doch wo liegt der Fehler?

Tag und Monat sind für den ersten und zweiten Teil der Parameterliste gleich. Während das Datum für den Monat – eben den Februar – richtig sein mag, ist beim Tag offensichtlich ein Denkfehler unterlaufen. Der 29. Februar ist zwar für ein Schaltjahr eine richtige Eingabe, für das Jahr 2001 existiert das Datum jedoch nicht. Was ist also zu tun?

Der Aufruf im Hauptprogramm ist in der obigen Fassung nicht richtig. Ich nehme einmal an, dass alle Mitmenschen, die an einem 29. Februar geboren wurden, ihren Geburtstag *jedes* Jahr feiern wollen, auch wenn es sich nicht um ein Schaltjahr handelt. Für diesen Tag setzen wir nun im Programm, sofern es sich um kein Schaltjahr handelt, ersatzweise den 28. Februar ein. In der geänderten Form stellt sich der Aufruf der Routine *dif_day* nun so dar.

```
if ( ! no_age)
    {
    if (month == 2 && day == 29)
        if (year % 4 == 0 && year % 100 != 0 || year % 400 == 0)
            {
            day_2=day-1;
            age_d=dif_day(day,month,year,day_2,month,cu_year);
            }
        else
            {
            red_flag=1; /* falsche Eingabe */
            printf("\nGeburtstag im Schaltjahr falsch/n");
            }
        else
            age_d=dif_day(day,month,year,day,month,cu_year);
    }
```

Nun wird überprüft, ob es sich tatsächlich um ein Schaltjahr handelt, wenn das Datum 29. Februar auftaucht. Falls das nicht der Fall sein sollte, wird eine Fehlermeldung erzeugt. Ein Eintrag in die Ausgabedatei erfolgt bei dieser Lage der Dinge nicht.

Mit dem geänderten Programm erhalten wir für den Testfall 4, wiederum für das aktuelle Datum 17. Mai 2001, das folgende Ergebnis:

```
NAME          WOCHENTAG GEBURTSTAG JAHRESTAG ALTER  ALTER [d]
TEST CASE 4  Donnerstag 29-FEB-2000      60     1    365
```

Nun stimmt zwar das Alter in Tagen mit 365 Tagen, jedoch ist der Wochentag und der Jahrestag weiterhin falsch. Woran könnte das liegen?

Wie könnte es anders sein, auch beim Aufruf dieser beiden Routinen ist ein Fall wie der 29. Februar natürlich nicht vorgesehen gewesen. Hier bauen wir nun ähnliche Abfragen ein wie beim Aufruf des Unterprogramms *dif_day*. Es bestätigt sich wieder einmal: Wo ein Fehler gefunden wird, ist der nächste nicht weit.

Mit dem geänderten Hauptprogramm erhalten wir für den Testfall 4 das folgende Resultat.

```
NAME          WOCHENTAG GEBURTSTAG JAHRESTAG ALTER  ALTER [d]
TEST CASE 4  Mittwoch   29-FEB-2000      59     1    365
```

Jetzt stimmt auch der Wochentag für das laufende Jahr und der Jahrestag ergibt sich mit neunundfünfzig. Damit sollten wir es bewenden lassen. Dieser Testfall war auf jeden Fall recht ergiebig. Wir haben Fehler beim Aufruf dreier Unterprogramme damit aufgedeckt.

Als Nächstes wenden wir uns dem zweiten Feld in der Eingabe beim Datum, dem Monat, zu. Offensichtliche Testfälle sind falsche Buchstabenketten für den Monat oder ein vollkommen leeres Feld. Hier die Liste der Testfälle 5 bis 12.

```
30-JSN-2000 TEST CASE 05
31-DEX-2000 TEST CASE 06
01-   -2000 TEST CASE 07
21-XXX-2000 TEST CASE 08
21-911-2000 TEST CASE 09
21-----2000 TEST CASE 10
24-12.-2000 TEST CASE 11
12-jun-2000 TEST CASE 12
```

Wenn wir das Programm *b_days* ausführen, erhalten wir für die verschiedenen Testfälle die folgenden Ergebnisse. Der Einfachheit halber sind die am Bildschirm ausgegebenen Meldungen hinter die jeweilige Datei kopiert, die vom Programm erzeugt wurde.

```
NAME          WOCHENTAG GEBURTSTAG JAHRESTAG ALTER  ALTER [d]
TEST CASE 05 Samstag    30-JSN-2000     181     1    365


NAME          WOCHENTAG GEBURTSTAG JAHRESTAG ALTER  ALTER [d]


NAME          WOCHENTAG GEBURTSTAG JAHRESTAG ALTER  ALTER [d]


NAME          WOCHENTAG GEBURTSTAG JAHRESTAG ALTER  ALTER [d]
TEST CASE 08 Dienstag   21-XXX-2000      -1     1    365


NAME          WOCHENTAG GEBURTSTAG JAHRESTAG ALTER  ALTER [d]
TEST CASE 09 Dienstag   21-911-2000      -1     1    365


NAME          WOCHENTAG GEBURTSTAG JAHRESTAG ALTER  ALTER [d]
TEST CASE 10 Dienstag   21-----2000      -1     1    365
```

```
NAME          WOCHENTAG  GEBURTSTAG JAHRESTAG ALTER  ALTER [d]
TEST CASE 11  Freitag    24-12.-2000       -1     1  365

NAME          WOCHENTAG  GEBURTSTAG JAHRESTAG ALTER  ALTER [d]
TEST CASE 12  Sonntag    12-jun-2000       -1     1  365
```

Beim Testfall 5 zeigt sich, dass das Programm anscheinend auch teilweise falsche Buchstabenketten richtig auswertet. So wird im Testfall 5 die Folge 'JSN' als Juni interpretiert. Das Programm muss dahingehend geändert werden, dass alle drei Buchstaben für den Monat überprüft werden.

Bei Testfall 6 und 7 führen die falschen Eingaben zu einem Programmabbruch. Die restlichen Testfälle liefern ein offenbar falsches Ergebnis.

Nun mag mancher fragen, wieso wir so viele kleine Testfälle entwerfen. Wäre es nicht einfacher, alle Werte in eine Datei zu schreiben und damit alle Fälle auf einmal zu erledigen? Es gibt eine Reihe von Gründen, die für viele kleine und kleinste Testfälle sprechen.

– Mit kleinen Testfällen wird wie mit einem Scheinwerfer immer nur eine kleine und eng begrenzte Funktion des Programmcodes beleuchtet. Durch die Konzentration auf eine untersuchte Eigenschaft zu einem Zeitpunkt ist man bei einem Fehler eher in der Lage, die Bedingungen für den Fehlerfall zu beschreiben.
– Miteinander verknüpfte und komplexe Testfälle führen beim Auftreten eines Fehlers oft dazu, dass die Daten nicht eindeutig einem Fehlerbild zugeordnet werden können. Das Finden der Fehlerursache wird erschwert.
– Bei größeren und kombinierten Testfällen und mehreren Fehlern kann der zweite oder weitere Fehler maskiert werden. Das kann bedeuten, dass nach dem ersten Fehler die Programmausführung abgebrochen wird. Der zweite Testfall wird nicht behandelt, wodurch der Fehler weiterhin im Code verbleibt.
– Kurze Testfälle sorgen dafür, dass das Aufdecken der Fehler im Code durch eine externe Testgruppe relativ stetig erfolgt. Werden erst lange und komplizierte Testfälle entworfen, so wiegt sich der ursprüngliche Entwickler möglicherweise zu lange im Glauben, sein Programm wäre fehlerfrei. Das Aufdecken von Fehlern ist jedoch für den Tester sehr motivierend.

Es macht also durchaus Sinn, sich als Tester zu einem gegebenen Zeitpunkt immer auf eine kleine und überschaubare Eigenschaft des Programms zu konzentrieren. Auf diese Weise tastet man wie mit einer Sonde den Code Stück für Stück ab.

Gehen wir den nächsten Testfall an. Beim Jahr ist uns nach oben hin eigentlich keine Grenze gesetzt. Da wir auch nicht wissen, wie lange unser Programm verwendet werden soll, verzichten wir auf einen Testfall. Für die untere Grenze probieren wir einfach aus, ob das Programm als Geburtsjahr die Zahl 1811 verarbeitet. Die Eingabedatei für den Testfall 13 ist also:

```
12-DEZ-1811 TEST CASE 13
```

Als Resultat erhalten wir bei Ausführung des Codes diese Fehlermeldung auf dem Bildschirm.

```
GEBURTSJAHR UEBERPRUEFEN, Satz:
```

Damit haben wir erneut einen Fehler aufgedeckt, denn die Anweisung zum Ausdrucken der Satznummer ist nicht vollständig. Das Hauptprogramm *b_days* muss an dieser Stelle geändert werden.

Nachdem diese Änderung im Quellcode durchgeführt wurde, kann der nächste Test begonnen werden. Er enthält lauter Leerzeichen für den Namen, sieht also so aus.

```
13-DEC-1993
```

Bei der Ausführung des Programms erhalten wir die folgende Fehlermeldung am Bildschirm.

```
Namensfeld leer
```

Das ist das richtige Resultat. Fahren wir fort mit Testfall 15. Hier die Eingabedatei.

```
13-DEC-1900 123456789012
```

Bei diesem Test geht es darum, die Grenzen für die Buchstabenkette auszuloten. Zwölf Zeichen sind als Maximum zulässig, also sollte das Programm genau zwölf Zeichen verarbeiten können. Sehen wir uns die zugehörige Ausgabedatei an.

```
NAME         WOCHENTAG GEBURTSTAG  JAHRESTAG ALTER ALTER [d]
123456789012 Dienstag  13-DEC-1900       347  94-31203
```

Die Zeichenkette in der Ausgabe ist richtig, doch der letzte Wert in der Zeile macht den Leser stutzig. Das Alter in Tagen ist mit -31203 Tagen angegeben. Bei vierundneunzig Jahren Lebensalter müsste sich ein Wert ergeben, der über vierunddreißigtausend liegt.

Das Minuszeichen deutet darauf hin, dass das am weitesten links stehende Bit belegt ist. Es könnte sich also erneut um einen Fall handeln, bei dem der Compiler mit sechzehn Bits nicht auskommt. Die Routine *dif_day* enthält zwar die richtigen Vereinbarungen im Quellcode, aber bekommt das der Linker auch mit?

Um unseren Verdacht zu erhärten oder zu widerlegen, vereinbaren wir im Hauptprogramm *b_days* die Routine *dif_day* explizit mit einer Länge von vier Bytes, also zweiunddreißig Bits. Die entsprechende Stelle im Quellcode sieht folgendermaßen aus.

```
...
static char *m_day[] = {
"Sonntag", "Montag", "Dienstag", "Mittwoch", "Donnerstag", "Freitag", "Samstag" };

long int dif_day(); /* explicit declaration */

main(argc,argv)
int argc;
char *argv[];            /* file names */
{
FILE *fp_in; FILE *fp_out;
char ch,cs;
...
```

Nachdem das Programm erneut übersetzt, gebunden und ausgeführt wurde, hat die Ausgabedatei für unseren Testfall die folgende Form:

```
NAME          WOCHENTAG  GEBURTSTAG  JAHRESTAG ALTER ALTER [d]
123456789012 Dienstag   13-DEC-1900       347    94 34333
```

Jetzt ist das Ergebnis richtig. Das sind eben die kleinen Schwächen von C, seufze ich und wende mich dem letzten Testfall zu. Wie verhält sich das Programm wohl, wenn der String für den Namen zu lang ist? Hier die Eingabe:

```
24-DEC-1901 1234567890123
```

Die zugehörige Ausgabedatei *tc16.out* sieht nach Aufruf des Programms wie folgt aus:

```
NAME          WOCHENTAG  GEBURTSTAG  JAHRESTAG ALTER ALTER [d]
123456789012 Samstag    24-DEC-1901       358    93 33968
```

Das Programm hat also die Zeichenkette nach dem zwölften Zeichen abgeschnitten. Das ist richtig, da maximal zwölf Zeichen in der Spezifikation vereinbart sind. Da sich das Programm auch nicht bösartig verhält, sondern die Verarbeitung fortsetzt, ist die Software an dieser Stelle in Ordnung.

Weil wir im Laufe unserer Tests doch einiges geändert haben, führen wir den ersten Test mit den typischen Fällen erneut aus. Er liefert das gleiche Ergebnis wie beim ersten Mal. Das bedeutet, dass sich die späteren Änderungen im Code nicht negativ ausgewirkt haben.

Beim Vergleich von Ergebnissen ist das Kommando *diff* unter UNIX manchmal ganz nützlich. Gibt man nach dem Kommando die Namen zweier Dateien ein, so werden diese Buchstaben für Buchstaben verglichen. Sind die Buchstaben nicht identisch, werden die entsprechenden Zeilen ausgegeben. Für unseren Testfall 15 rufen wir das Kommando zum Beispiel in dieser Form auf:

```
diff -c tc15.out tc15_2.out
```

Nach der Ausführung des Kommandos liefert uns UNIX das folgende Ergebnis.

```
****TC15.OUT
----TC15_2.OUT
*********

    NAME          WOCHENTAG  GEBURTSTAG  JAHRESTAG ALTER ALTER[d]
    123456789012 Dienstag   13-DEC-1900       347    94-31203


    NAME          WOCHENTAG  GEBURTSTAG  JAHRESTAG ALTER ALTER[d]
    123456789012 Dienstag   13-DEC-1900       347    94 34333
```

Damit sind die mit Integration und Test verbundenen Tätigkeiten vorläufig abgeschlossen. Wir haben im Verlauf des Tests eine Reihe von Fehlern gefunden, die nicht offensichtlich waren.

4.5 Testabdeckung auf Systemebene

Beim White Box Test hatten wir eine Methode identifiziert, um die Abdeckung des Codes durch Test beurteilen und einordnen zu können. Nun fragt man sich natürlich, ob eine ähnliche Methode auf der Ebene des gesamten Computerprogramms verfügbar ist. Ein Maßstab wie beim Test der Module könnte ganz nützlich sein.

Ein solches Maß ist in der Tat vorhanden. Die einzelnen Maße der Testabdeckung sind wie folgt definiert:

Maß der Testabdeckung	Beschreibung
S0	Jedes Modul und jede Komponente wird zumindest einmal aufgerufen.
S1	Alle Aufrufe jedes Moduls und jeder Komponente innerhalb der Programmstruktur werden durchexerziert.
S2	Dieses Maß verlangt über S1 hinaus den Aufruf der Module oder Komponente mit den möglichen und sinnvollen Fällen bei den übergebenen Parametern.
S2p	Dieses Maß der Testabdeckung verlangt über S2 hinaus das Testen aller möglichen Arten zur Beendigung eines Moduls, z. B. durch normalen Rücksprung (return) und Sonderfälle und Ausnahmen (exceptions). Das Maß S2 kann sprachabhängig sein.
Sd	Hier wird versucht, ein Programm bis zu einer gewissen Tiefe der Programmstruktur und ihrer Verästelungen auszutesten.
St	Es wird – ausgehend vom Hauptprogramm – versucht, alle möglichen Aufrufe der Komponenten und Module zu testen.
S3	Dieses Maß versucht, für alle unterscheidbaren Klassen der Programmausführung Testfälle auf der Ebene des Hauptprogramms zu kreieren. Im Grunde handelt es sich um Equivalence Partitioning auf der Ebene des Hauptprogramms.

Tabelle 4-1:   *Maß der Testabdeckung beim Systemtest*

Da das Maß für den Systemtest der Software analog zum entsprechenden Maß beim White Box Test entwickelt wurde, gelten für den sinnvollen Einsatz ähnliche Kriterien. Die Maße S1 und S2 sind gewiss sinnvoll und machbar. Was darüber hinausgeht, stößt in der Praxis leicht auf Schwierigkeiten.

Trotzdem ist jeder Versuch, die Software-Entwicklung und den Test nach quantitativen Maßstäben beurteilen zu können, zu begrüßen. Auch wer nur mit einem niederen Maß der Testabdeckung anfängt, kann sich beim nächsten Projekt steigern. Außerdem besteht immer die Möglichkeit, das Maß der Testabdeckung in Bezug zur Kritikalität der Software zu setzen.

Doch jetzt zurück zum Test. Sehen wir uns die verschiedenen Arten von Tests im Zusammenhang an.

4.6   Ausprägungen von Tests

Bisher haben wir vor allem versucht, zwei Fragen in Bezug auf unsere Software zu beantworten, nämlich

– Tut das Programm, was es tun soll?
– Tut das Programm nicht, was es nicht tun soll?

Wenn wir auf diese Fragestellung eine schlüssige und fundierte Antwort wissen, ist bereits viel erreicht. Wir können darüber hinaus jedoch weitere Fragen stellen, zum Beispiel nach dem Verhalten des Programms bei hoher Last, der Güte der Testfälle und dem Test interaktiver Teile des Codes.

Ihrer Natur nach verlangt das Entwerfen derartiger Testfälle nach zerstörerischen Tests. Das heißt, der ursprüngliche Entwickler ist als Tester weniger geeignet. Kenntnisse zur Konstruktion der Software sind zum Kreieren der Testfälle nicht notwendig, sie wären in vielen Situationen wahrscheinlich eher hinderlich. Daher ist der Black Box Test der geeignete Ansatz für diese Art des Testens.

Auf Modulebene machen derartige Tests häufig wenig Sinn, da die erforderliche Funktionalität für den Test bei einem einzelnen Modul noch nicht erreicht ist. Man kann erst auf der Komponenten- oder Subsystem-Ebene beginnen.

Als Subsystem wollen wir dabei eine Komponente der Software verstehen, die unmittelbar unter dem Hauptprogramm angesiedelt ist. Bei mittleren und großen Projekten kann es ja durchaus vorkommen, dass sich die Komponenten auf drei bis fünf Ebenen verteilen. Kommen wir damit zum ersten Test.

4.6.1   Funktionstest

Diese Art von Test ist uns nicht neu. Der überwiegende Teil der bisher durchgeführten Tests waren Funktionstests der Software. Wichtig ist vor allem, dass man die Funktionen der Software dort testet, wo sie zum ersten Mal sinnvoll getestet werden können. Das ist in vielen Fällen auf Modulebene. Was man auf dieser Ebene an Fehlern beseitigt, wird später keine Schwierigkeiten mehr machen.

Diese Aussage schließt gewiss nicht aus, dass später an den Schnittstellen zwischen den Modulen Probleme auftreten können. Hat man sich jedoch bereits vorher intensiv mit dem Test der Module beschäftigt, deuten die Anzeichen oft unmissverständlich auf die Schnittstelle als die Ursache des Problems.

Wir wollen den Test auf der Ebene von Komponenten oder Subsystemen im Folgenden mit Hilfe einiger Beispiele aus der Praxis verdeutlichen. Es geht dabei um den Test eines Betriebssystems, das durch die folgenden Eigenschaften gekennzeichnet ist.

– Multi-user-, Multi-tasking-fähig
– Bis zu vier angeschlossene Terminals, maximal acht Partitions
– Maximal acht Tasks, wobei je vier davon im *Foreground*, vier im *Background* laufen
– Interaktive Eingabe in den vier *Foreground Tasks* möglich
– Anschluss einer Reihe peripherer Geräte möglich
– Verschiedene Ausbaustufen des Hauptspeichers

Der Test erfolgt dabei durch eine externe Testgruppe, die nicht an den Leiter der Software-Entwicklung berichtet. Falls Fehler aufgedeckt werden, dann werden diese dokumentiert und an die Entwicklungsgruppe geleitet. Wenn der Entwickler auf Grund der Fehlerbeschreibung noch nicht in der Lage ist, den Fehler eindeutig zuzuordnen, wird die Testgruppe auf Wunsch ihre Testfälle nach den Angaben des zuständigen Entwicklers erweitern. Kommen wir damit zum ersten Fall.

Test Case 1 – BS A3023, Release 3.0.1

Von Terminal 2 aus wird auf den angeschlossenen Systemdrucker ausgegeben, etwa mit dem Kommando LIST. Der Drucker ist dabei allerdings noch nicht eingeschaltet, also OFF LINE.

Wird in dieser Situation von einem beliebigen anderen Terminal aus mit KILL PRINTER (KPRINTER) der bestehende Druckauftrag wieder abgebrochen, kommt es zu einem Deadlock.

Fehlerklasse 1

In diesem Fall probiert der Tester etwas aus, was vielleicht beim Entwurf nicht bedacht wurde, was allerdings in der Praxis durchaus vorkommen kann. Der Benutzer kann es sich schließlich auch mal anders überlegen und einen langen Druckauftrag wieder abbrechen wollen. Auf keinen Fall darf es dazu kommen, dass eine Verklemmung des Systems eintritt. Kommen wir damit zum nächsten Fall.

Test Case 2 – BS A3303, Release 3.0.2

Es wird innerhalb eines COBOL-Programms der Befehl ADVANCING *n* LINES ausgeführt. Die Anzahl der erzeugten Leerzeilen ist dabei immer um eins geringer als im Programm verlangt.

Fehlerklasse 2

Dies ist ein typisches *one-off*-Problem. Der Programmierer hat dabei im Code zum Beispiel anstatt der logischen Operation <= das Zeichen < verwendet oder einen ähnlichen Fehler gemacht. Fehler dieser Art können tückisch sein, weil sie oftmals im Test nicht gefunden werden und erst im Einsatz Spuren ihrer Anwesenheit zeigen. Die Meldungen, die man in der externen Testgruppe dann oftmals bekommt, sind allerdings nicht sehr klar, und das macht es schwierig, das Fehlerbild zu rekonstruieren.

Test Case 3 – BS A3502, Release 2.2.1

Utility DCQ, Kopieren der Systemdiskette: Es wird mit dem Kommando DCQ die System-Diskette von Laufwerk DK01 auf DK02 kopiert. Bei der Datei ...\copdir\copinf tritt Crash B auf.

Fehlerklasse 1

Auch das ist ein typischer Funktionstest auf Systemebene. Natürlich darf es nicht vorkommen, dass ein Benutzer nicht in der Lage ist, sich das Betriebssystem auf einer zweiten Diskette zu sichern.

Test Case 4 – BS A3303, Release 3.0.2

Es wird zunächst eine Wechselplatte mit dem Kommando VOLUME COPY (VCOPY) dupliziert. Anschließend wird mit dem Kommando QCOPY ein größeres Directory kopiert. Nach dem Kopieren von sieben Dateien kommt die Fehlermeldung *Source Read Error*. Es ist derzeit nicht erkennbar, ob die Ursache des Fehlers im Kommando QCOPY oder im Festplatten-Controller liegt.

1 ADU = 13 Sektoren

Fehlerklasse 1

In diesem Fall geht es darum, dass das System um eine neue, größere Wechselplatte erweitert wurde. Als Hintergrund sollte man wissen, dass bei Disketten die Spur Null immer mit einer Länge des Sektors von 128 Bytes formatiert wird. Diese Vorgehensweise sorgt dafür, dass das Betriebssystem zumindest diese Spur, auf der sich grundlegende Informationen befinden, auf jeden Fall lesen kann. Ein Teil der Spur Null nimmt die *File Allocation Table* (FAT) ein. Dabei wurde zunächst festgelegt, dass ein Sektor auf der Diskette 128 Bytes lang ist. Später ging man auf 256 Bytes über, dann auf 512 Bytes.

Weil aber die Fest- und Wechselplatten immer leistungsfähiger wurden, immer mehr Daten gespeichert werden konnten, wurde die FAT immer länger. Auf Grund der beschränkten Aufnahmekapazität der Spur Null konnte sie aber nicht weiter wachsen. Das führte dazu, dass die Allocated Disk Unit (ADU) immer größer wurde, dass also ein Eintrag in der FAT bald 512 Bytes oder gar 1 024 Bytes bedeutete. Mit anderen Worten: Eine Datei, selbst wenn sie nur ein Byte enthielt, hatte eine Mindestgröße von 512 Bytes.

Solche Dinge verschweigt ein Hersteller den Kunden natürlich gerne, obwohl der Grund für diese Vorgehensweise aus technischer Sicht durchaus verständlich ist. Verwundern muss es den Tester allerdings, dass 1 ADU gleich 13 Sektoren ausmacht. Man würde erwarten, dass es sich bei der Anzahl der Sektoren um eine Zahl handelt, die ein Vielfaches von 2 ist. Der Platten-Controller muss bei jedem Dateizugriff schließlich ausrechnen, auf welche Stelle der Platte er seine Schreib-Leseköpfe positionieren muss und mit Dual-arithmetik rechnet es sich am schnellsten. Insofern war der Tester schon sehr misstrauisch, als er 13 las.

Der Entwickler versicherte allerdings, dass die Sache mit den 13 Sektoren pro ADU schon in Ordnung ginge. In Wahrheit sah es so aus, dass die Wechselplatte nur zu zwei Dritteln hätte beschrieben werden können. Das Programm wurde geändert.

Da wir über Funktionstests bereits viel wissen, können wir gleich zum nächsten Test übergehen.

4.6.2   Volume Test

Der *Volume Test* ist darauf angelegt, die Grenzen der Belastbarkeit eines Programms auszuloten. Es geht konkret darum, den Code durch große Mengen von Daten zu belasten. Alle Programme haben irgendwo Grenzen, der Anwender und Kunde weiß meist nur wenig darüber. In vielen Fällen ist die Software so ausgelegt, dass die gewählten Grenzen in der Praxis nie erreicht, geschweige denn überschritten werden. In manchen Fällen allerdings sind im Code implizite Annahmen des Entwicklers enthalten, die den Bedingungen in der Praxis nicht gewachsen sind.

Ein beliebter Test dieser Art besteht zum Beispiel darin, einen Compiler mit einer Unmenge an Variablen zu füttern. Kann das Werkzeug diese Daten alle bearbeiten? Oder läuft irgendwo ein Puffer über?

Die Schnittstelle zum Drucker ist ebenfalls eine mögliche Schwachstelle, die bei einem Test des Betriebssystems untersucht werden sollte. Datenbanken eignen sich dazu, mit Daten in Massen gefüllt zu werden, und Bildschirmmasken sollten wirklich bis zum letzten Byte ausgenutzt werden.

Ziel des Tests ist es, die Grenzen der Software zu finden. Verhält sich ein Programm gutartig in der Weise, dass zu viele Daten mit einer Fehlermeldung abgewiesen werden, so ist das in aller Regel nicht zu beanstanden. Oft findet man beim *Volume Test* allerdings heraus, dass das Programm abstürzt oder in eine Endlosschleife läuft. Dann ist der Griff zum Ordner mit den Fehlermeldungen angebracht. Sehen wir uns einige dieser Tests an.

> *Test Case 5 – BS A3303, Release 3.0.2*
>
> Beim Kommando INITIBM ist für VOLUME laut Beschreibung im Handbuch ein bis zu sechs Zeichen langer Name möglich, bei OWNER bis zu acht Zeichen.
>
>   Längere Namen werden ohne Fehlermeldung akzeptiert, über sechs hinausgehende Zeichen werden abgeschnitten.
>
> Fehlerklasse 2

In diesem Fall ging es eindeutig darum, die Grenzen des Systems auszuloten. Da sich das Programm nicht bösartig verhielt, sondern längere Namen einfach abschnitt, wurde die Fehlerklasse auf 2 festgesetzt (minder schwerer Fehler).

Test Case 6 – BS A0352, Release 2.0.0

Es wird in eine sequentielle Datei auf der Wechselplatte mit einer Dateilänge von 80 Bytes so lange geschrieben, bis die Wechselplatte voll ist. Bei 5 874 ADUs stoppt das Programm, eine Unterbrechung mit COMMAND ist nicht mehr möglich, Deadlock. Der Status ist F40Fhex.

Fehlerklasse 1

Die Ursache dieses Fehlers liegt in der Wahl von 13 Sektoren pro ADU, wie wir bereits beim Testfall 4 gesehen haben. Hier liegt allerdings eindeutig ein *Volume Test* vor, denn wir versuchen, die gesamte Platte mit nur einer riesigen Datei voll zu schreiben. Für den Tester hat sich dieser Ansatz ohne Zweifel ausgezahlt.

Test Case 7 – BS S0454, Release 3.0.S

Mit einem Testprogramm werden mehrere Bildschirmmasken generiert. Konfiguriert man das Betriebssystem mit einer Partitiongröße von 43 KBytes und ohne Synonym-verarbeitung, meldet das Terminal 2 beim Generieren einer bestimmten Maske Fehler 49 und es tritt ein Deadlock auf. Mit Terminal 1 kann dabei weiter gearbeitet werden. Die Daten gehen allerdings verloren.

Bei einer Partitiongröße < 43 KBytes läuft das Programm einwandfrei.

Fehlerklasse 1

In diesem Fall gab es Probleme mit der Zuweisung des Hauptspeichers. Natürlich ist der Speicher für ein Betriebsystem bis zum heutigen Tag immer eine Ressource, die knapp ist.

Test Case 8 – BS A0352, Release 2.0.0

Das Kommando STATUS wird in Partition 1 und 2 im Batch aufgerufen, wobei die Ausgabe auf Station 1 und 2 erfolgt. Nach mehreren Stunden zeigt das zweite Terminal das Testbild, die Ausgabe des Kommandos STATUS erfolgt nur noch über die Systemzeile.

Fehlerklasse 1

In diesem Fall ist es offensichtlich zu einer Verklemmung gekommen, wenngleich erst nach mehreren Stunden. Trotzdem ist so ein Fall für den Kunden nicht tolerierbar.

Test Case 9 – BS A3502, Release 2.2.0

Im Background, Partition 3, wird ein Batch abgearbeitet, der unter anderem auch ein MESSAGE-Kommando enthält. Während das Kommando MESSAGE abgearbeitet wird, wird im Foreground interaktiv der Status der Partition 3 abgefragt. Folge: Deadlock des Systems.

Fehlerklasse 1

Auch hier ist es offenbar zu einer Verklemmung gekommen, die bei einem Betriebssystem nicht toleriert werden kann.

Test Case 10 – BS A3502, Release 2.2.0

Konfigurierung des Systems: Wird bei der Konfigurierung eines Betriebssystems der Fall C ausgewählt, also alle Kommandos ausgesucht, so tritt bei der Systeminstallation Fehler 7 – JDL DIRECTORY zu klein – auf.

Falls es nicht möglich ist, alle Kommandos gleichzeitig auszuwählen, dann ist dieser Fall sinnlos und sollte ersatzlos gestrichen werden.

Fehlerklasse 2

Auch das ist ein typischer Volume Test, denn wir sind an die Grenzen des System herangegangen. Mit Erfolg, wie das Auftreten des Fehlers zeigt.

Test Case 11 – BS A2802, Release 2.2.0

Es wird von vier Partitions aus gleichzeitig und konkurrierend auf drei Drucker zugegriffen. Nach einiger Zeit tritt eine Deadlock-Situation auf.

Fehlerklasse 1

Auch mit diesem Test wurde ein Fehler aufgedeckt, der sich in einer Verklemmung äußerte. Weil das System den Betrieb einstellt, wurde er in Fehlerklasse 1 eingereiht.

Test Case 12 – BS A2802, Release 2.2.0

Am Terminal 1 und 2 werden im Foreground Batches abgearbeitet. Ein Kommando VERIFY auf Station 1 und ein DELETE bei Station 2 führen, gleichzeitig ausgeführt, zu einem Deadlock, wenn beide Kommandos auf das gleiche Directory zugreifen wollen.

Fehlerklasse 1

Auch das ist ein Fall, der in der Praxis durchaus auftreten kann. Zwar ist nicht zu verhindern, dass mehrere Benutzer oder Tasks versuchen, gleichzeitig auf dasselbe Directory zuzugreifen. Es darf allerdings in so einem Fall nicht zu einer Verklemmung des Systems kommen.

4.6.3   Stress Test

Der Stress Test hat gewisse Ähnlichkeit mit dem *Volume Test*, er unterscheidet sich jedoch in einem Punkt: Beim Stress Test geht es darum, das Programm innerhalb eines kurzen Zeitraums einer hohen Belastung auszusetzen. Es ist, um einen Vergleich aus dem Sport zu gebrauchen, wie bei einem 100-Meter-Lauf: Höchstleistung für eine kurze Zeit.

Zum Beispiel könnte ein Test darin bestehen, bei einem Mehrplatzsystem mit einer Funktion zum Senden von Nachrichten wie dem Mail-Kommando innerhalb von Sekunden das Kommando von allen angeschlossenen Terminals aufzurufen und recht lange Texte über den Systembus zu senden. Die Frage dabei ist: Verkraftet die Software das? Schafft der Bus die Last? Sind die Puffer in den Terminals groß genug?

Ein anderer Test könnte das Einloggen vieler Benutzer an einem System überprüfen. Wenn ein Mehrplatzsystem etwa sechzehn Benutzer zulässt, was passiert dann beim siebzehnten Benutzer? Weist das System den letzten Benutzer ab oder geschieht etwas Unvorhergesehenes?

Test Case 13 – BS A0352, Release 2.0.0

MESSAGE-Kommando: Der Drucker wird interaktiv von Station 2 aus aufgerufen, und zwar durch das Kommando PRINT. Gleichzeitig wird in einem Batch das MESSAGE-Kommando aufgerufen, wobei für die Ausgabe der Nachricht keine Station angegeben wird. Wenn MESSAGE folglich an alle aktiven Stationen gesandt wird, steht der Drucker.
Fehlerklasse 2

In diesem Fall kommt es dazu, dass die Ausgabe des Druckers durch die an alle Stationen gesandte Nachricht des Kommandos MESSAGE unterbrochen wird. Weil das Betriebssystem als Ganzes weiter arbeitet, wurde der Fehler in Klasse 2 eingestuft.

Testfälle dieser Art sind oft in verblüffender Art und Weise erfolgreich. Das Programm stürzt ab oder verabschiedet sich ins Software-Nirwana. Deswegen sollte der Tester nicht zögern, seine Kreativität spielen zu lassen.

Wenn man eine Folgerung aus den hier präsentierten Testfällen ziehen kann, dann ist es diese: Es ist in der Regel für eine externe Testgruppe, die ihr Handwerk versteht, nicht allzu schwierig, auch schwerwiegende Fehler zu finden.

4.6.4 Speicherverbrauch und Auslastung des Prozessors

Bei Echtzeitsystemen ist der Prozessor eine Ressource, die entscheidend zum Erfolg des Systems beiträgt. Das geht soweit, dass eine Überlastung des Prozessors zu tödlichen Unfällen führen kann.

Von solchen Fällen wissen wir aus der Medizintechnik und der Luftfahrt. Um derartigen schweren Schäden wenigstens im Ansatz vorzubeugen, wird die Belastung des Prozessors während der Entwicklungszeit meist auf fünfzig Prozent der vollen Leistung begrenzt.

Falls eine derartige Forderung besteht, muss die Auslastung des Prozessors während der Entwicklung natürlich verfolgt werden und nicht zuletzt müssen Messungen angestellt werden.

Was für den Prozessor gilt, kann man analog auf den Hauptspeicher übertragen. Auch der Speicherplatz ist eine Ressource, die bei Echtzeitsystemen keinesfalls überlastet werden darf. Aus diesem Grunde müssen Tests durchgeführt werden, mit denen die Auslastung des Speichers durch das Programm aufgezeichnet wird.

Dies gilt für alle Phasen der Programmausführung, bei einem Flugzeug zum Beispiel für den Start, den Reiseflug in großer Höhe und nicht zuletzt für die Landung. Es sind ja gerade die Extremsituationen, in denen das Programm besonders viel Speicherplatz braucht. Daher sind diese Phasen in der Abarbeitung des Programmcodes besonders gründlich zu testen.

4.6.5 Recovery Testing

Bei vielen Systemen kommt es nicht nur darauf an, dass die Software zuverlässig funktioniert, ein Ausfall des Computers oder eines Programms darf auch nicht zu Datenverlusten oder einer nachhaltigen Leistungsminderung führen.

So wird man von einem Datenbanksystem verlangen müssen, dass die Daten nach einem Programmabsturz in sich weiterhin konsistent sind. Das heißt nicht, dass der zuletzt bearbeitete Satz immer vorhanden und abgespeichert sein muss. Das kann in vielen Fällen nicht gewährleistet werden. Es darf allerdings nicht passieren, dass durch die letzte Aktion bereits vorher gespeicherte Daten verändert oder sogar gelöscht werden.

Bei einem Telefonvermittlungssystem wird sich die verlangte Zuverlässigkeit nicht darin zeigen, dass der eine oder andere Anrufer nicht durchkommt oder sein Gespräch sogar unterbrochen wird. Dies kann passieren. Was allerdings verlangt werden muss, ist die Aufrechterhaltung des Betriebs für das gesamte vernetzte System. Fällt ein Netzknoten oder die darauf residierende Software einmal aus, so muss dieser Computer innerhalb kürzester Frist wieder hochlaufen können.

Aufgabe des Recovery Testing ist es, die Software nach dem Ausfall des Systems zu testen. Besonderer Wert ist darauf zu legen, dass Daten in sich konsistent bleiben und durch Ausfälle kein dauernder Schaden eintritt.

4.6.6   Mutationstest

Beim Mutationstest handelt es sich im Grunde nicht um einen Test des Programms, sondern um den Test eines Tests. Lassen Sie mich diese auf den ersten Blick verwirrende Aussage erläutern: Wir haben bisher immer die Testfälle verändert und das Programm beibehalten. Nun kann man das auch anders herum spielen. Die Testfälle werden beibehalten und das Programm wird verändert, mit anderen Worten eben mutiert.

Wenn wir so vergehen, sind zwei Ergebnisse möglich:

1. Die nach der Abarbeitung der Tests erhaltenen Resultate mit dem mutierten Programm sind unverändert. In dem Fall muss man daran zweifeln, ob die Testfälle ausreichend waren.
2. Die Testergebnisse sind verschieden von den vorher erhaltenen Ausgaben des Programms. In diesem Fall wurden die Testfälle gut gewählt.

Lassen Sie mich das Verfahren an einem Beispiel erläutern. Wir nehmen dazu unsere bereits bekannte Routine *easter*. Wir verwenden die folgenden Testfälle:

```
Testfall A:        year = 1994

Testfall B:        year = 1580

Testfall C:        year = 1991

DATUM DES OSTERFESTS
Jahr Tag Monat
1994   3   4
1580   3   4
1991  31   3
```

Um die mutierte Routine *easter* zu bekommen, lassen wir im zweiten Teil des Quellcodes die unten gekennzeichnete Anweisung für den Monat einfach weg, beziehungsweise maskieren sie im Code.

```
...
d=44-e;
if (d < 21 ) d=d+30;
d=d+7-(ed+d)%7;
if ( d <= 31 ) m=3;
    else
    {
/*  m=4; */
    d=d-31;
    }
*day=d; *month=m;
```

Nach der Ausführung des zugehörigen Hauptprogramms ergibt sich der folgende Ausdruck.

```
DATUM DES OSTERFESTS
Jahr Tag Monat

1994   3 8334
1580   3 10
1991  31 3
```

Damit haben wir durch das Weglassen einer einzigen Anweisung in zwei von drei Fällen
ein falsches Ergebnis erzielt. Das heißt andererseits, dass unsere gewählten Testfälle so
schlecht nicht gewesen sein können.

Wie gesagt, der Mutationstest ist eine innovative Methode, um die Qualität des Tests
beurteilen zu können, kein Test der Software selbst.

4.6.7   Der Test der Mensch-Maschine-Schnittstelle

Viele Arten von Software sind interaktiv, haben also eine Schnittstelle zum menschlichen
Benutzer. Wenn das der Fall ist, muss die Software selbstverständlich ausgetestet werden.

Eine Besonderheit dieser Art von Software ist ihre direkte Schnittstelle mit einem
menschlichen Bediener. Das macht die Sache nicht einfacher, denn objektiv bewertbare
Kriterien sind manchmal rar. Die Geschwindigkeit des Zugriffs auf den Speicher, die
Transferrate des Systembusses, das alles lässt sich beschreiben und mit einem Zahlenwert
festlegen. In einem zweiten Schritt lässt es sich auch überprüfen. Das Interface mit dem
Menschen dagegen wird subjektiv beurteilt. Der eine mag Menüs und eine ausführliche
Benutzerführung, dem zweiten geht das alles viel zu langsam: Er will alles über die Tasta-
tur eingeben. Langes Suchen in Menüs ist ihm zuwider.

Schlimmer noch: Der Neuling zieht vielleicht menügesteuerte Benutzerführung vor,
nach ein paar Jahren ist aus dem Anfänger von einst aber ein erfahrener Benutzer geworden. Jetzt langweilen ihn Menüs und er will sofort zu seiner Anwendung kommen.

Aus diesen Gründen ist der Entwurf einer guten Mensch-Maschine-Schnittstelle, die
von allen Anwendern gleichermaßen angenommen wird, eines der schwierigsten Kapitel
beim Entwurf von Software. In vielen Fällen ist anzuraten, diesen Teil des Codes durch
Rapid Prototyping vor dem eigentlichen Entwurf des Gesamtprogramms zu untersuchen.

Trotz aller möglichen Probleme, steht das Programm erst, muss es getestet werden. Der
Test wiederum ist nur interaktiv möglich, in den meisten Fällen also mit erheblichem zeit-
lichen Aufwand verbunden.

Ist die Software umfangreich und komplex, sollte man sich vor Beginn des Tests eine
Liste machen, in der alle Testfälle verzeichnet sind. Während des Tests hakt man dann
einen Fall nach dem anderen ab.

Eine Erleichterung gibt es inzwischen immerhin: Es ist möglich, die über die Tastatur
eingegebenen Kommandos abzufangen und aufzuzeichnen. Beim zweiten Test ist man

dann in der Lage, diese Befehlssequenzen einfach abzurufen. Natürlich kostet so ein Werkzeug Geld, doch bei größeren interaktiven Teilen des Codes wird sich diese Investition in vielen Fällen rechnen.

4.6.8   Benchmarks

It is a capital mistake to theorize before one has data.
Sherlock Holmes

Programme zum Überprüfen der Leistungsfähigkeit der Software bezeichnet man in der Branche als Benchmarks. Sie sind stets mit Messungen verbunden. Wie die Messungen durchgeführt werden, ist dabei nicht gesagt. Theoretisch kann man mit einer Stoppuhr messen, wie schnell der Computer eine bestimmte Operation ausführt. Da die Maschine jedoch für den menschlichen Benutzer meist viel zu schnell arbeitet, würde die Reaktionszeit des Beobachters mit einem unverhältnismäßig großen Anteil in die Messung eingehen und sie verfälschen. Die Methode eignet sich daher meist nicht.

Eine Tatsache ist ebenfalls klar: Messungen der Software, für sich allein betrachtet, machen keinen Sinn. Das Programm läuft immer auf einer bestimmten Hardware ab und daher sind Messungen nur für eine Kombination aus Hardware und Software sinnvoll.

Nun stellt sich natürlich die Frage, wie wir sinnvoll messen wollen. Der Systembus bietet sich an: Wie bei der jährlichen Zählung des Verkehrs auf deutschen Straßen erlaubt eine Messung am Bus eine Beobachtung, ohne dass der Beobachter eingreift. Die Messung wird daher nicht verfälscht.

Der Nachteil dieser Vorgehensweise liegt in dem erforderlichen Aufbau der Hardware und der speziellen Vorrichtungen zum Abgreifen und Auswerten der Daten, die über den Systembus laufen. Wer diesen Aufwand nicht scheut, kann sich ein gutes Bild über die Belastung seines Systems und die Auslastung der Ressourcen verschaffen.

Die Methode eignet sich daher für die Hersteller von Computern und Betriebssystemen, Systemintegratoren und Entwicklungslabors bei Embedded Systems. Für reine Software-Entwickler kommt sie weniger in Frage. Wie kann nun diese Gruppe messen?

Eine reine Software-Lösung ist ebenfalls vorstellbar. Man muss allerdings bedenken, dass die Software zum Messen zusätzlichen Code bedeutet und unter Umständen das Ergebnis verfälscht. Wenn diese Verfälschung des Ergebnisses vertretbar ist oder der Anteil der zusätzlichen Software im Nachhinein herausgerechnet werden kann, steht einem Benchmark-Test mittels Software nichts im Wege.

Bei unseren Kalenderroutinen kommt es eigentlich nicht darauf an, ob sie eine Sekunde früher oder später fertig werden. Trotzdem tun wir für eine Weile so, als würde in unserer Spezifikation eine Leistungsanforderung stehen. Sie könnte so formuliert sein:

3.5 Geschwindigkeit der Verarbeitung

Die Bearbeitung eines Datensatzes soll, angefangen vom Lesen in der Eingabedatei über die gesamte Verarbeitung bis hin zum abschließenden Schreiben in die Ausgabedatei, nicht mehr als 250 Millisekunden betragen. Bei der Messung ist das Öffnen und Schließen der beiden Dateien anteilig zu berücksichtigen. Es ist mit einer Datei zu messen, die fünfzig Sätze enthält, darunter ein falscher Satz.

Der geforderte Wert für die Geschwindigkeit bezieht sich auf einen ATARI 1040ST mit 10 MB Festplatte und einem 68000-Prozessor von MOTOROLA. Während der Messung dürfen – außer den Prozessen des Betriebssystems UNIX und dem zu messenden Programm – keine weiteren Prozesse aktiv sein.

Wenn wir nach dieser Vorschrift messen wollen, müssen wir um unser Programm eine Schale legen und feststellen, wie viel Zeit die Anweisungen innerhalb dieses Rahmens verbrauchen werden. In den meisten Fällen ist der Computer allerdings so schnell, dass sich kaum ein vernünftiger Messwert ergibt. Hinzu kommt, dass bei vielen Rechnern die interne Uhr keine sehr hohe Auflösung besitzt.

Dieses Problem lässt sich lösen, indem man einfach eine Schleife einbaut. In unserem Fall lassen wir die Anweisungen in der Schleife einhundert Mal ausführen und teilen das Ergebnis anschließend durch diesen Wert. Der Programmcode sieht in seinen wesentlichen Teilen so aus:

```
...
get_date(&cu_day,&cu_month,&cu_year);
rec_count=0;

if (cu_year < CY) { printf("\nSystemdatum nicht gesetzt\n"); exit(1); }

/* ZEITNAHME */ gettime(&hour_1,&min_1,&sec_1);
for (k=0; k <= 100; k++)
{
if ((fp_in=fopen(argv[1],"r"))==NULL)
                { printf("\nOPEN file for read failed\n"); exit(1); }

if ((fp_out=fopen(argv[2],"w"))==NULL)
        { printf("\nOPEN OUTPUT file for write failed\n"); exit(1); }

fprintf(fp_out,"\nNAME WOCHENTAG      GEBURTSTAG  JAHRESTAG ");
fprintf(fp_out,"ALTER ALTER [d]\n");

while (!feof(fp_in))
{
if (fgets(line,LL+1,fp_in))
    {
        red_flag=0; no_age=0; rec_count++;
        /* init. */
        for (i=0; i <= 2; i++) c_day[i]=BLANK;
...
```

```
strcat(outline,rest);
if ( red_flag == 0) fprintf(fp_out,"%-80s\n",outline);
        }
    }
fclose(fp_in); fclose(fp_out);
}
/* ZEITNAHME */
gettime(&hour_2,&min_2,&sec_2);
printf("\n%d %d %d\n",hour_2,min_2,sec_2);
tot_sec=(hour_2*60*60+min_2*60+sec_2) - (hour_1*60*60+min_1*60+sec_1);
tot_sec=tot_sec/100.0;
printf("\nDIFFERENZ IN SEKUNDEN: %10.4f\n",tot_sec);
}
```

Mit diesem Benchmark-Programm erhalten wir die folgenden Resultate:

```
Namensfeld leer

...


Namensfeld leer

Namensfeld leer


20 21 6


DIFFERENZ IN SEKUNDEN: 9.4600
```

Die Software benötigt also knapp zehn Sekunden, um eine Datei mit fünfzig Sätzen zu bearbeiten. Das heißt, dass für einen Satz im Durchschnitt 189,2 Millisekunden anzusetzen sind. Damit bleiben wir unter der Forderung im Lastenheft, die ja 250 Millisekunden betrug.

Benchmark-Tests sind auch dann notwendig, wenn bei Embedded Systems [15] vertraglich eine bestimmte Auslastung von Speicher und Prozessorleistung vereinbart wurde. In vielen Fällen wird bei derartigen Systemen gefordert, dass sowohl der Speicher als auch der Prozessor im Betrieb nur zu fünfzig Prozent seiner maximalen Leistung ausgelastet sein darf. Wenn das so vereinbart wurde, dann muss gegenüber dem Kunden vor der Ablieferung des Systems durch Messungen nachgewiesen werden, dass die geforderten Werte tatsächlich eingehalten werden.

Benchmark-Tests sind sicherlich von System zu System, von Anwendung zu Anwendung verschieden. Man sollte sich hüten, Äpfel mit Birnen zu vergleichen. Bei jedem großspurig verkündeten Ergebnis eines Benchmarks ist zu hinterfragen, wie die Bedingungen und das Umfeld exakt ausgesehen haben. Reine Rechnerleistung bringt oft erstaunliche Geschwindigkeitsrekorde, die in einem Rechenzentrum in einer realen Produktionsumgebung so nicht reproduzierbar sind.

Trotzdem sind Benchmark-Tests natürlich sehr nützlich, gerade bei Software und Systemen, bei denen es um Milli- und Mikrosekunden geht. Einen Grundsatz sollte man allerdings nie vergessen: Erst muss das Programm richtig sein, dann kann man an Benchmark-Tests denken.

4.6.9 Test von Prozeduren und Verfahren

Das Computerprogramm ist oftmals eingebettet in ein Verfahren, in dem es nur ein kleines Detail eines weit größeren Prozesses darstellt. Zum Beispiel wird die Lohn- und Gehaltsabrechnung in größeren Betrieben zwar mittels EDV durchgeführt, es sind aber viele Stellen innerhalb der Firma mit der Erfassung von Daten und der Auswertung von Ergebnissen befasst. Nicht zuletzt muss das Geld auch überwiesen werden.

Es kommt also darauf an, dass der Operator die richtige Magnetplatte einlegt, wenn etwa die Gehälter für eine Tochterfirma berechnet werden. Derartige Verfahren müssen zum einen dokumentiert werden und zum zweiten muss überprüft werden, ob das aufgezeichnete Verfahren so auch richtig ist. Es könnte doch ziemlichen Ärger verursachen, wenn eine der Platten im Verlauf einer längeren Prozedur gelöscht werden muss, es sich dabei aber dummerweise um die Platte mit den Daten zur Lohn- und Gehaltsabrechnung handelt.

Bei unserem kleinen Programm zu den Geburtstagen ist eine längere Prozedur – ein *shell script* in der Sprache von UNIX – fast nicht notwendig. Wenn uns allerdings beim Testen die Eingabe der beiden Dateien zu lange dauert, dann lässt sich Abhilfe schaffen. Hier ein winziges *shell script* zum Aufruf des Programms.

```
b_days bdays.inp bdays.out
more bdays.out
```

In der ersten Zeile wird das Programm aufgerufen, während mit der Anweisung in der zweiten Zeile die Datei *bdays.out* auf den Bildschirm ausgegeben wird. Bei unseren paar Zeilen klappt der Test, aber das muss, wie gesagt, nicht immer so sein. Man sollte also derartige Prozeduren in der realen Umgebung des Rechenzentrums, möglichst mit echten Daten, ausprobieren, bevor man ein neues oder geändertes Programm zur Verwendung freigibt.

Die oben genannten Argumente gelten auch für die Installation von Betriebssystemen und deren Updates. Da es sich inzwischen meist um Dutzende einzelner Programme handelt, kann bei der Installation einiges schief gehen. Ein Test ist daher dringend zu empfehlen.

4.7 Automatischer Test

Der Test der Kalenderroutinen hat eines gezeigt: Wir benötigen einen nicht unerheblichen Aufwand, um sie zu testen. Der Programmcode zum Austesten dieser Software kann leicht den Umfang des eigentlichen Codes, der das Entwicklungsziel darstellt, überschreiten. Angesichts dieser Verhältnisse fragt man sich natürlich, ob es möglich ist, das Testen der Software zu automatisieren.

Diese Frage kann mit einem Ja beantwortet werden. Es handelt sich allerdings um ein qualifiziertes Ja. Nicht jeder Test kann mit Aussicht auf Erfolg automatisiert werden und die Automatisierung des Testbetriebs ist nicht ohne beträchtliche Investitionen in Testverfahren und Werkzeuge möglich. Trotzdem können Organisationen, die sich intensiv mit dieser Frage auseinander setzen, durch Test-Automatisierung [33] erhebliche Einsparungen erzielen.

Die Vorteile, die man sich durch Automatisierung von Software-Tests verspricht, sind im Folgenden aufgelistet:

1. Es ist möglich, existierende Programme bei einer erneuten Freigabe in einer leicht modifizierten Form erneut zu testen. Die Testprogramme müssen dazu nur leicht verändert werden. Das ist allerdings ein relativ kleiner Aufwand und der Test kann anschließend weitgehend ohne menschlichen Tester ablaufen.

2. Es können mehr Tests öfter ausgeführt werden. Weil für die Durchführung kein Tester benötigt wird, können Tests vorgenommen werden, die ohne Automatisierung aus Zeitmangel unter den Tisch fallen würden.

3. Es können Tests ausgeführt werden, die ohne Automatisierung mangels einer ausreichenden Zahl von Testern überhaupt nicht möglich wären. Denken wie etwa an ein Betriebssystem mit zweihundert Nutzern. Ein solcher Test ist nur möglich, wenn ein Großteil der Benutzer durch Test-Software simuliert wird.

4. Mit Test-Automatisierung werden vorhandene Ressourcen besser genutzt. Es sollte möglich sein, gerade langwierige und ermüdende Test, die mit vielen manuellen Eingaben verbunden sind, zu automatisieren. Dadurch werden die Tester für Aufgaben frei, die ihre Kreativität erfordern.

5. Test lassen sich leicht wiederholen, auch auf verschiedenen Rechnerkonfigurationen. Dadurch ist es möglich, Ergebnisse zuverlässig über viele Computersysteme und Variationen der Software hinweg zu vergleichen.

6. Wiederverwendung von Tests ist möglich.

7. Durch Test-Automatisierung sollte es möglich sein, die Zeitspanne für die Durchführung der Tests zu verringern und folglich mit der Software früher im Markt zu sein.

Auf der anderen Seite muss man sehen, dass Test-Automatisierung nicht ohne Probleme ist. Ein Unternehmen, das White Box und Black Box Test noch nicht beherrscht, sollte sich nicht blindlings in die Automatisierung der Tests stürzen. Auch macht es keinen Sinn, bei ohnehin sehr knappem Personal für die Tests einen Großteil dieser Mannschaft mit der Automatisierung zu beschäftigen. Von Unternehmen, die bereits automatisiert haben, werden die folgenden Probleme genannt:

1. **Unrealistische Erwartungen:** Es gibt in unserer Branche ganz allgemein die Erwartung, dass mit neuen Methoden, mit einem neuen Werkzeug, die Lösung aller unserer Probleme ganz leicht zu erreichen ist. Das ist allerdings ein Irrglaube.

2. **Unreife Organisation:** Wenn das Unternehmen manuelle Tests nur sehr sporadisch durchführt, wenn es kein festgelegtes Verfahren dafür gibt, das konsequent eingehalten wird, dann macht es wenig Sinn, bereits mit der Automatisierung zu beginnen.

3. **Erwartung, dass mit der Test-Automatisierung viele neue Fehler gefunden werden:** Mit einem automatisierten Test verhält es sich nicht anders als mit einem manuell durchgeführten Test: Wenn der Test das erste Mal durchgeführt wird, ist bei einem gut durchdachten Test die Wahrscheinlichkeit hoch, dass ein bisher unbekannter Fehler auf-

gedeckt wird. Beim zweiten, dritten und x-ten Mal der Testausführung wird allerdings mit diesem Test kein neuer Fehler gefunden. Der Wert des Tests liegt vielmehr darin, dass wir durch die Ausführung bestätigen können, dass neue Releases der Software weiterhin in Ordnung sind.

4. **Man wiegt sich in Sicherheit:** Weil der automatisierte Test ohne Probleme läuft, könnte man glauben, die Software enthalte überhaupt keine Fehler mehr. Dieser Schluss ist allerdings in den meisten Fällen falsch.

5. **Wartung der automatischen Tests:** Wenn die Software unter Test geändert wird, bedeutet dies auch eine Änderung in der Test-Software. In manchen Fällen ist der Aufwand dafür so groß, dass es einfacher ist, bestimmte Tests manuell durchzuführen. Diese Tatsache hat in einigen Unternehmen dazu geführt, dass die Test-Automatisierung wieder aufgegeben wurde.

6. **Probleme mit den Tools:** Die zur Test-Automatisierung eingesetzten Werkzeuge bestehen aus Software und damit ist nicht garantiert, dass sie fehlerfrei sind.

7. **Organisatorische Probleme:** Die Test-Automatisierung braucht Ressourcen. Wenn in einer Organisation nicht mindestens ein Tester zur Verfügung steht, der sich dieser neuen Aufgabe voll widmen kann, scheitert das Unterfangen in den meisten Fällen.

Wenn man von vorbereitenden Arbeiten wie der Testplanung einmal absieht, besteht die Testphase der Software aus drei unterschiedlichen Tätigkeiten:

1. Entwurf des Tests: In diesem Schritt werden die Anforderungen für eine bestimmte Funktion der Software identifiziert. Quellen sind die Spezifikation oder ein User Manual. Mit Hilfe dieser Unterlagen wird dann ein Test entworfen und es werden die erwarteten Ergebnisse festgelegt. Der Entwurf des Tests kann auch bedeuten, dass ein umfangreiches Testprogramm in C oder einer anderen höheren Programmiersprache erstellt wird.

2. Durchführung des Tests: Die Zeit für die Durchführung des Tests schwankt in weiten Grenzen. Während ein Testprogramm unter Umständen nur Minuten benötigt, kann sich der interaktive Test einer grafischen Bedieneroberfläche über Wochen und Monate hinziehen.

3. Vergleich der erwarteten Ergebnisse mit den tatsächlichen Ergebnissen: Das Ergebnis des Tests steht erst dann fest, wenn die tatsächlichen Ergebnisse mit den erwarteten Outputs verglichen wurden. Zu diesem Zeitpunkt muss entschieden werden, ob mit dem Test ein bisher unbekannter Fehler aufgedeckt wurde.

Selbst wenn der Test automatisiert wird, bedeutet das nicht generell, dass auch der dritte Schritt automatisch durchgeführt wird. Es kann durchaus sein, dass der Vergleich der Ergebnisse manuell erfolgen muss. Der Entwurf eines Testfalls ist eine intellektuell herausfordernde Tätigkeit und deswegen eignet sie sich weniger für eine Automatisierung. Die Testdurchführung ist dagegen oft mit vielen sich wiederholenden langwierigen Eingaben verbunden, die viel Zeit des Testers verbrauchen. Daher ist es dieser Aspekt des Testens, der sich für eine Automatisierung besonders eignet. Auch die dritte Tätigkeit, der Vergleich der Ergebnisse, bietet sich für eine Automatisierung an. Es ist allerdings die Frage, ob sich in jedem Fall ein geeignetes Tool dafür finden lässt.

Test-Automatisierung hat ihre Grenzen da, wo sie nicht wirtschaftlich ist. Bereits der manuelle Software-Test benötigt dreißig bis fünfzig Prozent der Aufwendungen eines Projekts. Automatische Tests sind vor allem da sinnvoll, wo sie helfen, diese Ressourcen besser zu nutzen. In den folgenden Fällen ist es nicht besonders sinnvoll, auf Automatisierung zu setzen:

- Falls der Test nur sehr selten eingesetzt wird. Wenn es sich um ein Programm handelt, das nur einmal im Jahr ausgeführt wird, kommt auch der Test nur selten zum Einsatz. Es lohnt sich in solchen Fällen nicht, ihn zu automatisieren.
- Wenn die Software noch häufigen Änderungen unterworfen ist: Falls zum Beispiel eine grafische Bedienoberfläche noch so instabil ist, dass das *Screendesign* von Woche zu Woche unterschiedlich aussieht. In solchen Fällen wären die Ergebnisse zu unterschiedlich, um sie automatisch miteinander vergleichen zu können. Test-Automatisierung wäre unwirtschaftlich.
- Aspekte des Testens, die von einem Tool nicht beurteilt werden können: Wenn der Designer einer Bildschirmmaske zum Beispiel die Farben Blau und Rot so miteinander kombiniert hat, dass den Betrachter die Augen schmerzen. Derartige Verstöße gegen den guten Geschmack erkennt ein menschlicher Betrachter, nicht aber ein Tool.
- Test, die manuelle Handlungen erfordern: Dazu gehört das Wechseln einer Magnetplatte oder das Herstellen einer Verbindung mit einer Schnittstelle.

Besonders große Chancen zur Test-Automatisierung bieten sich in dem Bereich, wo es darum geht, Software interaktiv am Bildschirm zu testen. Derartige Tests sind sehr zeitintensiv und man verspricht sich Einsparungen, wenn es zumindest gelingt, den Test beim zweiten Mal automatisch durchzuführen. Dazu müssen die Eingaben des Testers aufgezeichnet werden. In diesem Fall spricht man von *Capture/Replay*.

Nehmen wir dazu an, uns liegt auf dem Bildschirm eine Liste vor, in der eine Reihe von Ländern aufgeführt sind. Diese Liste soll manuell bearbeitet werden. Im Einzelnen sollen für den Test die folgenden Aktionen ausgeführt werden:

1. Zwei neue Länder zu der bisher sortierten Liste hinzufügen.
2. Einen Eintrag innerhalb der Liste verschieben. Dadurch wird die bisher sortierte Liste unsortiert.
3. Einen Eintrag zu der unsortierten Liste hinzufügen.
4. Einen Eintrag löschen.
5. Den Versuch machen, einen Eintrag auf einer Position zu löschen, auf der sich kein Wert befindet.

Die neue Liste soll anschließend unter einem anderen Namen als Datei gespeichert werden. Wenn wir die oben verlangten Aktionen ausführen, sind das bis zum letzten Mausklick insgesamt 62 einzelne Schritte. Wenn wir ein Werkzeug einsetzen, das die manuellen Aktionen des Testers aufzeichnet, dann ergibt sich ein Script, das so aussehen könnte.

```
LeftMouseClick 'ListeLänder'
FocusOn 'ListeLänder'
SelectOption 'File/Open'
FocusOn 'Open'
```

```
Type 'countries'
LeftMouseClick 'Open'
FocusOn 'ListeLänder'
SelectOption 'List/AddItem'
FocusOn 'AddItem'
Type 'Sweden'
LeftMouseClick 'OK'
FocusOn 'ListeLänder'
SelectOption 'List/AddItem'
FocusOn 'AddItem'
Type 'USA'
LeftMouseClick 'OK'
FocusOn 'ListeLänder'
SelectOption 'List/MoveItem'
FocusOn 'MoveItem'
Type '4'
Type <TAB>
Type '1'
LeftMouseClick 'OK'
FocusOn 'ListeLänder'
...
```

Und so geht das noch eine ganze Weile weiter. Im Script muss tatsächlich jede Aktion stehen, so trivial sie dem Benutzer des Tools auch erscheinen mag. Obwohl die Anbieter von Tools dem widersprechen mögen: Das oben gezeigte Script ist ohne Kommentare unverständlich. Wenn es also von einem anderen als dem ursprünglichen Tester benutzt werden soll, müssen manuell Kommentare eingefügt werden, um den Test und seine Ziele zu dokumentieren. Geschieht dies nicht, wird die automatische Wiederholung des Tests in Frage gestellt.

Ein zweiter Nachteil der Technik *Capture/Replay* liegt darin, dass wir die Testergebnisse immer noch manuell mit den erwarteten Ergebnissen vergleichen müssen. Der Verifikationsschritt für den Test muss also zusätzlich ausgeführt werden. In Abhängigkeit von dem eingesetzten Tool kann dies ein zusätzlicher Schritt bei der Aufzeichnung des Test-Scripts sein oder er kann bei der ersten Wiederholung des aufgezeichneten Tests durchgeführt werden.

Wenn wir Glück haben, können wir das aufgezeichnete Script beim zweiten Mal unverändert übernehmen und den Test automatisch durchführen. Allerdings ist das nicht gewährleistet. Der Entwickler braucht nur eine kleine Änderung in seiner Bildschirmmaske vorgenommen zu haben und schon verlangt unser Script nach einer Änderung. Kleinste Veränderungen führen bereits dazu, dass der Test nicht mehr automatisch abläuft. Ein menschlicher Tester überprüft viele Kleinigkeiten, ohne dass ihm das groß auffällt. Setzen wir hingegen ein Tool ein, müssen wir dafür sorgen, dass das Tool diese Überprüfungen ebenfalls vornimmt. Das ist mit Aufwand verbunden. Man kann automatische Tests deswegen nur dann mit Aussicht auf Erfolg durchführen, wenn sie die folgenden Eigenschaften aufweisen:

1. Die durchzuführenden Tests lassen sich leicht auswählen: buchstäblich auf Knopf-druck.
2. Diese Tests sind so ausgelegt, dass sie bestimmte Voraussetzungen für ihre Durch-führung vor der Ausführung prüfen, ohne Kontrolle des Testers ablaufen, Ergebnisse aufzeichnen und erwartete und tatsächliche Ergebnisse selbsttätig miteinander ver-gleichen. Das Ergebnis sollte in einer Ja/Nein-Form dargestellt werden können.
3. Es ist bei einer Änderung in der zu testenden Software leichter, die bestehenden auto-matisierten Tests zu ergänzen, als neue manuelle Test zu kreieren.

Natürlich kann man den Software-Test auch unter dem Gesichtspunkt der Kosten betrach-ten. Wenn wir dies für die Test-Automatisierung tun wollen, können wir für ein Unter-nehmen, das diesen Weg bereits gegangen ist, die folgende Rechnung aufstellen:

Tätigkeit	Manueller Test	Automatischer Test
Kosten für das Design der Testfälle in US$	6 000	6 000
Kosten für den Kauf eines Tools in US$	–	5 000
Kosten für die Automatisierung der Testfälle	–	11 000
Gesamtkosten der Automatisierung	–	16 000
Kosten für die Ausführung einer Reihe von Testfällen (Suite) in US$	5 000	1 000
Zahl der Ausführung der Test-Suite pro Release der Software	3	3
Einsparungen pro Release der Software in US$	21 000	9 000
Einsparungen pro Release in US$		12 000
Anzahl der Releases pro Kalenderjahr	4	4
Einsparungen pro Jahr in US$		32 000
Return on Investment (ROI)		200%

Tabelle 4-2:   *Einsparungen durch Test-Automatisierung [33]*

Obwohl sich durchaus ein monetärer Vorteil für das automatisierte Testen errechnen lässt, zeigt sich dies nicht unbedingt in der Zahl der gefundenen Fehler. Man schätzt, dass rund 85 Prozent der aufgedeckten Fehler [33] weiterhin durch manuelle Tests gefunden werden. Andere Experten behaupten, dass 60 bis 80 Prozent der Fehler während der Entwicklung der Testfälle und dem Schreiben der Testprogramme aufgedeckt werden. Der wahre Wert des automatischen Testens wird deshalb auch nicht im Finden von Fehlern, sondern in der Erhöhung des Vertrauens in die freizugebende Software gesehen. Wenn man Organisatio-nen, die Test-Automatisierung bereits versucht haben, nach dem Nutzen des Verfahrens befragt, dann bekommt man die folgenden Antworten (siehe Tabelle 4-3):

Nutzen	Anteil der Befragten in Prozent
Überhaupt kein Nutzen	14
Wenig Nutzen	18
In gewissem Umfang nützlich	41
Signifikanter Nutzen	27

Tabelle 4-3:   *Nutzen der Test-Automatisierung [33]*

Etwa zwei Drittel der Befragten sieht die Test-Automatisierung also positiv, während rund ein Drittel negative Erfahrungen gemacht hat. Ein Praktiker fasst seine Erfahrungen mit der Test-Automatisierung wie folgt zusammen:

1. Test-Automatisierung ist kein Allheilmittel, um Probleme mit der Software-Qualität auf der Stelle zu lösen.
2. Es ist keine Zauberei.
3. Es geht nicht darum, nur einen Knopf zu drücken, und alles läuft in der Folgezeit automatisch ab. Es sind umfangreiche Vorbereitungen zu treffen, bevor man diesen Knopf drücken kann.
4. Es dauert länger als ein paar Tage, um sich mit dem Verfahren vertraut zu machen.

Auf der anderen Seite werden allerdings auch eine ganze Reihe von Vorteilen aufgeführt, die das Unternehmen realisieren kann.

1. Es handelt sich um sehr gründliche Tests. Dies hängt allerdings davon ab, wie viel Aufwand für die Vorbereitung getrieben wird.
2. Es geht schnell, weil die Scripts automatisch ablaufen.
3. Es wird eine konsistente und nachverfolgbare Suite von Tests über alle Versionen der Software ausgeführt. Die Test-Software ermüdet nie.
4. Tests können auch in der Nacht und an Wochenenden durchgeführt werden.
5. Man kann alle Tests endlos wiederholen, darunter auch Volume Testing.
6. In der Summe lohnt sich der Aufwand.

Wenn man die Meinung der Praktiker zusammenfassen will, die in ihren Unternehmen bereits mit Test-Automatisierung gearbeitet haben, so lautet sie: Es ist schwieriger, als man im Management zunächst glaubte. Das Verfahren kann kreative Köpfe unter den Testern nicht ersetzen und es erfordert zunächst das Bereitstellen zusätzlicher personeller Ressourcen. Wenn das Verfahren aber gemeistert wurde, können gewisse Arbeiten ohne Anwesenheit eines menschlichen Testers ausgeführt werden. Gerade bei vielen Releases nahezu gleicher Software lohnt es sich also, sich mit der Automatisierung des Testens zu beschäftigen.

4.8   Besonderheiten bei objektorientierter Programmierung

In den letzten Jahren hat sich in unserer Branche zunehmend objektorientiertes Design und objektorientierte Programmierung durchgesetzt. Damit verbunden werden Vorteile genannt wie Erweiterbarkeit der Software, leichter zugängliche Schnittstellen und eine höhere Zuverlässigkeit. Auf der anderen Seite ist es nicht so, dass die bisher bevorzugte funktionelle Betrachtungsweise vollständig aufgegeben werden kann. In vielen Bereichen, denken wir nur an *Embedded Systems*, sind die Ressourcen Speicherplatz und Prozessorleistung so knapp, dass objektorientierte Programmierung durch den damit verbundenen Overhead nicht in Frage kommt.

Hier ist allerdings zu fragen, welche Folgen der Paradigmenwechsel zu objektorientierter Programmierung für das Testen der Software haben wird. Können wir davon ausgehen, dass alle Erkenntnisse, die wir in Bezug auf funktionsorientierte Software gewonnen haben, in der neuen – objektorientierten – Welt weiterhin gelten?

Bis zu einem gewissen Grade mag das richtig sein, aber mit Objektorientierung tauchen auch neue Hindernisse für den Testprozess auf. Datenkapselung *(Encapsulation)* erfordert Modellbildung, wobei mit einem Objekt die Attribute und Operationen gespeichert werden, die auf das Objekt ausgeführt werden können. Die Interaktionen zwischen zwei oder mehr Objekten werden Teil des Programmcodes. Dadurch werden die Interaktionen zwischen den Objekten verschleiert und es wird schwieriger, Testfälle dafür zu entwerfen.

Vererbung heißt, dass die Eigenschaften einer Klasse auf eine Subklasse vererbt werden können. Das bedeutet allerdings auch, dass eine Methode, die mit der Klasse getestet und als richtig bewertet wurde, sich im Rahmen einer Subklasse nicht notwendigerweise richtig verhalten muss.

Dynamisches Binden heißt, dass die wirkliche Implementierung einer Anweisung bis zu dem Zeitpunkt hinaus gezögert wird, an dem ein Programm ausgeführt wird. Damit wird der Test äußerst schwierig, denn der genaue Datentyp und die Ausführung einer Operation kann nicht durch statistische Methoden vorher bestimmt werden. Zudem kann die Interpretation vom Compiler, vom Runtime-System und der eingesetzten Hardware abhängen. All dies wird dazu beitragen, dass ein für das Testen verantwortlicher Manager nicht sehr gut schlafen wird.

Wenn objektorientierte Programmierung verwendet wird, ist besonders auf die folgenden Gefahren zu achten:

- **Erweiterbarkeit:** Wenn zwei Programme [34] dieselbe Funktionalität realisieren, sich also von der Semantik her gleichen, ist ein Testfall, der für ein Programm gut geeignet ist, für das zweite Programm unter Umständen nicht ausreichend.
- **Mehrfache Veränderung:** Wenn zwei Programme in ihrer Syntax ähnlich sind, also ein Programm von einem anderen durch Änderung von Konstanten oder von Operatoren abgeleitet werden kann, dann verlangen diese zwei Programme in der Regel unterschiedliche Ansätze beim Testen. Das läuft auf zwei unterschiedliche Testfälle hinaus, womit natürlich ein erhöhter Aufwand verbunden ist.

- **De-Komposition:** Der Test eines Programms im Kontext eines umschließenden Programms mag für diese Testumgebung ausreichend sein, aber in anderem Zusammenhang muss diese Komponente erneut getestet werden.
- **Kombination von Komponenten:** Wenn ein Programm oder eine Komponente als isolierte Einheit getestet wurde und diesen Test bestanden hat, bedeutet dies nicht automatisch, dass diese Komponente in Kombination mit einer anderen Komponente nicht ein Verhalten zeigen wird, das fehlerhaft ist.

In konventionellen Programmen, wie wir sie bisher geschaffen haben, existieren die folgenden Abhängigkeiten:

1. Abhängigkeiten zwischen Variablen, die sich in Daten manifestieren.
2. Abhängigkeiten von Modulen oder Komponenten, die durch Aufruf *(call)* gekennzeichnet sind.
3. Funktionelle Abhängigkeiten zwischen einem Modul und den Variablen, die es ausmachen.
4. Abhängigkeiten durch die Definition eines bestimmten Datentyps in Form einer Variablen oder Konstanten.

Bei objektorientierter Programmierung bleiben die oben aufgeführten Abhängigkeiten bestehen, es kommen allerdings eine Reihe neuer Beziehungen hinzu.

1. Abhängigkeiten von Klasse zu Klasse
2. Abhängigkeiten von Methode zu Klasse
3. Abhängigkeiten von Klasse zu Nachricht (message)
4. Abhängigkeiten zwischen Klasse und einer Variablen
5. Abhängigkeit zwischen Methode und Variable
6. Abhängigkeit zwischen Methode und Message
7. Abhängigkeiten zwischen Methoden

All diese Eigenschaften objektorientierter Programmierung führen dazu, dass der Ansatz beim Testen neu ausgerichtet werden muss. Ziel muss es weiterhin sein, so viele Fehler wie möglich vor der Auslieferung der Software an den Kunden zu finden. Der Tester muss sich allerdings bewusst sein, dass jetzt neue Klassen von Fehlern auftauchen können. Er muss daher seine begrenzte Falschheitsvermutung, die er in Bezug auf die Software hat, auf diese neuen Arten von Fehlern einstellen. Er muss also den Test auf neue Ziele ausrichten, ohne dabei das über Bord zu werfen, was wir bereits über das Testen wissen.

4.9 Der Test als Herausforderung: Nicht-technische Aspekte

Das Testen der Software ist nicht zuletzt deswegen ein schwieriges Problem, weil es keiner von uns gerne hört, wenn ihm ein Fehler nachgewiesen wird. Das geht an unser Ego, das ist oftmals ein herber Schlag für unser Selbstbewusstsein. Deswegen sind Testgruppen in vielen Unternehmen nicht sonderlich beliebt. Es gibt also über den rein technischen Aspekt des Testens [35] hinaus bestimmte Herausforderungen, die innerhalb eines Unternehmens verstanden und bewältigt werden müssen, wenn das Testen der Software zu einem Erfolg werden soll.

Nehmen wir uns diese Herausforderungen der Reihe nach vor.

1. **Testen der Software ist keine Tätigkeit, die gelehrt wird**: Wenn man weiß, dass dreißig bis fünfzig Prozent des Budgets eines Software-Projekts für Testtätigkeiten verbraucht werden, könnte man annehmen, dass das Testen im Rahmen eines Studiums der Informatik eine herausragende Rolle spielt. Das entspricht allerdings nicht der Realität. Studenten der Informatik lernen während ihres Studiums vielleicht fünf Programmiersprachen. Damit ist der konstruktive Aspekt sicherlich gut abgedeckt. Leider kommt dabei der analytische Aspekt der Programmierung, der mindestens ebenso wichtig sein sollte, viel zu kurz. Es gibt unter den Software-Entwicklern ohne Zweifel solche, die besser für die Aufgabe geeignet sind als andere. Aber vielmehr als die Veranlagung ist es die Schulung, die letztlich einen guten Tester ausmacht.

2. **Verhältnis zwischen Entwicklern und Testern:** In vielen Organisation wird, so bald sie etwas größer sind, eine Gruppe gebildet, die sich speziell dem Test der Software widmet. Wenn sich das Management dabei nicht von vornherein darum bemüht, das Verhältnis zwischen den Entwicklern und den Testern auf eine sachliche Grundlage zu stellen, kann es zwischen diesen Gruppen sehr leicht zu Spannungen kommen.

3. **Einsatz von Werkzeugen:** Test wird in vielen Fällen als eine Kunst verstanden, nicht als eine Ingenieurdisziplin. Das kann dazu führen, dass der Testprozess ungenügend definiert ist und der Einsatz von Werkzeugen nur sporadisch erfolgt. Selbst wenn in mancher Entwicklungsumgebung Tools vorhanden sind, heißt das noch lange nicht, dass sie in der Praxis auch eingesetzt werden.

4. **Ungenügendes Verständnis des Managements:** In vielen Organisationen wird der Software-Test vom Management nicht richtig verstanden, noch wird das Potential des Tests zum Finden von Fehlern richtig eingeordnet. Das führt dazu, dass die Testgruppe chronisch knapp an Ressourcen ist, vor allem an kreativen Mitarbeitern.

5. **Kommunikation mit dem Kunden und Anwendern:** Der Kunde hat zwar ein Interesse an hoher Qualität der Software, er ist allerdings in den seltensten Fällen in der Lage, den Auftragnehmer in dieser Hinsicht richtig einzuschätzen. Welches Unternehmen veröffentlicht schon seine Restfehlerraten? Deswegen interessiert sich der Kunde oftmals mehr für die Funktionalität der Software und die Einhaltung von Terminen. Die Anwender dagegen wünschen sich vor allem Software, die leicht zu bedienen ist. Trotzdem sollte es eine Testgruppe innerhalb eines Unternehmens darauf anlegen, mit dem Kunden und den Anwendern ins Gespräch zu kommen. Nur auf diese Weise kann es gelingen, die Prioritäten des Kunden zu erkennen.

6. **Zeitbedarf:** Die Zeit für das Testen der Software wird oftmals unterschätzt. Selbst wenn dafür am Anfang des Projekts genügend Zeit eingeplant wurde, kommt es bei Verzögerungen oft dazu, dass diese Wochen und Monate der Entwicklung zugeschlagen werden. Wenn aber der Test zu Gunsten der Termineinhaltung geopfert wird, bleibt die Qualität der Software auf der Strecke. Das wissen alle Mitarbeiter, auch die Entwickler.

7. **Ungenügende Kommunikation zwischen Entwicklern und Testern:** In manchen Unternehmen wird die Software den Testern zur Verfügung gestellt, wenn man seitens der Entwickler glaubt, sie sei hinreichend stabil. Das Wort fehlerfrei nimmt in dieser Branche sowieso kaum jemand in den Mund. Die Übertragung der Verantwortung für das weitere Vorgehen auf die Testgruppe setzt diese allerdings unter erheblichen Zeitdruck.

8. **Ein bewegliches Ziel:** In vielen Projekten wird mit einer Spezifikation begonnen, die diesen Namen nicht verdient. Wenn dann während der Entwicklungszeit noch häufige Änderungen in den Software-Anforderungen hinzu kommen, stellt sich der Abgabetermin der Software bald als ein in der Zeit bewegliches Ziel heraus. Dies ist nicht nur für die Entwickler ärgerlich, es zwingt die Tester auch dazu, ihre Testfälle dauernd anzupassen.

9. **Der Tester kann nicht gewinnen:** Wenn der Tester innerhalb einer Organisation nicht sehr aufpasst, kann er leicht in eine Situation geraten, in der er nur verlieren kann. Wenn er erfolgreich ist und viele Fehler in der Software aufdeckt, führt dies zu Verzögerungen bei der Auslieferung der Software. Dafür wird der Tester verantwortlich gemacht. Ist der Tester allerdings zu lasch, lässt fünf gerade sein und gibt Software frei, die noch viele Restfehler enthält, dann findet diese Fehler früher oder später der Kunde. In diesem Fall wird gefragt, wozu der Tester eigentlich gut ist: Warum findet er diese Fehler nicht?

10. **Die Fähigkeit, Nein sagen zu können:** Mancher Tester ist nicht der Typ, der gerne Nein sagt. Er scheut sich, schlechte Software als solche zu kennzeichnen und Fehler beim Namen zu nennen. Damit tut er sich langfristig natürlich keinen Gefallen, aber dieser Fall kommt in der Praxis durchaus vor.

Eine Reihe dieser Hindernisse auf dem Weg zu einer erfolgreichen Testgruppe sind technischer Natur, aber die größten Herausforderungen liegen ohne Zweifel im zwischenmenschlichen Bereich. Erinnern wir uns an IBM: Das Schwarze Team dort war nicht zuletzt deshalb erfolgreich, weil das Management voll und ganz hinter ihm stand. Das Management von IBM tat das nicht, weil es die Entwickler im Schwarzen Team besonders gern mochte. Es gab einen ganz einfachen monetären Grund. Es war billiger für IBM, wenn die Fehler im eigenen Hause gefunden wurden. Fand die Fehler erst der Kunde, war ein Großteil der eigenen Reputation verspielt und es wurde teuer, die Fehler in der Software zu beseitigen.

Fragen wir uns nun, was wir bei jedem der zehn wichtigsten Herausforderungen als Gegenmaßnahmen einleiten können.

1. **Test der Software ist keine Tätigkeit, die gelehrt wird**: Obwohl es wahr ist, dass der Software-Test an den Universitäten und Fachhochschulen keine besondere Priorität genießt, heißt das auf der anderen Seite nicht, dass man sich die für das Testen nötigen Kenntnisse nicht aneignen könnte. Es gibt Kurse zu diesem Thema und auch das eine oder andere Fachbuch geht intensiv auf diese Techniken ein.

2. **Verhältnis zwischen Entwicklern und Testern:** In der Tat ist es in manchen Organisationen so, dass sich Entwickler und Tester als Gegner, um nicht zu sagen Feinde, gegenüberstehen. Allerdings ist das nicht zwangsläufig so. Wenn das Management versteht,

dass die Tester eine wertvolle Ressource des Unternehmens bilden, die eigentlich uner-setzlich sind, dann wird sich dies innerhalb des Unternehmens rasch herumsprechen. Wenn die Entwickler begreifen, dass der Test eine Hürde ist, die es zu nehmen gilt, dann stellen sie sich darauf ein und bemühen sich, gute und ausgezeichnete Software zu schreiben. Die Tester können das ihrige dazu beitragen, das Verhältnis zu entspannen: Sie sollten ihre Fehlermeldungen immer sachlich halten, Kritik immer gegen das Pro-dukt üben, nie persönlich gegen einen Entwickler. Selbst wenn ein Tester der Meinung sein sollte, dass ein Entwickler in seiner gegenwärtigen Position völlig fehl am Platze ist, dann sollte er diese Meinung nie laut äußern. Wenn es Maßnahmen zu ergreifen gilt, dann liegt dies allein in der Verantwortung des Vorgesetzten dieses Entwicklers.

3. **Einsatz von Werkzeugen:** In den meisten Unternehmen ist die Testgruppe chronisch unterbesetzt. Mancher junge Ingenieur geht lieber in die Entwicklung, weil das viel prestigeträchtiger ist. Deswegen sollte die Testgruppe alle Möglichkeiten nutzen, um ihre knappen personellen Ressourcen so effektiv wie möglich einzusetzen. Die Verwen-dung ausgesuchter Tools bietet sich an, um dieses Ziel zu erreichen.

4. **Ungenügendes Verständnis des Managements:** Wenn in einem Unternehmen das Management nicht aus der Software-Entwicklung kommt, dann haben diese Herren oft-mals überhaupt kein Gefühl dafür, was im Software-Entwicklungsprozess wichtig und weniger wichtig ist. Meine Erfahrung in dieser Richtung ist, dass es nur eine Größe gibt, die selbst auf der höchsten Ebene des Managements verstanden wird: Geld. Man kann ungenügende Qualität der Software, hohe Restfehlerraten und Aufwendungen für Nacharbeit jederzeit in Geld umrechnen, selbst wenn man dafür vielleicht ein paar Annahmen treffen muss. Aber im Geschäftsleben ist immer der im Vorteil, der Zahlen und Statistiken [36] vorlegen kann. Das gilt auch für die Software-Entwicklung.

5. **Kommunikation mit dem Kunden und Anwendern:** Der Tester ist Teil der Organisa-tion des Auftraggebers und insofern muss er manchmal auch Standpunkte vertreten, die er eigentlich nicht billigt. Er tut allerdings gut daran, wenn er versucht zu begreifen, welche Motive den Kunden bei der Anschaffung der Software treiben. Hier gibt es beträchtliche Unterschiede zwischen den Branchen. Die Software für den Autopiloten eines Airbus bedarf viel größerer Anstrengungen in Bezug auf den Test als ein Pro-gramm zur Lohn- und Gehaltsabrechnung. Wenn man in der Testgruppe versteht, wie kritisch die Software für den Kunden ist, dann kann man die Tests dementsprechend auslegen. Das hilft allen Beteiligten.

6. **Zeitbedarf:** Die Zeit für den Software-Test sollte von vornherein im Entwicklungsplan berücksichtigt werden, und zwar mit einem realistischen Ansatz. Wenn später seitens des Projektleiters Versuche gemacht werden, diese Zeiten zu beschneiden, sollte der Leiter der Testgruppe um jede Woche kämpfen wie ein Löwe. Es hilft auch, wenn Vor-gaben gemacht werden, die als unabänderbare Richtlinie für die Freigabe der Software gelten. Auf diese Weise ist bei auftretenden Fehlern der Projektleiter und die Entwick-lung unter Zeitdruck, nicht in erster Linie die Testgruppe.

7. **Ungenügende Kommunikation zwischen Entwicklern und Testern:** Ein gewisser Wettbewerb zwischen Testern und Entwicklern ist bei der Natur der Aufgabenstellung nicht zu vermeiden. Allerdings sollte man diese Rivalität nie in den persönlichen Bereich hinaus ausufern lassen, sondern sich stets um eine gute Arbeitsatmosphäre

bemühen. Wenn die Unternehmensleitung voll hinter der Testgruppe steht, lässt sich dieses Ziel durchaus erreichen.

8. **Ein bewegliches Ziel:** Dauernde Änderungen in der Spezifikation während der Entwicklungszeit sind für alle Beteiligten ein Problem. Auch hier hilft es allerdings, wenn man dem Kunden und dem eigenen Management klar macht, dass jede Änderung in einer festgeschriebenen Spezifikation Ressourcen braucht und Zeit verschlingt. Mein Rat in dieser Richtung lautet: Jede vorgeschlagene Änderung mit Zahlen bewerten, darunter die Auswirkungen auf den Zeitplan und die Kosten.

9. **Der Tester kann nicht gewinnen:** Der Tester kann dann nicht gewinnen, wenn er ein Zauderer ist. Wenn er hingegen zu den Fehlern steht, die er aufgedeckt hat, wenn er über die Monate und Jahre hinweg Erfolge vorweisen kann, dann ist er im Unternehmen bald ein angesehener Mann. Man wird ihn vielleicht nicht gerade lieben, aber ist es das, wonach er strebt? Genügt es nicht, wenn er die Achtung seiner Kollegen besitzt?

10. **Die Fähigkeit, Nein sagen zu können:** Ein Tester, der nicht Nein sagen kann, ist auf diesem Posten wahrscheinlich eine Fehlbesetzung. Wenn andererseits dieser Tester die Nase eines Spürhunds besitzt, also Fehler in großen Mengen findet, dann wird man auf ihn vielleicht nicht verzichten wollen. In solchen Fällen hilft es, wenn es für Fehler ein Klassifizierungsschema gibt, nach dem sie einzuordnen sind. Einer solchen Vorgabe kann sich keiner entziehen.

Ohne Zweifel ist das Geschäft des Testers im Spannungsfeld zwischen den verschiedenen Gruppen innerhalb eines Unternehmens nicht einfach. Es bedarf dazu einer Persönlichkeit, die genügend Rückgrat besitzt, um sich gegen manche Zumutung zu wehren. Auf der anderen Seite ist dies allerdings eine Tätigkeit, die auch ihre schönen Seiten hat: Wer wäre nicht stolz darauf, wenn der Kunde zurückkommt, um den nächsten Auftrag anzukündigen, nicht die ausgelieferte Software?

Einbettung der Testtätigkeiten

At any given moment, you are only the sum of your life up to then.
Lillian Hellman

Es gibt einen technischen Aspekt des Testens, und diese Techniken und Methoden zu beherrschen, ist für den professionellen Tester ohne Zweifel essentiell. Auf der anderen Seite wird allerdings nur der Tester ausgezeichnete Ergebnisse erzielen und mit seiner Stellung im Unternehmen voll zufrieden sein, der auch den organisatorischen Ablauf versteht und weiß, dass Organisationen zuweilen ungeschriebenen Regeln folgen. Wer auch dieser Regeln versteht und sie sich zu Nutze machen kann, der ist in der Lage, alle Register zu ziehen, um seine Ziele zu erreichen.

5.1   Die Organisation

The organisations that will excel in the future will be the organisations that discover how to tap people's commitment and capacity to learn at all levels in an organisation.
Peter M. Senge

Wir haben uns in den letzten Abschnitten vorwiegend mit den technischen Details der Testtätigkeiten vertraut gemacht. So wichtig dies ist, in großen Unternehmen wird sich nicht jedermann mit dem Testen von Software beschäftigen. Vielmehr wird die Verifikation und Validation der Software in den organisatorischen Rahmen des Unternehmens eingebettet sein, und nur eine Gruppe ausgewählter Spezialisten wird sich dieser Tätigkeit hauptberuflich widmen.

Auch sollte uns unser Beispiel mit den Kalenderroutinen nicht zu der Annahme verleiten, Projekte würden in der Praxis aus weniger als einem Dutzend Modulen bestehen. Bereits kleine bis mittelgroße Entwicklungsvorhaben mit 30 000 bis 50 000 Lines of Code bestehen aus dreihundert bis fünfhundert einzelnen Modulen. Da will natürlich überlegt sein, wie die Arbeit angegangen wird und was die beste Organisationsform darstellt. Ganz besonders interessiert uns, wie die Testphase der Software mit den anderen Aufgaben während der Projektlaufzeit integriert wird.

Ziel muss es immer sein, das Testen der Software mit der notwendigen Gründlichkeit und Testtiefe durchzuführen. Andererseits sollte es nicht dazu kommen, dass Projektziele wie die Einhaltung des Zeitplans und des Budgets außer Acht gelassen werden. Wenn man den Test rechtzeitig plant und mit den konstruktiven Tätigkeiten der Entwicklung eng verzahnt, sind das durchaus keine widersprüchlichen Forderungen.

In der Regel wird man heutzutage bereits für kleine bis mittlere EDV-Vorhaben die Projektorganisation wählen. Dabei werden Mitarbeiter aus den Fachabteilungen den einzelnen Projekten zugeordnet. Die Projektorganisation hat für das Unternehmen den Vorteil, dass eine Gruppe von Mitarbeitern ein klares Ziel verfolgt, das innerhalb eines bestimmten Zeitraums erreichbar sein sollte.

Sehen wir uns die Tätigkeiten bei einem Software-Projekt noch einmal in der Übersicht an.

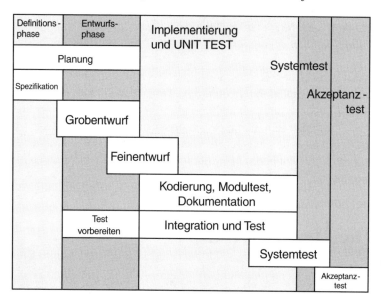

Abb. 5-1:
Phasen der Software-
Entwicklung

Wir sehen aus dem obigen Bild, dass das Testen breiten Raum einnimmt. Im Grunde kann man bereits mit der Planung der Testtätigkeiten beginnen, wenn die Spezifikation vorliegt. Darin steht, was die Software tun soll. Im Idealfall ist bereits in der Spezifikation der grobe Rahmen für den Software-Test abgesteckt. Auf jeden Fall sind die ersten Informationen vorhanden, um die Testplanung starten zu können.

5.2   Planung

Make no little plans; They have no magic to stir men's blood.
Daniel Hudson Burnham

Wenn wir ein Projekt mit dreißig- bis fünfzigtausend Lines of Code betrachten, dann bedeutet das nicht nur eine große Zahl von Modulen, sondern auch die entsprechende Zahl von Mitarbeitern. Mit zwanzig bis dreißig Entwicklern ist durchaus zu rechnen. Dazu kommen Tätigkeiten beim Test, in der Qualitätssicherung und im Konfigurationsmanagement. Man wird nicht allzu falsch liegen, wenn man insgesamt etwa vierzig bis fünfzig Mitarbeiter ansetzt.

Zu bedenken ist bei jedem größeren Projekt, dass die Zahl der Schnittstellen zwischen den Beteiligten ansteigt. Waren es bei drei Mitarbeitern noch drei Schnittstellen, so steigt die Zahl bei sechs Entwicklern bereits auf fünfzehn. Und das geht so weiter. Der Anstieg der Kurve verläuft exponentiell.

Die Gefahr für das Projektmanagement liegt darin, dass das Projekt unkontrollierbar wird. Wenn zwei Entwickler eine Schnittstelle definieren, die alle anderen brauchen, die aber in der definierten Form unbrauchbar ist, dann liegt Ärger in der Luft. Es soll auf der einen Seite die Kreativität der Entwickler nicht beschnitten werden, auf der anderen Seite muss das Projekt überschaubar bleiben und das Management muss wissen, was vorgeht. Wie löst man dieses Dilemma?

Brooks, Weinberg und Fenton [37,38,39] schlagen vor, die Struktur der Software selbst und des mit der Realisierung beauftragten Teams möglichst deckungsgleich zu halten. Das bedeutet immer auch eine Reduzierung der Komplexität, sowohl bei der Software als auch bei der Entwicklungsmannschaft.

Bei den Entwicklern versucht man die Zahl der Schnittstellen durch die Bildung von Gruppen zu reduzieren, bei der Software selbst durch das Zusammenfassen von Funktionen in Subsystemen und Komponenten. Myers Grundsätze [32] vom *low coupling* und *coherence* kommen mir hier wieder in den Sinn. Insgesamt kann man für die Struktur der Software und des Teams, das mit der Implementierung betraut wird, die folgenden Forderungen aufstellen:

Struktur der Software	Struktur des Entwicklungsteams
Jedes Modul der Software sollte so klein sein, dass es leicht verstanden werden kann.	Entwicklungsteams sollten klein und leicht zu kontrollieren sein. Drei bis vier Mitarbeiter sind ideal.
Jedes Modul sollte möglichst wenige Schnittstellen zu anderen Modulen in seiner Umgebung besitzen *(low coupling)*.	Jedes Team sollte sich mit einem festgelegten Subsystem beschäftigen, dessen Schnittstellen definiert wurden.
Jedes Modul sollte in sich geschlossen sein.	Jedes Entwicklungsteam sollte sich mit einer Untermenge der Software beschäftigen, die eng begrenzt ist und zusammengehört.
Kontrollfunktionen sollten nicht unnötig über viele Module verteilt sein. Vielmehr sollten Entscheidungen dort getroffen werden, wo es sinnvoll ist. Das kann auch dezentrale Kontrolle bedeuten.	Das Management der Software-Teams sollte so gehandhabt werden, dass ihre Arbeit durch die Entscheidungen im Management möglichst wenig behindert wird.
Im Idealfall sollten die Entscheidungen in den Teilen der Software getroffen werden, die in der Hierarchie höher angesiedelt sind. Die Module auf der unteren Ebene führen die Arbeit aus.	Entscheidungen werden im Software- und Projektmanagement getroffen. Die Entwicklungsteams sind für die Durchführung verantwortlich.
Unkontrollierte und nicht dokumentierte Querverbindungen zwischen einzelnen Modulen oder Komponenten sind unbedingt zu vermeiden.	Die Organisation sollte nicht davon abhängig sein, dass einzelne Programmierer Entscheidungen zur Kontrollstruktur der Software oder Entwurfsentscheidungen treffen.

Tabelle 5-1:   *Struktur der Software und des Entwicklungsteams*

Wenn auch die Forderungen in der Tabelle von ihren amerikanischen Vätern geprägt sein mögen, eines muss ich klar herausstellen: Das Management darf – trotz der komplizierten Materie – die Kontrolle nie aus der Hand geben. Ziel der Software-Entwicklung muss die Umsetzung der Kundenforderungen in ein ausführbares Produkt sein. Wenn dies bedeutet, sich jeden Tag mit der Software auseinander zu setzen und Entscheidungen zu treffen, dann ist dies vielleicht der Preis, der für gute Software zu zahlen ist.

Speziell für die Testphase der Software sind diese Folgerungen zu ziehen, die Forderungen an den Entwicklungsprozess darstellen.

1. Beginn der Testplanung, nachdem das Lastenheft verfügbar ist.
2. Frühe Diskussion der Entwurfsstrategie (Top-down oder Bottom-up) und daraus abgeleitet die Folgerungen für den Software-Test.
3. Diskussion der Auswirkungen der Entwurfsstrategie auf den Zeitplan und die Integration der Testtätigkeiten.
4. Planung der Integration der Software-Komponenten und Subsysteme, der Software mit der Hardware und die Rolle des Tests während dieser Phase.

Gewiss wird sich von Firma zu Firma und von Projekt zu Projekt eine andere Lösung ergeben. Wichtig ist jedoch, dass das Projektmanagement zusammen mit der Entwicklung diese Fragen diskutiert und zu tragfähigen Lösungen kommt.

Das Vorgehen muss dokumentiert werden, sowohl hinsichtlich des Zeitplans als auch in Bezug auf die Testtätigkeiten. Wir wollen hier kurz die Grundsätze zusammenfassen, die für eine wirksame Teststrategie wichtig sind.

1. Gehen Sie beim Testen der Software nach der White Box und der Black Box Methode vor.
2. Legen Sie beim White Box Testing projektspezifisch ein vernünftiges Maß der Testabdeckung fest.
3. Setzen Sie beim Black Box Test *Equivalence Partitioning* ein. Testen Sie mit typischen Werten und solchen, die falsche Eingaben darstellen. Testen Sie das Programm mit Grenzwerten. Denken Sie zum Abschluss des Tests auch an *Error Guessing*.
4. Beginnen Sie mit dem Testen auf der Modulebene und testen Sie eine Funktion immer so früh, wie Sie nur können.
5. Dokumentieren Sie die Vorgehensweise beim Test.

Die Strategie beim Testen muss ihren Niederschlag in einem Testplan finden, der für jedes Projekt zu erstellen ist. Der Ersteller dieses Plans benutzt als wesentliche Informationsquelle das Lastenheft der Software. Er setzt die Forderungen, die er dort findet, in Testszenarien für die Software um. Dabei sollte der Testplan sich auf die Systemebene beziehen. Es macht wenig Sinn, Einzelheiten von Modultests in diesem Plan im Detail zu beschreiben. Gewiss müssen diese Tests durchgeführt werden, doch sobald die Software integriert ist, wird man die Komponenten und Subsysteme als Ganzes betrachten.

Falls die Software nur Teil eines größeren Systems ist, spielt die Abgrenzung zum System eine wichtige Rolle. Wird Software mit Hardware integriert, so sollte man größten Wert darauf legen, die Elektronik vor der Integration gründlich zu testen. Dies kann wiederum mittels spezieller Testprogramme für die Hardware geschehen.

Bestehen Zweifel an der Qualität auch nur einer der Komponenten, die da miteinander verheiratet werden, gestaltet sich die Fehlersuche oft schwierig. Die Gruppe, die ihren Teil des Systems vor der Integration gründlich getestet hat und dies auch nachweisen kann, steht immer vergleichsweise gut da. Gewiss ergeben sich bei der Integration Fehler. Ihre Zahl ist jedoch umso geringer, je gründlicher und sorgfältiger vorher getestet wurde.

Wenden wir uns nun noch einem Teil der Software zu, der beim Test manchmal sträflich vernachlässigt wird.

5.3 Fremdsoftware

You have to keep score.
> *Jack Fooks*

Unter Fremdsoftware wollen wir alle Software verstehen, die nicht in unserer eigenen Organisation entstanden ist. Man mag diese Programme Fertigprodukte, kommerzielle Software (*commercial off the shelf*) oder Standardsoftware nennen: Tatsache bleibt, dass uns über diese Art von Software sehr wenig bekannt ist. Erstellen wir die Software dagegen selbst, so haben wir den Entstehungsprozess in der Hand. Wir können festlegen, wie wir vorgehen wollen und welche Maßnahmen zur Verifikation und Validation des Produkts notwendig sind.

Bei Fremdsoftware müssen wir zunächst davon ausgehen, dass wir weder über das angebotene Produkt noch über den Hersteller und seinen Prozess zur Erstellung der Software gesicherte Informationen besitzen. Damit gehen wir ein erhebliches Risiko ein, wenn wir Fremdsoftware verwenden. Unser Kunde wird uns nämlich für das ihm ausgelieferte Produkt voll in die Verantwortung nehmen, ob wir zur Erstellung der Software nun fremden Code verwendet haben oder nicht. Auf der anderen Seite sprechen die Kosten natürlich für den Einsatz von Fremdsoftware. Es macht wenig Sinn, das Rad jeden Tag neu zu erfinden. Warum etwas entwickeln, was es längst gibt?

Nun wird mit dem Begriff Fremdsoftware ein weites Feld abgedeckt. Es gibt eine ganze Reihe von Anbietern, die höchst unterschiedliche Produkte offerieren. Ihre Strategie zur Durchdringung des Marktes ist verschieden und der Kundendienst und die Wartung der Software sind unterschiedlich organisiert.

Auch wenn wir an die Verwendung der Software im eigenen Hause denken, sind die Anforderungen durchaus verschieden. Mit dem einen Produkt gehen wir möglicherweise ein hohes Risiko ein, bei einem zweiten Programm ist der mögliche Verlust eher gering. Machen wir uns die Situation in einer Übersicht klar.

Woher kommt die Software?		Für welchen Zweck ist die Software vorgesehen?	
Typ	Anbieter, Ruf und Strategie	Typ	Verwendung der Fremdsoftware
A	Der Anbieter legt erkennbar Wert auf Software hoher Qualität. Maßnahmen zur Erhöhung der Qualität werden aktiv unterstützt. Die Unternehmensleitung setzt quantifizierbare Ziele, zum Beispiel zur Restfehlerrate. Ein Metrikenprogramm wird installiert.	A	Die Software geht direkt in das auszuliefernde Produkt ein. Beispiele: Compiler, *Run Time Kernel* oder eine Datenbank.
B	Der Anbieter betreibt aggressives Marketing, um den Markt zu dominieren. Qualität ist eher Nebensache.	B	Die Software beeinflusst das auszuliefernde Produkt nur indirekt. Beispiel: CASE Tool, Editor, Werkzeug für das Konfigurationsmanagement.
C	Der Anbieter strebt einen hohen Marktanteil an. Er arbeitet mit Händlern vor Ort zusammen, die eine gewisse Mindestqualifikation nachweisen müssen.	C	Die Software dient lediglich der Verwaltung. Beispiel: Textverarbeitung, Zeichenprogramm, Abrechnungssystem.
D	Der Anbieter ist nicht mit Software groß geworden. Das Management versteht Software und die damit zusammenhängenden Fragen nicht. Es gibt zwar Probleme mit der Software, das Management kümmert sich aber nicht darum oder weiß nicht Bescheid.		
E	Es handelt sich bei dem Anbieter um eine erst kürzlich gegründete Firma, die schnell wachsen muss. „Umsatz machen" lautet die erste Priorität. Qualität hat eine untergeordnete Bedeutung.		

Tabelle 5-2:   *Herkunft und Verwendung von Fremdsoftware*

Für jeden der oben skizzierten Fälle lässt sich im Markt leicht ein Anbieter ausmachen. Welche Optionen stehen uns nun offen, wenn wir trotzdem Fremdsoftware einsetzen müssen, möglicherweise aus Kostengründen?

Die folgenden Möglichkeiten bieten sich an:

1. Die Fremdsoftware wird vor dem Einsatz einem intensiven Test unterzogen, so wie wir das auch bei selbst entwickelter Software tun würden.
2. Ausgesuchte Teile der Software werden intensiv überprüft.
3. Fremdsoftware wird nur eingesetzt, wenn das Prüfzeugnis eines unabhängigen Instituts vorliegt.
4. Der Hersteller und sein Prozess zur Erstellung der Software wird durch einen Audit überprüft.

Gegen die erste Option spricht, dass so ein Test viel zu teuer wird. Mit der Prüfung etwa eines Compilers ist man einige Mannjahre beschäftigt und selbst dann ist fraglich, ob jede Verzweigung des Codes durch Test abgedeckt wurde. In der Praxis ist der intensive Test eines eingekauften Produkts, so nötig er sein mag, leider nicht möglich.

Natürlich könnten wir uns darauf beschränken, nur die Teile zu testen, die wir für unsere im Haus selbst entwickelte Software als besonders kritisch betrachten. Leider sind aber die Fehler in der Fremdsoftware nicht homogen verteilt und daher könnte uns ein schwerer Fehler entgehen. Die zweite Option ist zwar besser als gar kein Test, sie bleibt aber mit Risiken behaftet.

Die dritte Option beruht auf einer sehr vernünftigen Überlegung. Schließlich sind alle Käufer eines Compilers in einer ähnlichen Situation: Alle wollen ein Werkzeug hoher Qualität. Es wäre aber viel zu teuer, wenn jeder selbst testen wollte. Wäre es da nicht sinnvoll, die Aufgabe einem unabhängigen Dritten zu übertragen? Etwa einer staatlichen Stelle oder einem unabhängigen Institut?

Das ist in der Tat der Weg, der bei der Validation von Ada-Compilern eingeschlagen wurde. Das *British Standards Institute (BSI)* ist so eine Stelle, die Compiler testet. Gewiss ist immer kritisch zu fragen, was getestet wird. Enthält die Spezifikation zum Beispiel keine Forderungen an die Geschwindigkeit des mit dem Compiler erzeugten Codes, so kann das BSI in dieser Hinsicht auch keinen geeigneten Test entwerfen. Wahrscheinlich bleibt also einem Anwender, der den Ada-Code für Embedded Systems einsetzen will, der eigene Test nicht erspart. Da sich die Programmierer jedoch auf bestimmte Teilbereiche beschränken können, ist das weit billiger als ein vollständiger Test.

Nun zu unserer letzten Option, die natürlich mit den anderen Vorschlägen kombiniert werden kann: Hier sucht ein potentieller Kunde zu eruieren, ob ein Anbieter in der Lage ist, Software hoher Qualität anzubieten. Will er das wirklich im Detail ergründen, dauert der Audit vermutlich recht lange. Wenn alle Kunden Audits durchführen wollen, kommt der Anbieter kaum noch zum Arbeiten.

Als Ausweg bietet sich eine Zertifizierung des Systems zur Qualitätssicherung [16] nach DIN EN ISO 9000, Teil 3, an. Damit wird dem Anbieter von einer unabhängigen Stelle bescheinigt, dass er die Forderungen dieser Norm erfüllt.

Noch besser wäre es, wenn der Anbieter nachweisen könnte, dass er unter den Hunderten von Anbietern gewisse Mindestanforderungen an seinen Prozess zur Erstellung der Software erfüllt. Hier bietet sich als geeigneter Maßstab das Capability Maturity Model [40] an. Wir werden im nächsten Abschnitt näher darauf eingehen.

Lassen Sie mich zusammenfassen: Fremdsoftware birgt Risiken, trotzdem wird man sie in vielen Fällen einsetzen müssen. Verdrängt man die Frage einfach, könnte sich die eingesetzte Fremdsoftware leicht als die Achillesferse eines Projekts herausstellen. Bei sorgfältiger Erwägung des Für und Wider, unter Umständen mit einer sicheren Rückfallposition, sollte sich das eingegangene Risiko allerdings in den meisten Fällen begrenzen lassen.

5.4   Integration

Die Integration der Software beginnt auf der untersten Ebene bei den Modulen und setzt sich Schritt für Schritt fort. Wir haben bereits diskutiert, welcher Ansatz gewählt werden sollte und wie man es vermeidet, zu viele Fehler in die höheren Ebenen der Integration einzuschleppen. Wir können bei der Integration der Software und der nachfolgenden Software-Hardware-Integration die folgenden Schritte unterscheiden:

1. Integration der Software-Module zu Komponenten.
2. Integration der Komponenten zu einer Komponente auf höherer Ebene oder zu Subsystemen.
3. Integration der Software in die Hardware.
4. Integration eines Systems in ein größeres System.

Gerade bei Vorhaben der Großtechnik zieht sich die Integration über mehrere Ebenen hin und betrifft nicht nur die Software. Denken Sie zum Beispiel an die amerikanische Raumfähre, das Space Shuttle. Die mächtigen Triebwerke werden durch Software gesteuert. Nach der Integration dieses Programms in die Elektronik und Hinzufügen der weiteren Systemkomponenten können die Triebwerke mit den anderen Hauptsystemen der Raumfähre verbunden werden. Die Raumfähre wiederum ist selbst nur Teil eines Systems, dessen weitere Komponenten der externe Treibstofftank und die Startraketen *(boosters)* bilden.

Es ist klar, dass auf jeder Ebene der Systemintegration getestet werden muss. Mit Fehlern ist zu rechnen, und daher besteht immer die Möglichkeit, in frühere Phasen der Entwicklung zurückspringen zu müssen. Bei großen Entwicklungsvorhaben wird die Beseitigung von Fehlern in der Hardware gegen Ende des Projekts immer teurer. Die Software als leicht zu ändernde Komponente bietet sich bei notwendigen Änderungen an. Das ist andererseits nicht unproblematisch, denn es bestehen meistens Grenzen bei der Belastung der Prozessoren und der Belegung des Speichers.

Interessant ist die Integration auch bei Embedded Systems, also Software als Teil eines größeren technischen Systems. In solchen Fällen muss während der Integration oft erheblicher Aufwand getrieben werden, um die Software in der neu entwickelten Elektronik testen zu können.

Es kann durchaus passieren, dass bei derartigen Projekten zwei Drittel des gesamten Codes für Programme aufgewendet werden müssen, die zum Testen der Hardware oder der Systemsimulation dienen. Trotzdem macht sich der Aufwand bezahlt, spätestens dann, wenn es Probleme mit einer Komponente gibt.

Natürlich finden sich im Laufe der Integration auch Fehler in der Software. Dann gilt es, die Ursache des Fehlers zu ermitteln und für Abhilfe zu sorgen.

5.5 Debugging

For every thousand hacking at the leaves of evil, there is one striking at the root.
Thoreau

Man muss klar unterscheiden zwischen zwei unterschiedlichen Tätigkeiten, nämlich

– das Finden und Dokumentieren eines Fehlers in der Software und
– das Finden der Ursache und der Beseitigung des Fehlers.

Die erste Tätigkeit fällt eindeutig in die Tätigkeit des Testers, während für die zweite Aufgabe der ursprüngliche Entwickler des Codes besser geeignet ist.Diese Aussage bedeutet natürlich nicht, dass der Dialog zwischen dem Tester und dem ursprünglichen Entwickler des Programmcodes jemals abreißen sollte.

Der Tester ist auf Grund seiner fehlenden Vorbelastung gegenüber einem Programm besser zum Aufspüren der Fehler in der Software geeignet. Der ursprüngliche Entwickler dagegen, mit seinem umfassenden Wissen zur Konstruktion des Programmcodes, wird eher in der Lage sein, die Ursache eines Fehlers zu finden und ihn am Ende zu beseitigen.

Sehen wir uns nun die Vorgehensweise beim Debugging im Einzelnen an.

5.5.1 Prinzipien

Wise people seek solutions,
The ignorant only cast blame.
Lao Tzu

Das Aufspüren von Fehlern im Programmcode ist eine Tätigkeit, die vielen Praktikern bereits so in Fleisch und Blut übergegangen ist, dass sie sich über ihre Vorgehensweise gar keine Rechenschaft mehr ablegen. Gerade deswegen ist es vielleicht nötig, die dabei eingesetzten Techniken einmal klar herauszustellen.

- **Denken Sie nach!**

Beim Finden der Ursache eines Fehlers ist der menschliche Verstand immer noch das beste Werkzeug. Viele Fehler lassen sich bereits dadurch finden, indem man die Umstände des Auftretens analysiert, sich den Programmcode vergegenwärtigt und die bekannten Tatsachen gegen das beabsichtigte Verhalten der Software abgleicht. Viele Fehler lassen sich also finden, ohne sich jemals an ein Terminal zu setzen.

- **Falls Sie durch intensives Nachdenken nicht weiterkommen, schlafen Sie erst einmal darüber.**

Wer hätte die folgende Situation nicht schon einmal erlebt: Sie suchen nach einem Namen, er liegt Ihnen auf der Zunge, aber er will Ihnen partout nicht einfallen. Stunden später fällt er Ihnen plötzlich ein, ohne jede Mühe, ohne bewusstes Nachdenken.

So ähnlich funktioniert das auch bei Fehlern in der Software. Wenn Sie für eine Weile über ein Problem nachgedacht haben, mögliche Hypothesen erwogen und wieder verworfen haben, und Ihnen schließlich überhaupt nichts mehr einfallen will, dann wenden Sie sich anderen Dingen zu. Das menschliche Unterbewusstsein ist sehr gut in der Lage, das Problem alleine weiter zu bearbeiten. In vielen Fällen wird Ihnen nach einiger Zeit eine Lösung einfallen oder Sie haben zumindest einen neuen Ansatz.

Selbst wenn Ihr Unterbewusstsein das Problem einmal nicht lösen sollte: Nach einer Pause können Sie mit klarem Verstand, frisch und ausgeruht an die Sache herangehen.

- **Falls Sie sich in eine Sackgasse verrannt haben, beschreiben Sie ihr Problem einem Kollegen.**

Die Ursache eines Fehlers in der Software liegt oft in einem Denkfehler. Durch die Beschreibung ihres Gedankengangs gegenüber einem vertrauten Kollegen sind Sie gezwungen, Ihre Logik und Ihre Auffassung eines Problems Schritt für Schritt zu erklären. Wenn Sie das tun, sehen Sie oft selbst als erster, wo Sie falsch gedacht haben.

- **Betrachten Sie Werkzeuge nicht als Allheilmittel.**

Werkzeuge zum Austesten des Codes und zur Fehlerfindung während des Debugging sind zweifellos wichtig und nützlich. Das sollte aber nicht dazu führen, sich allein auf ein Werkzeug zu verlassen. Oft führen Fehlermeldungen des Programms oder des Betriebssystems völlig in die Irre. Wer sich also allein darauf versteift, nur mit Hilfe eines Werkzeugs den Fehler einkreisen zu wollen, sieht manchmal vor lauter Bäumen den Wald nicht mehr.

- **Vermeiden Sie planloses Experimentieren.**

Das interaktive Programmieren am Terminal oder am PC verleidet leicht dazu, einfach bestimmte Dinge auszuprobieren. Man hofft, durch Verändern des Programms das gewünschte Ergebnis erreichen zu können. Solch eine Vorgehensweise gleicht jedoch dem Stochern im Nebel. Sie ist ebenso plan- wie aussichtslos und dazu eines Profis nicht würdig.

5.5.2   Der induktive Weg

Induktion ist die Methode, vom Einzelfall auf das Allgemeine zu schließen. Übertragen auf einen Fehler in der Software heißt das, dass man aus den Daten zu den Fehlern auf die Ursache im Programmcode schließen können sollte.

Die verschiedenen Testfälle, die Testumgebung und das Verhalten des Programms lassen es manchmal zu, direkt auf die Ursache des Fehlers zu schließen. Machen wir uns die Vorgehensweise mit Hilfe einer Grafik klar.

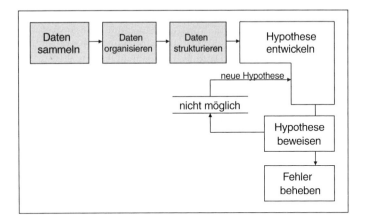

Abb. 5-2:
Die induktive Methode

Bei der induktiven Methode lassen sich eine Reihe von einzelnen Schritten zur Problemlösung unterscheiden:

1. **Suchen Sie alle Daten zusammen, die zum Fehlerbild gehören.** Ein schweres Versäumnis wäre es, bei der Untersuchung eines Problems Daten nicht zu beachten oder als nicht relevant zu werten, die doch irgendwo zum Fehlerbild gehören. Am besten schreibt man sich alle Vorfälle zusammen und nummeriert diese Liste durch. Zu jedem Fall gehören Eingaben, Ausgaben, das erwartete und tatsächliche – beobachtete – Verhalten des Programms. In diese Liste gehören auch Testfälle ähnlicher Art, bei denen sich das Programm jedoch korrekt verhält.

2. **Organisieren Sie Ihre Daten.** Stellen Sie fest, ob sich ein bestimmtes Muster oder eine Struktur erkennen lässt. Fragen Sie auch, ob es bestimmte Widersprüche gibt und ob sich daraus eine Regel ableiten lässt. Zum Beispiel könnte ein Programm immer am ersten des Monats etwas falsch berechnen.

3. **Entwickeln Sie eine Hypothese zur Fehlerursache.** Leiten Sie aus der Struktur der Testfälle und dem Verhalten des Programms in unterschiedlichen Situationen eine Vermutung zur Ursache des Fehlers ab. Falls es mehr als eine mögliche Hypothese gibt, untersuchen Sie die Hypothese mit der höchsten Wahrscheinlichkeit zuerst. Falls sich keine Hypothese ableiten lässt, entwerfen Sie weitere Testfälle. Wenn eine externe Testgruppe existiert, bitten Sie um die Ausführung weiterer Tests nach Ihren Vorgaben.

4. **Beweisen Sie die Richtigkeit Ihrer Hypothese.** Das geschieht, indem Sie beweisen, dass sich das Programm auch bei weiteren Testfällen so falsch verhält, wie Sie sich das vorgestellt haben. Ein grober Fehler wäre es, in dieser Phase des Debugging lediglich die Symptome eines Fehlers auszumerzen, nicht die Fehlerursache selbst. In diesem Stadium des Prozesses gibt es vier mögliche Wege, um fortzufahren: Falls die Hypothese richtig war, können Sie den Fehler beseitigen. Ansonsten war die Hypothese

falsch, unvollständig oder es existieren eine Reihe von Fehlern, die das Bild verwirren. In den drei letzten Fällen bleibt nichts weiter übrig, als zurück zum Feld eins zu gehen: Suchen Sie nach weiteren Daten und beginnen Sie erneut.

Nicht jedem mag die induktive Methode zur Ermittlung der Fehlerursache liegen. In dem Fall bietet es sich an, den umgekehrten Weg zu gehen.

5.5.3   Der deduktive Weg

Bei der deduktiven Methode stellt man zunächst eine Theorie oder Hypothese auf und versucht dann, diese mit den Tatsachen in Einklang zu bringen. Die Methode bewährt sich nicht nur in Zusammenhang mit Software. Einige bekannte Detektive in der Literatur – und wohl auch im richtigen Leben – wenden die Methode erfolgreich an. Sehen wir uns die Vorgehensweise zunächst in der grafischen Darstellung an.

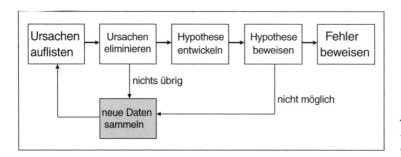

Abb. 5-3:
Deduktive Methode
beim Debugging

Bei der deduktiven Methode beginnen wir mit einer oder mehreren möglichen Theorien zur Ursache eines Fehlers. Im Einzelnen müssen wir die folgende Sequenz abarbeiten:

1. **Listen Sie die möglichen Ursachen des Fehlers auf.** Dabei braucht es sich nicht um vollständige und in die Tiefe gehende Ursachen zu handeln. Es genügt, wenn durch die Theorien zur Fehlerursache ein Ordnen der vorliegenden Daten möglich wird.
2. **Benutzen Sie die vorliegenden Daten, um bestimmte Fehlerursachen auszuschließen.** Versuchen Sie im zweiten Schritt, durch sorgfältige Analyse der vorliegenden Testfälle, der Daten zu den Fehlern, der Ein- und Ausgaben und möglicher Widersprüche bestimmte Hypothesen auszuschließen. Falls am Ende dieses Prozesses keine Hypothese mehr übrig bleibt, benötigen Sie neue Testfälle.
3. **Verfeinern Sie im dritten Schritt die Hypothese, die nach dem zweiten Schritt übrig geblieben ist** oder sich als die wahrscheinlichste Theorie zur Ursache des Fehlers erwiesen hat. Obwohl die vorhandenen Daten jetzt oft bereits den richtigen Weg weisen, ist das Fehlerbild noch nicht vollkommen klar.
4. **Beweisen Sie die Richtigkeit Ihrer Hypothes**e. Nun können Sie vorgehen wie bei der induktiven Methode. Sie müssen Ihre These einwandfrei beweisen. Anschließend können Sie endlich daran gehen, den Fehler zu beseitigen.

Ob man nun die induktive oder die deduktive Methode bevorzugt, eines sollte man beim Vorliegen eines Fehlers im Programmcode keinesfalls tun: in blindwütigen Aktionismus verfallen. Durch planloses Verändern des Codes findet man den Fehler bestimmt nicht. Vielmehr ist überlegtes Vorgehen angesagt, das heißt mit rationalem Vorgehen den Fehler einkreisen, finden und beseitigen.

5.5.4 Ändern des Codes

In seiner Freude darüber, den Fehler im Programm endlich gefunden zu haben, ändert so mancher Entwickler schnell den Code und wirft dann sofort den Compiler an. Das ist genau das falsche Verhalten: Änderungen in der Software sind fehlerträchtig. Mit hoher Wahrscheinlichkeit handelt es sich nicht alleine um einen Fehler im Code, sondern die Ursache des Fehlers geht zurück auf einen Irrtum beim Entwurf oder eine Ungereimtheit in der Spezifikation. Deshalb tut man gut daran, nach der Beseitigung des Fehlers einen Augenblick innezuhalten und sich den Code in der Umgebung des gerade bereinigten Fehlers genau anzuschauen: Könnte da nicht irgendwo noch ein Fehler sein?

Da die Bereinigung von Fehlern im Programmcode so fehlerträchtig ist, will ich die Grundsätze bei der Reparatur des Codes hier explizit aufführen. Es handelt sich dabei um die Erfahrungen von Testern, die dieses Geschäft nicht erst seit gestern betreiben, sondern sich ihr Wissen in der Praxis erworben haben.

- **Wo ein Fehler ist, findet sich leicht noch ein zweiter.**

Wir wissen vom Black Box Test, dass Fehler in der Software in Haufen *(clusters)* vorkommen. Daher lohnt es sich in der Regel, nach weiteren Fehlern in der Nähe des gerade beseitigten *Bug* zu suchen.

- **Beseitigen Sie die Ursache des Fehlers. Geben Sie sich nicht damit zufrieden, nur die Symptome des Fehlers zu maskieren.**

Oft wäre es relativ leicht, den Quellcode so zu ändern, dass die richtigen Ergebnisse erzielt werden. Trotzdem weiß man in so einem Fall weiterhin nicht, was die Ursache des Fehlers ist. Diese Vorgehensweise sollte daher unbedingt vermieden werden. Man schafft es damit zwar kurzfristig, den Code zum Laufen zu bringen und den Termin zu halten, aber auf lange Frist handelt man sich nur Ärger ein. Der Fehler verschwindet schließlich nicht. Eines Tages wird er sich wieder zeigen.

Wenn man trotz aller Bemühungen und mit den aufgezeigten Methoden den Fehler im Code nicht finden kann, sollte man eine alternative Programmierung in Betracht ziehen. Bei Programmiersprachen ist es wie bei natürlichen Sprachen auch: Ein Sachverhalt lässt sich auf mancherlei Art und Weise ausdrücken.

- **Die Wahrscheinlichkeit, dass durch die Korrektur im Code ein neuer Fehler eingeführt wird, ist relativ hoch.**

Neuer Code ist fehlerträchtig, denn es wird eine bestehende Programmstruktur geändert. Der Entwickler, selbst wenn er ursprünglich das Modul geschrieben hat, wird sich nur schwer an jede Einzelheit seiner damaligen Überlegungen erinnern. Er läuft Gefahr, durch die Änderung einen neuen Fehler einzuführen. Die Folgerung aus dieser Überlegung kann nur heißen, den geänderten Code gründlich zu testen.

- **Die Wahrscheinlichkeit, dass eine Fehlerkorrektur alle Probleme beseitigt, fällt mit der Größe des Programms.**

Diese Aussage schließt sich nahtlos an unsere vorherige Erkenntnis an. Je größer das Programm, desto geringer die Chancen des Entwicklers, alle Auswirkungen einer Änderung überblicken zu können. Große und komplexe Programme sind daher bei der Fehlerkorrektur weit kritischer zu sehen als gut strukturierte Programmsysteme mit Unterprogrammen relativ bescheidenen Umfangs. Dieser Grundsatz gilt nicht nur für neu erstellte Programme, sondern ganz besonders auch bei der Wartung und Pflege bereits vorhandener Software.

- **Änderungen im Programmcode werfen das Projekt temporär in die Entwurfsphase zurück.**

Man sollte sich diese Tatsache bei Änderungen immer vor Augen halten. Ein gewisser Prozentsatz von Fehlern hat Auswirkungen auf das Design. Das bedeutet, dass andere Module und Komponenten durch die Änderung betroffen sein könnten. Unter Umständen ergeben sich also Folgefehler und Seiteneffekte, mit denen man zunächst überhaupt nicht gerechnet hatte.

- **Ändern Sie immer den Quellcode, nie den Objektcode.**

Obwohl diese Methode der Änderung mit schneller werdenden Compilern und komfortablen Werkzeugen immer weniger eine Versuchung darstellt, war dieses Vorgehen in der Vergangenheit doch manchmal üblich. Es ist aber ausdrücklich abzulehnen. Die Gefahr, dass die notwendige Änderung im Quellcode später nicht nachgezogen wird, ist viel zu groß. Man sollte immer da ändern, wo die Wurzel des Problems liegt.

Wer die obigen Regeln zum Debugging befolgt, hat eine relativ gute Chance, nach der Änderung im Code wirklich ein Problem weniger zu haben.

5.6   Regression Testing

Bei Regression Testing handelt es sich um das erneute Testen nach einer Änderung im Programmcode. Dabei taucht selbstverständlich sofort die Frage nach dem Umfang des Tests auf. Die zwei Extreme lauten:

- Den Test für das gesamte Programm wiederholen.
- Den Test auf die Testfälle beschränken, bei denen der Fehler aufgetreten ist.

Beide Forderungen hört man in der Praxis gelegentlich, meist allerdings von Managern, die sich nicht genügend mit der Materie vertraut gemacht haben. Der erneute Test des gesamten Programms bei einer Änderung in *einem* Modul der Software ist zu teuer. Würde man das konsequent so durchführen, wäre bei den meisten Projekten ein Ende überhaupt nicht abzusehen. Auch aus rein technischen Gründen ist die Forderung meist nicht gerechtfertigt: Wenn man strukturierte Programmierung einsetzt und die von Myers [30] formulierten Grundsätze beachtet, lässt sich eine Änderung im Code in ihrer Auswirkung oftmals auf ein kleines Codesegment begrenzen.

Die zweite Forderung ist allerdings in ihrer Beschränktheit auf wenige Testfälle auch nicht uneingeschränkt zu unterstützen. Durch die Änderung in der Software kann sich schließlich etwas ändern, was über den ursprünglichen Testfall hinaus eine Erweiterung des Tests notwendig macht.

Man kann also beim Regression Testing keine pauschale Lösung empfehlen. Die richtige Vorgehensweise liegt irgendwo zwischen den beiden Extremen. Man tut gut daran, die Änderung kritisch zu hinterfragen und nach den erhaltenen Informationen den Umfang des Tests festzulegen. Im Zweifelsfall sollte man über den ursprünglichen Test hinausgehen, um das Umfeld der gemachten Änderungen mit dem Test der Software zu erfassen.

Falls der Fehler ursprünglich durch einen Testfall aufgedeckt wurde, der sehr umfangreich und gut dokumentiert ist, macht die Änderung des Treibers und der Testdaten manchmal mehr Mühe als das erneute Abarbeiten des bereits vorhandenen Codes zum Testen. In einem solchen Fall sollte man den gesamten Testfall erneut ausführen.

Beim Regression Testing zeigt sich, wer seine Testfälle wirklich als eine Investition in die Qualität seines Codes aufgefasst hat. Der gute Entwickler ist relativ schnell in der Lage, einen vorhandenen Testfall so abzuändern oder zu ergänzen, dass die geänderte Software damit getestet werden kann.

Regression Testing gehört bei mittleren und großen Projekten zum täglichen Geschäft eines Programmierteams. Man tut seitens der Projektleitung deshalb gut daran, einen gewissen Aufwand für diese Tätigkeiten einzuplanen.

Selbst wer die frühen Phasen der Software-Entwicklung betont und dort gezielt nach Fehlern in der Software sucht, es gibt später immer wieder Schnittstellen-Probleme. Auch ist bei vielen Entwicklern im Bereich der Hardware nicht das gleiche Verständnis für Qualitätsbelange zu finden wie im Bereich der Software. Das schlägt sich bei *Embedded Control Systems* aber oft in Änderungen nieder, die in Software realisiert werden müssen.

5.7   Zuverlässigkeit

Die Zuverlässigkeit des Systems und damit der Software ist bei vielen Projekten eine essentielle Forderung. Dies trifft besonders dann zu, wenn es sich um sicherheitskritische Software handelt. Allerdings trifft man gerade in diesem Bereich oftmals auf eine Reihe von Unklarheiten.

Wenn wir zunächst von der Hardware ausgehen, so wird in dieser System-Komponente die Zuverlässigkeit mit numerischen Verfahren berechnet. Diese Methode nennt sich *Failure Mode Effects and Criticality Analysis* (FMECA). Dieses Verfahren [54] beruht auf Analyse und bezieht jedes Bauteil eines Systems mit ein. Vorraussetzung ist, dass man für jedes Bauteil oder Modul Werte zur Zuverlässigkeit vorliegen hat. Bei elektronischen Komponenten ist das in der Regel der Fall, bei mechanischen Komponenten tut man sich oftmals schwer, geeignete Werte zu finden. Am Schluss dieser aufwendigen Berechnung erhält man eine Vorhersage zur Zuverlässigkeit des Systems.

Wenn man zum Beispiel für eine Rakete eine Zuverlässigkeit von 0,9 – oder 90% – errechnet hat, dann bedeutet das, dass man mit neunzigprozentiger Wahrscheinlichkeit mit einem Erfolg rechnen kann. In zehn Prozent der Fälle ist mit einem Scheitern der Mission zu rechnen.

Fragt man allerdings einen Kollegen, der die Berechnung zur FMECA anstellt, wie denn die Software berücksichtigt wird, so lautet die Antwort: Für die Software wird 1,0 angenommen. Mit anderen Worten heißt das, dass davon ausgegangen wird, dass die Software stets fehlerfrei ist. Diese Annahme ist sicherlich nicht gerechtfertigt, aber offensichtlich hat man sich im Rahmen von FMECA bisher nicht getraut, die Software in das Verfahren einzubeziehen.

Wenn man nach der exakten Definition von Zuverlässigkeit fragt, so stößt man beim IEEE auf die folgende Antwort: Zuverlässigkeit ist die Fähigkeit eines Bauteils, eine verlangte Funktion für einen festgelegten Zeitraum zu erfüllen.

Hier werden wir also auf die Zeit verwiesen, und in der Tat ist dies bei vielen technischen Produkten der begrenzende Faktor. Ein Auto hält 12 bis 15 Jahre, und was darüber hinaus geht, wird hinsichtlich der Voraussage zur Zuverlässigkeit extrem schwierig. Dass auch Systeme im Weltraum [44] selten länger durchhalten, zeigen die Schwierigkeiten der Russen mit ihrer Raumstation Mir. Dabei verhalten sich Mechanik und Elektronik unterschiedlich: Bei Mechanik treten im Alter durch Verschleiß Ausfälle auf, während bei elektronischen Bauteilen vor allem die sogenannte *Infant Mortality* zu nennen ist. Dies bedeutet, dass am Anfang der Lebensdauer erhöht Fehler auftreten, dass die Fehlerrate aber nach dieser Phase für einen langen Zeitraum konstant bleibt. Wie steht es aber mit der Software?

Software altert nicht, und deswegen sind allein durch diesen Faktor keine Fehler und damit auch keine Minderung der Zuverlässigkeit zu erwarten. Deswegen tut man sich auch so schwer, die bei Hardware angewandten Verfahren wie FMECA auf die Software zu übertragen.

Um die Zuverlässigkeit eines Systems zu erhöhen, wird ein konstruktiver Ansatz benutzt. Dieser ist uns allen bekannt. Es handelt sich um Redundanz, wie wir sie zum

Beispiel in der Form des fünften Rads in jedem Pkw finden. Dieser Ansatz wird auch bei Trägersystemen verfolgt. So fliegt etwa das amerikanische Space Shuttle mit drei verschiedenen Arten von Software, die aber funktionell gleich sind. Beim Versagen des ersten Programms wird automatisch auf das zweite umgeschaltet. Dieser konstruktive Ansatz nennt sich Asynchrone Entwicklung. Weil die Kosten bei der Software zu fast hundert Prozent Entwicklungskosten sind, dürfte klar sein, dass sich damit die Aufwendungen verdoppeln oder verdreifachen.

Bei der Ariane 5 hat man zwar die Hardware redundant ausgelegt, nicht aber die Software. Neben anderen Fehlern war das ein Hauptgrund für das Scheitern der Mission beim Jungfernflug der Ariane 5 im Frühjahr 1996.

Wenden uns damit der genauen Definition der Software-Zuverlässigkeit zu. Der IEEE bietet in dieser Hinsicht zwei Definitionen an:

1. Software-Zuverlässigkeit ist die Wahrscheinlichkeit, dass die Software für eine bestimmte Zeit unter definierten Bedingungen keinen Fehler im System verursachen wird. Diese Wahrscheinlichkeit ist eine Funktion der Eingaben und der Benutzung des Systems wie auch des Vorhandenseins von (latenten) Fehlern in der Software. Die Eingaben bestimmen, ob in der Software vorhandene Fehler zu einem Scheitern führen.
2. Die Fähigkeit eines Programms, eine verlangte Funktion unter definierten Bedingungen für einen bestimmten Zeitraum auszuführen.

Bei der ersten Definition fällt auf, dass auf das System abgestimmt wird, nicht allein auf die Software. Das ist sicherlich realistisch. Weiterhin wird auf die Eingaben hingewiesen. Weil aber sowohl der White Box Test als auch der Black Box Test wesentlich von ihren Eingaben abhängen, kann man aus dieser Definition folgern, dass das Testen ein wesentliches Instrument darstellt, um die Zuverlässigkeit von Software zu demonstrieren.

Die zweite Definition des IEEE ist im Wesentlichen von der Hardware übernommen, aber auch hier taucht der Begriff „unter definierten Bedingungen" auf. Man kann dies durchaus als der Forderung nach bestimmten Test-Szenarien auffassen.

Es gibt unter Programmierern den Spruch: „Never buy the dot zero version of any software." Diese Aussage hat durchaus eine gewisse Berechtigung. Man kann davon ausgehen, dass die erste Version eines Software-Pakets noch mit Fehlern behaftet und damit unzuverlässig sein wird. Auf der anderen Seite ist es durchaus nicht sicher, dass die fünfte oder sechste Version notwendigerweise die Anforderungen, die man als Anwender an Qualität und Zuverlässigkeit stellt, erfüllen wird. Unter Umständen sind in einer neuen Version so viele Änderungen durchgeführt worden, dass man besser das vorhergehende Release beibehält.

Nun könnte man argumentieren, dass die Laufzeit eines Programms, etwa gemessen in CPU-Zeit, einen Maßstab für deren Zuverlässigkeit darstellt. Auch dieser Ansatz ist allerdings mit Skepsis zu betrachten, weil bei einigen Programmen die Laufzeit sehr kurz ist. Denken wir etwa an den Start einer Rakete: Die kritische Phase kann man in Minuten messen, das Erreichen des Erdorbit dauert weniger als eine Stunde. Trotzdem wird gerade von solcher Software höchste Zuverlässigkeit gefordert.

Es ist auch ein Programm denkbar, das einen Fehler in einer Komponente enthält, die nur am 29. Februar eines Jahres aufgerufen wird, also nur bei Schaltjahren. Ein derartiges

Programm könnte jahrelang fehlerfrei laufen, also eine hohe Zahl an CPU-Stunden ansammeln. Trotzdem ist es fehlerbehaftet.

Es gibt auf der anderen Seite auch Systeme, die praktisch dauernd laufen: Denken wir an die Computer, die ein Telefonsystem ausmachen, oder die Rechner einer Bank. Zu bedenken ist allerdings, dass sich die Forderung nach Zuverlässigkeit hier durchaus in unterschiedlicher Weise ausprägen kann.

– Bei einem Telefonsystem fordern wir Zuverlässigkeit in der Form, dass es dauernd, also 24 Stunden am Tag, zur Verfügung steht. Ein totaler Ausfall könnte sich, denken wir an den Supergau eines nuklearen Reaktors, in einer Panik der Bevölkerung auswirken. Wir fordern hingegen bei einem Telefonsystem nicht, dass jeder Anruf durchkommen muss. Wenn unter zehntausend Anrufen einer scheitert, wird der Benutzer einfach nochmals wählen.

– Bei einer Bank fordern wir dagegen, dass unser Kontoauszug auf den Pfennig genau stimmt. Tritt hier ein Fehler auf, würde das unsere Vertrauen in die Bank erschüttern. Andererseits ist es tolerierbar, wenn ein Kunde nachts um drei Uhr an einem Geldautomaten kein Bargeld abheben kann, weil der Zentralrechner der Bank für kurze Zeit nicht zur Verfügung steht.

In beiden Fällen fordern wir also Zuverlässigkeit des Systems, aber die Zielrichtung kann von Applikation zu Applikation unterschiedlich sein. Lassen Sie mich damit ein Fazit ziehen:

Software-Zuverlässigkeit als eigenständige Eigenschaft macht in vielen Fällen keinen Sinn. Vielmehr muss die Zuverlässigkeit der Software im Rahmen des Systems beurteilt werden. Die Zuverlässigkeit kann gegenüber dem Kunden nur durch Tests demonstriert werden, für die geeignete Szenarien mit geeigneten Inputs definiert werden müssen. Dazu geeignete Methoden wurden bereits besprochen.

Nun aber zu einem Thema, das wir bereits oftmals gestreift, aber nie richtig diskutiert haben.

5.8   Werkzeuge

A fool with a tool is still a fool.

Der Einsatz von Werkzeugen bietet sich an, wenn es damit gelingt, den Testprozess effektiver zu gestalten, langweilige und arbeitsintensive Aufgaben zu automatisieren und damit für die Tester Freiräume zu schaffen, in denen sie sich kreativen Arbeiten widmen können. Allerdings ist der Einsatz eines Tools kein Allheilmittel und die Anschaffung muss in jedem Fall sorgfältig geplant werden. Nur wenn das Tool dazu beträgt, die Arbeitsbelastung der Testgruppe zu senken und die Ausbeute an gefundenen Fehlern zu erhöhen, ist seine Anschaffung wirklich gerechtfertigt.

Die verfügbaren Tools dienen einer Reihe von Aufgaben. Sie sind meist auf eine spezifische Phase der Entwicklung oder des Tests ausgerichtet.

Capture/Playback

Bei diesem Werkzeug wird ein Test, der zunächst manuell durchgeführt werden muss, mittels eines zweiten Rechners aufgezeichnet. Das heißt mit anderen Worten, dass jede Aktion des Testers, sei es nun eine Eingabe an der Tastatur, eine Bewegung der Maus oder ein Mausklick, mittels Hardware und Software aufgezeichnet und zur späteren Verwendung in eine Datei abgespeichert wird. Einige dieser Tools haben auch die Fähigkeit, ein erwartetes (richtiges) Ergebnis mit dem tatsächlichen Ergebnis eines Tests zu vergleichen.

In vielen Fällen ist es möglich, ein aufgezeichnetes Test Script mit Kommentaren zu versehen oder so zu verändern, dass es auch für ein neues Release der Software eingesetzt werden kann. Der Vorteil dieser Werkzeuge liegt in erster Linie darin, dass zeitaufwendige manuelle Tests automatisiert werden können. Wenn ein Test Script vorliegt, kann der Test auch nachts oder über das Wochenende ohne Beaufsichtigung durch den Tester ablaufen. Letztlich bleibt es allerdings immer die Aufgabe des menschlichen Testers, über den Erfolg oder Misserfolg eines durchgeführten Tests zu entscheiden.

Test Coverage Analyzer

Die Testabdeckung oder *Test Coverage* stellt beim White Box Test ein wichtiges Maß für die Güte des Tests dar. Mit diesem Werkzeug ist es möglich, die Testabdeckung während eines Tests zu erfassen und zu dokumentieren. Die Testabdeckung kann in Lines of Code, Anzahl der Verzweigungen oder abgearbeitete Pfade ausgedrückt werden. In der Regel wird man heutzutage eine hundertprozentige Pfadabdeckung fordern.

Der Vorteil dieses Tools liegt darin, dass nicht erreichte Teile eines Moduls erkannt werden können und der Testfall daraufhin entsprechend erweitert werden kann. Die Testabdeckung stellt auch ein wichtiges Maß für die Qualitätssicherung dar, und durch den Einsatz eines Tools kann der Nachweis erbracht werden, dass ein vorgeschriebenes Maß der Testabdeckung tatsächlich erreicht wurde.

Testfall-Generatoren

Dabei handelt es sich um Werkzeuge mit einer gewissen Intelligenz, die aus der Spezifikation, dem Design oder Datenmodellen ableiten, welche Daten für den Test benötigt werden. Dieser Input wird analysiert und es werden Testfälle erzeugt. Der Vorteil liegt in der Zeitersparnis durch das automatische Erzeugen von Testfällen.

Testdaten-Generatoren

Mit Hilfe derartiger Werkzeuge ist es möglich, Testdaten automatisch zu erzeugen. Diese Testdaten sind oftmals Zufallszahlen. Sie können allerdings dazu dienen, manuell geschaffene Testfälle zu ergänzen.

Logische Analyse

Werkzeuge zur Analyse der Programmlogik oder der Komplexität dienen dazu, potentielle Fehler oder Schwachstellen im Quellcode aufzudecken, bevor sie zu größeren Problemen ausufern können. Weil größere Komplexität des Codes in der Regel mit einer höheren Fehlerzahl verbunden ist, ist der Einsatz solcher Werkzeuge sinnvoll. Kombinieren kann man deren Einsatz mit vorbeugenden Maßnahmen, wie man sie in der Form von Programmier-richtlinien in vielen Projekten findet. Man kann zum Beispiel in einem Modul für Schleifen nur eine bestimmte Tiefe der Schachtelung erlauben und so einer ausufernden Komplexität des Programmcodes vorbeugen.

Test Scripts

Test Scripts können manuell oder durch ein Werkzeug erzeugt werden. Sie dienen dazu, bestimmte Testfälle oder Testszenarien automatisch ablaufen zu lassen, können Programme aufrufen, Dateien mit Inputs zur Verfügung stellen und den Output in bestimmte Dateien umleiten. Test Scripts können auch Werkzeuge aufrufen, die den Vergleich zwischen einem erwarteten und dem tatsächlichen Ergebnis des Tests automatisch durchführen.

Die Eignung einiger Werkzeuge für verschiedene Arten des Tests zeigt Tabelle 5-3.

Werkzeug	Modultest	Integration, Test von Komponenten	Systemtest, Akzeptanztest
Capture/Playback	Gut geeignet	Gut geeignet	Beschränkter Einsatz
Test Coverage Analyzer	Gut geeignet	Beschränkter Einsatz	Nicht geeignet
Testfall-Generator	Gut geeignet	Gut geeignet	Beschränkter Einsatz
Testdaten-Generator	Gut geeignet	Gut geeignet	Geeignet
Logic Analyzer	Gut geeignet	Beschränkter Einsatz	Nicht geeignet
Test Script	Gut geeignet	Gut geeignet	Gut geeignet

Tabelle 5-3:   *Eignung von Werkzeugen [35]*

Bei der Auswahl eines Werkzeugs sollte im Prinzip nicht anders vorgegangen werden wie bei der Erstellung der Software selbst. Das heißt, man sollte zunächst die Anforderungen ermitteln, die innerhalb des Unternehmens von den Mitarbeitern an das Werkzeug gestellt werden. Wenn man dann einen Anforderungskatalog besitzt, kann man daran gehen, diese Forderungen mit den im Markt verfügbaren Werkzeugen abzugleichen.

Man kann aus den Anforderungen eine Checkliste ableiten, in der alle Fragen an den Anbieter des Tools zusammengefasst sind. Die Produktliteratur der Hersteller ist bis zu einem gewissen Grad nützlich, aber selten findet man in diesen Hochglanzbroschüren alle Fragen beantwortet. Vielmehr wird jeder Anbieter gerade die Stärken seines Tools heraus-zustellen versuchen. So wird man zum Beispiel bei der Anschaffung eines Compilers wis-sen wollen, wie dieses Werkzeug mit dem Speicher umgeht. Es mag durchaus sein, dass ein Compiler von einer logischen Variablen vom Typ *boolean*, die ein Bit braucht, über eine Variable vom Typ *integer*, die 16 Bits verlangt, bis hin zu einer Variablen vom Typ *real*, die 32 Bits benötigt, für alle Variablen querbeet 32 Bits vereinbart.

Das ist eine Verschwendung von Speicherplatz, macht aber das Leben des Compiler-Bauers natürlich um einiges leichter. Um allerdings darauf zu kommen, wie mit dem Speicher umgegangen wird, muss man in der Regel schon selbst Versuche anstellen, muss Programme schreiben und sich einen Ausdruck in Assembler ansehen. Die notwendigen

Informationen finden sich nicht im Prospekt des Herstellers und auch ein Verkäufer wird eine gezielte Frage in dieser Richtung in aller Regel zu umschiffen wissen.

Es bleibt also nichts anderes übrig, als für die Auswahl eines Tools selbst Zeit zu investieren. Ein Fragebogen, den man den Anbietern vorlegen kann, findet sich im Anhang. Weiterhin ist es nützlich, wenn man Anwender ausfindig machen kann, die das Tool bereits einsetzen. Sie nehmen sich vielleicht die Zeit, ungeschminkt über ihre Erfahrungen mit dem Werkzeug zu berichten. Eine Checkliste dazu findet sich ebenfalls im Anhang.

Nicht zuletzt ist der zeitliche Aspekt wichtig. Ein Tool anzuschaffen, wenn man sich gerade in der heißesten Testphase befindet, macht in den wenigsten Fällen Sinn. Es würde nur dazu führen, dass wertvolle Zeit damit verbracht wird, sich mit dem Tool vertraut zu machen. Die Phase des Projekts, in der über Tools diskutiert werden sollte, ist das Ende der Phase Analyse der Anforderungen oder die frühe Designphase. Dann ist Zeit, diese Fragen ausführlich zu diskutieren und zu einer gemeinsamen Entscheidung zu kommen.

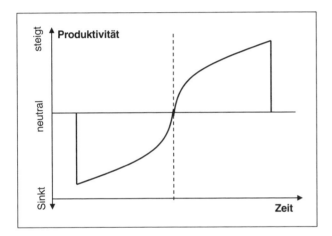

Abb. 5-4:
Auswirkung der Anschaffung
eines Tools

Abbildung 5-4 zeigt deutlich, dass unmittelbar nach der Anschaffung eines Tools die Produktivität der Mitarbeiter zunächst einmal sinkt. Sie müssen sich mit den Eigenschaften und der Bedienung des Werkzeugs vertraut machen, und nicht selten werden sie dabei feststellen, dass das Werkzeug nicht zu hundert Prozent die Anforderungen erfüllt, die sie gestellt hatten. Es ist also oftmals sinnvoll, im Rahmen eines Unternehmens mit mehreren parallel laufenden Projekten ein Tool zuerst in einer Entwicklungsgruppe einzusetzen, deren Zeitplan nicht sehr eng ist. Später kann man es dann für andere Projekte übernehmen.

Abbildung 5-4 gilt in erster Linie für Werkzeuge, die für die Entwicklung der Software angeschafft werden. Die Aussage trifft aber natürlich in gleichem Umfang auf Werkzeuge für die Testgruppe zu. In den meisten Fällen wird dort der Personalmangel noch spürbarer sein als in der Entwicklungsgruppe, und gerade deswegen muss bei der Auswahl eines Werkzeugs alles bedacht werden, was dafür von Belang ist. Werkzeuge, die zwar angeschafft, aber nicht eingesetzt werden, nützen niemanden.

Ein Werkzeug, das nicht unmittelbar für den Programmcode eingesetzt wird, dient der Aufzeichnung und Verwaltung der Fehlermeldungen. Man muss sich dazu vergegenwärtigen, dass bereits bei einem Projekt mit 50 000 LOC, wenn man eine Fehlerrate von 50 Fehlern/KLOC annimmt, mit 2 500 Fehlern während der Entwicklung zu rechnen ist. Alle diese Fehlermeldungen müssen erfasst, während der Beseitigung der Fehler verfolgt und am Ende archiviert werden. Sehen wir uns dazu an, was Verifikation letztlich bedeutet.

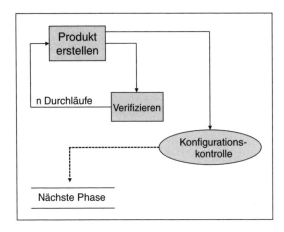

Abb. 5-5:
Verifikation der Software

Nach jedem konstruktiven Schritt, mag es sich nun um die Erstellung der Spezifikation, das Design oder die Kodierung handeln, folgt eine analytische Tätigkeit, die der Verifikation zuzuordnen ist. Die dafür eingesetzten Mittel können durchaus unterschiedlich sein, aber es ist immer der Zweck, Fehler und Ungereimtheiten in der Software aufzudecken. Wie oft die Schleife in Abbildung 5-5 durchlaufen wird, hängt dabei von der Qualität des jeweiligen Produkts ab. Bei Programmcode sind es nach meiner Erfahrung drei Durchläufe, bis ein Modul zur Auslieferung fertig ist. Das ist natürlich ein Durchschnittswert: Darunter befinden sich Module, die fünf Durchläufe gebraucht haben, um akzeptiert zu werden, aber auch das eine oder andere Modul, das auf Anhieb richtig war. In der Verifikationsphase kann am Ende auch ein Review mit dem Kunden durchgeführt werden. Schließlich wird das Produkt unter Konfigurationskontrolle gestellt und ab diesem Zeitpunkt müssen alle Änderungen aufgezeichnet und lückenlos verfolgt werden. Die erste Version des Software-Produkts, das man unter Konfigurationskontrolle stellt, bezeichnet man als *Baseline*.

Bei den meisten Unternehmen wird zur Erfassung der Fehler in der Software zunächst ein System aufgebaut, das nicht automatisiert ist. Zur Aufzeichnung der Fehler benutzt man ein Formular, wie es sich im Anhang A.6 findet. In diesem Software Trouble Report (STR) werden alle zur Behandlung des Fehlers relevanten Daten an einer Stelle erfasst. Er dient auch dazu, die Beseitigung des Fehlers zu verfolgen. Im Einzelnen sollten im STR die folgenden Informationen vorhanden sein:

1. Name des Projekts
2. Datum
3. STR-Nummer
4. Aussteller des STR mit Firma, Abteilung und Telefonnummer
5. Die betroffene Software mit Namen und Versionsnummer

6. Angaben zur Natur der verlangten Änderung: Fehler in der Software oder vorgeschlagene Verbesserung?
7. Eine genaue Beschreibung des Fehlers und der Umstände, unter denen er auftritt
8. Priorität bei der Behandlung des Fehlers
9. Fehlerklasse
10. Vorgeschlagener Weg zur Änderung der Software
11. Name des mit der Änderung betrauten Entwicklers
12. Geschätzte und tatsächliche Zeit für die Änderung
13. Phase, in der der Fehler eingeführt und gefunden wurde
14. Unterschrift des Vorsitzenden des Software Change Control Board (SCCB)
15. Implementierte Lösung
16. Geänderte Module und Komponenten
17. Angaben zur Verifikation und zum Test
18. Herangezogene Testfälle
19. Angaben zur Schließung des STR und Unterschriften, darunter die der Qualitätssicherung

Bis zum Punkt 7 kann ein STR durchaus von einem Kunden oder Anwender ausgefüllt werden, wenn die Software bereits ausgeliefert wurde oder sich im Feldversuch befindet. Bei der Priorität der Behandlung und der Fehlerklasse neigen manche Anwender dazu, jede Fehlermeldung mit der höchsten Priorität zu versehen, weil sie meinen, die Fehlerbeseitigung gehe dann schneller. Das mag zwar zutreffen, aber der Auftragnehmer sollte sich vorbehalten, die Priorität bei der Fehlerbehandlung nach eigenen Regeln festlegen. Schließlich existieren nur im Hause des Auftragnehmers Informationen zu allen vorliegenden Fehlermeldungen und zur Terminsituation.

Die restlichen Daten im STR beziehen sich auf den Weg der Fehlerbeseitigung. Informationen zur implementierten Lösung sind deshalb notwendig, weil diese gelegentlich von der zunächst vorgeschlagenen Lösung abweichen mag. Zwar sind das nur wenige Prozent aller Fälle, aber gerade dabei ist es wichtig, diese Lösung daraufhin zu untersuchen, ob sie die Vorgaben erfüllt.

Beim Schließen des STR sollte immer die Qualitätssicherung als letzte Instanz innerhalb des Unternehmens unterschreiben, weil sie letztlich für die Fehlerbeseitigung gerade stehen muss. Das ist eine Forderung der DIN EN ISO 9001, die allerdings in den Betrieben nicht immer so interpretiert wird. Man muss allerdings sehen, dass die Qualitätssicherung [16] innerhalb des Unternehmens die Stelle ist, die Kundenbelange vertreten soll.

Weil die Zahl der Fehlermeldungen und Änderungsvorschläge groß ist, wird bald der Vorschlag auftauchen, zu ihrer Verwaltung ein Werkzeug zu benutzen. In den meisten Fällen schaffen sich die Entwickler dazu selbst ein Tool, weil nur auf diese Weise genau auf die spezifischen Verhältnisse ihres Betriebs eingegangen werden kann. Für den Entwurf bieten sich zwei Wege an.

1. Verwendung einer Datenbank
2. Konstruktion als *Finite State Machine*

Der erste Lösungsvorschlag ist offensichtlich und es gibt dazu im Markt eine ganze Reihe von Datenbanken, die man einsetzen kann. Es sollte immer darauf geachtet werden, dass die Datenbank erweiterungsfähig ist und auch im Rahmen eines Netzwerks (Intranet) genutzt werden kann.

Die zweite Lösung ist weniger offensichtlich, macht allerdings dann Sinn, wenn man daran denkt, dass bestimmte Daten in der Datenbank gegen unberechtigten Zugriff geschützt werden müssen. Wenn einmal eine Lösung für einen Fehler vorgeschlagen wurde, ist es nicht möglich, dass der zuständige Programmierer diese ändert, ohne mit seinem Vorgesetzten und der Qualitätssicherung Rücksprache zu nehmen. Auch will man vermeiden, dass Benutzer Angaben ergänzen, ohne dass das bekannt wird. Bestimmte Felder müssen also geschützt werden können und das ist mit Hilfe einer *Finite State Machine* relativ leicht möglich.

Welchen Weg man letztlich einschlägt, hängt vom einzelnen Betrieb und den dort vorhandenen Ressourcen ab. In vielen Unternehmen ist eine Fehlerdatenbank inzwischen realisiert worden und in manchen Fällen wurde sie sogar für Zugriffe durch Kunden geöffnet. Der Zugriff erfolgt dabei über das Internet. Auf diese Weise können Kunden und Anwender verfolgen, in welchem Stadium der Problemlösung sich eine Fehlermeldung befindet und wie es voran geht.

Gewiss wird man dabei verhindern müssen, dass Anwender auch Fehlermeldungen zu sehen bekommen, die sich auf noch nicht frei gegebene Software beziehen. Aber es spricht nichts dagegen, dass sie generell Zugriff auf diese Datenbank eingeräumt bekommen.

5.9   Fehlerbewertung, -verfolgung und -beseitigung

In allen maßgebenden Normen zur Erstellung von Software wird ein System zur Erfassung und Verfolgung der Fehler gefordert. Das ist auch notwendig, denn bereits bei mittleren Projekten kommt man im Lauf der Jahre auf ein paar hundert Fehler, und ein- bis zweitausend Fehler und Änderungen sind nicht selten. Nun sollte bei diesen Zahlen niemand erschrecken: Ein bekannter Fehler ist ein guter Fehler, denn nur solche Probleme können wir entschlossen anpacken.

Zur Behandlung von Fehlern im Alltagsgeschäft braucht man eine Gruppe, die über das weitere Vorgehen nach dem Auftreten eines Fehlers entscheidet. Man nennt dieses Kontrollgremium *Software Change Control Board* (SCCB) [13,17] oder Konfigurationskontroll-Ausschuss. In dieser Gruppe sollten die folgenden Fachbereiche immer vertreten sein:

* Die Software-Entwicklung
* Das Konfigurationsmanagement
* Die Qualitätssicherung

Jede dieser Gruppen vertritt natürlich ihre speziellen Belange, die Entscheidungen sollten jedoch einstimmig fallen. Fachleute anderer Disziplinen können nach Bedarf eingeladen werden. Da die Zahl der Fehler in der Software relativ hoch ist, kommt es beim SCCB darauf an, ein schlagkräftiges Kollegium von Fachleuten zu versammeln, die schnell reagieren und entscheiden können. Bereits bei Projekten mittlerer Größenordnung treten in der heißen Phase des Designs und der Implementierung Tag für Tag fünf bis sieben Fehler auf, die behandelt werden wollen. Deswegen sind fachliche Kompetenz und ein Sinn für das Machbare eine unbedingte Voraussetzung für eine erfolgreiche Tätigkeit im SCCB.

Jeder Fehler muss beschrieben werden. Dies geschieht meistens in Form eines *Software Trouble Reports* (STR) oder *Software Problem Reports* (SPR). Für den Entwickler stellen die Umstände beim Auftreten eines Fehlers eine entscheidende Hilfe bei der Suche nach der Ursache dar. Deswegen verwendet man ein Formblatt für den STR, in dem gewisse Angaben vorgeschrieben sind.

Noch besser ist natürlich ein automatisiertes System, das Masken am Bildschirm bereitstellt und die Daten anschließend abspeichert. So ein Programm hat den weiteren Vorteil, dass sich die Daten für statistische Zwecke auswerten lassen [36]. In unserem Fall fassen wir die Fehler zusammen, so wie dies das Konfigurationsmanagement als Hilfe für das Management bei der Entscheidungsfindung tun könnte. Insgesamt wurden wir bei unseren Kalenderroutinen bisher mit den folgenden Problemen konfrontiert.

Nummer	Datum, Jahrestag	Beschreibung des Fehlers
STR001	13-FEB-2000, 44	Die mit der Routine *easter* erzielten Ergebnisse stimmen für Jahre größer als 1582 nicht mit den erwarteten Ergebnissen überein. Die Vergleichswerte für das Datum des Osterfests werden dabei mit dem Kommando *cal* unter UNIX erzeugt.
STR002	18-FEB-2000, 49	*Routine week_d* mit nicht definierter Variable aufgerufen.
STR003	26-FEB-2000, 57	Unterprogramm *dm* bringt den falschen Wert für den Julianstag im Monat August.
STR004	05-MAR-2000, 65	Das Hauptprogramm *b_days* verarbeitet bei Geburtstagen, die auf den 29. Februar fallen, den Geburtstag nicht richtig. Der Wochentag ist falsch.
STR005	06-MAR-2000, 66	Das Hauptprogramm *b_days* verarbeitet bei Geburtstagen, die auf den 29. Februar fallen, den Geburtstag nicht richtig. Der Jahrestag ist falsch.
STR006	06-MAR-2000, 66	Das Hauptprogramm *b_days* verarbeitet bei Geburtstagen, die auf den 29. Februar fallen, den Geburtstag nicht richtig. Die Differenz in Tagen ist falsch.
STR007	06-MAR-2000, 66	Hauptprogramm *b_days*: Falsche Buchstabenketten für den Monat werden angenommen.
STR008	06-MAR-2000, 66	Hauptprogramm *b_days*: Bei Eingabe von drei (3) Blanks für den Monat werden zusätzliche Fehlermeldungen für das Jahr und den Tag erzeugt, die unbegründet sind.
STR009	07-MAR-2000, 67	Hauptprogramm *b_days*: Die Fehlermeldung bei zu niedrigem Geburtsjahr ist unvollständig. Die Satznummer wird nicht ausgedruckt.
STR010	07-MAR-2000, 67	Beim Aufruf der Routine *dif_day* im Hauptprogramm wird bei großen Werten für das Alter (age_d > 30000) ein falscher Wert übergeben.

Tabelle 5-4:   *Einordnung in Fehlerklassen bei den Kalenderroutinen*

Meist entscheidet das SCCB auch über die Einordnung des Fehlers in eine bestimmte Fehlerklasse. Es macht wenig Sinn, alle Probleme über einen Kamm scheren zu wollen. Wenn bei der Ausgabe von Text bei der amerikanischen Raumfähre eine Nachricht auf der falschen Zeile ausgegeben wird, so ist das zwar auch ein Fehler in der Software, aber daran wird vermutlich die Mission nicht scheitern. Die folgenden Fehlerklassen haben sich im Lauf der Jahre herauskristallisiert:

Fehlerklasse	Art des Fehlers und seine Auswirkung
I	Durch den Fehler können – oder könnten – Menschen an Leib und Leben gefährdet sein. Das Programm stürzt ab oder läuft in eine Endlosschleife *(deadlock)*. Die Funktion fehlt völlig, wodurch das Produkt für den Kunden fast unbrauchbar wird.
II	Die Funktion ist teilweise falsch, ein Subsystem fehlt oder reagiert falsch. Der Fehler ist jedoch für einen begrenzten Zeitraum tolerierbar oder die Funktion der Software kann auf andere Weise aufrecht erhalten werden.
III	Minder schwere Fehler, z. B. in der Rechtschreibung.

Tabelle 5-5:   *Fehlerklassen*

Die Einteilung in Fehlerklassen hat nicht nur den Sinn, Fehler in der Software nach ihrer Schwere und dem möglichen Schadenspotential zu sortieren, sie dient bei Entwicklungsvorhaben auch der Setzung von Prioritäten. Ein Fehler in der Klasse I muss natürlich sofort und mit der notwendigen Dringlichkeit beseitigt werden, während sich Fehler der Klasse III auch bündeln lassen.

In Abbildung 5-6 ist der Weg eines Software Trouble Report durch das Software Change Control Board dargestellt.

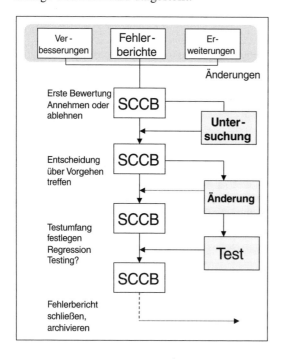

Abb. 5-6:
Weg eines STR durch das SCCB

Das SCCB ist dabei die zentrale Instanz, die sich mit allen Fehlern und Änderungen in der Software befasst. Natürlich ist dies mit einem gewissen Aufwand verbunden, aber was ist die Alternative?

Wenn die Software unkontrolliert geändert wird, dann bedeutet dies in letzter Konsequenz, dass das Management die Kontrolle aufgegeben hat oder nicht wahrnimmt. Und wenn man die Unfälle im ersten Kapitel genauer untersucht, dann wird man feststellen müssen, dass in vielen Fällen mangelnde Kontrolle durch das Management zu dem Unfall beigetragen hat. Ein SCCB ist also eine notwendige Einrichtung, wenn die Unternehmensleitung ein Projekt nicht einfach treiben lassen will.

Eine wesentliche Aufgabe des SCCB besteht darin, Fehler und vorgeschlagene Änderungen hinsichtlich ihrer Auswirkungen auf den Zeitplan und das Budget zu beurteilen. Eine Änderung mit einem Umfang von drei Tagen mag zunächst nicht bedrohlich erscheinen. Wenn es allerdings um zehn solcher Fehlermeldungen geht, und alle von einem Entwickler bearbeitet werden müssen, dann reden wir bereits über dreißig Tage. Und dann ist zu erwarten, dass sich diese Änderungen auf den Ablieferungstermin der Software auswirken werden.

Wenn der Software Trouble Report dann den ganzen Weg gegangen ist, von der ersten Nachricht über ein Problem, durch die Analyse, das Einkreisen und Beseitigen des Fehlers, den Test und die Integration der Module und Komponenten, dann wird das SCCB unter der Führung der Qualitätssicherung den STR wieder schließen. Das Problem wurde beseitigt, die Daten auf dem STR dienen fortan nur noch statistischen Zwecken.

Früher oder später fragt man sich natürlich im Management, ob sich zur Software-Entwicklung nicht bestimmte Kennzahlen finden lassen. Ist unsere Truppe besser oder schlechter als andere? Wie steht es mit unserer Produktivität? Wo liegen wir bei der Fehlerrate?

Wenn Fragen dieser Art gestellt werden, sind Software-Metriken [36] bald ein Thema für die Organisation.

5.10   Metriken zum Test

Es gibt eine Vielzahl möglicher Metriken, sowohl zu den Produkten der Software als auch zum Prozess [36]. Entscheidend ist das Setzen von Zielen durch das Management und die Auswahl geeigneter Metriken, um das Erreichen dieser Ziele auch quantitativ untermauern zu können.

Ein paar der wichtigsten Metriken befassen sich mit der Fehlerrate und der Produktivität. Wenden wir uns zunächst der Fehlerrate zu.

5.10.1   Die zu erwartende Zahl der Fehler

Bei jedem Software-Projekt fragt man sich natürlich, wie hoch die zu erwartende Zahl der Fehler sein könnte. Wenn man keine Metriken aus dem eigenen Unternehmen besitzt, sind Zahlen aus der Fachliteratur als erste Annäherung ganz nützlich. Basili [40] gibt für die Zahl der zu erwarteten Fehler die folgende Gleichung an.

I.$F = 4{,}04 + 0{,}0014 \, LOC^{4/3}$

wobei

F: Erwartete Fehleranzahl

LOC: Programmlänge in Lines of Code

Für diese Formel gilt, da sie aus empirischen Untersuchungen gewonnen wurde, die folgende Einschränkung:

$340 < LOC < 12\,541$

Unsere Kalenderroutinen sind nicht allzu groß, daher werden wir wohl im angegebenen Wertebereich liegen. Wir betrachten als eine Programmzeile jede Anweisung, die mit einem Semikolon endet. Kommentare und Leerzeilen werden nicht mitgezählt. Wir beschränken uns für die Zählung nur auf solche Routinen, die ausgeliefert werden würden.

Die zum Austesten geschriebene Software, alle Treiber, Stubs und Hilfsprogramme, die im Laufe der Wochen entstanden sind, zählen folglich nicht mit. Wir berücksichtigen also lediglich den Kern unserer Kalenderroutinen und ermitteln als Programmgröße 257 Lines of Code. Obwohl diese Zahl unterhalb des oben genannten Wertebereichs liegt, verwenden wir in Ermangelung einer Alternative die Gleichung von Basili. Damit ergibt sich:

I .$F = 4{,}04 + 0{,}0014 \times 257^{1{,}33}$

I. $F = 4{,}04 + 0{,}0014 \times 1604 = 4{,}04 + 2{,}25 = 6{,}29$

Nach dieser Formel hätten wir also mit sechs Fehlern rechnen müssen. Wir haben immerhin zehn gefunden. Lag das nun an meinem Geschick als Tester oder liegt der obige Wert zu niedrig? Oder ist unser Programm mit gerade ein paar Hundert Zeilen zu klein, um eine vernünftige Vorhersage treffen zu können?

Lassen Sie uns noch eine zweite Gleichung ansehen. Sie stammt von zwei japanischen Praktikern [40] und ist etwas komplizierter.

II. $F_r = C_1 + C_2 \, (SCHG/KLOC) - C_3 \, ISKL - C_4 \, (DOCC/KLOC)$

wobei

F_r: Fehlerrate pro 1000 Lines of Code (LOC)
C_1:   Konstante 67,98
C_2:   Konstante 0,46
C_3:   Konstante 9,69
C_4:   Konstante 0,08

SCHG: Änderungen am Lastenheft während der Entwicklung

KLOC: Codeumfang in 1000 LOC

ISKL: durchschnittliche Erfahrung des Entwicklungsteams mit einer Programmiersprache (in Jahren)

DOCC: Ausgereiftheit des Entwurfs, d.h. Anzahl der geänderten oder neu erstellten Seiten in Designdokumenten

Wir setzen die Erfahrung des Programmierers mit drei Jahren an. Die Zahl der Änderungen im Entwurf ist zwei, da wir mittlerweile beim dritten Entwurf sind. Im Lastenheft der Software sind keine Änderungen vorgenommen worden. Damit ergibt sich:

II. $F_r = 67{,}98 + 0 - 9{,}69 \times 3 - 0{,}08 \ (2/0{,}257)$

II. $F_r = 67{,}98 + 0 - 29{,}07 - 0{,}62 = 38{,}29$ [Fehler pro 1000 LOC]

Multipliziert mit unseren bescheidenen 257 Lines of Code ergibt sich damit eine Fehlerzahl von 9,8. Damit kommen wir den wahren Verhältnissen überraschend nahe. Selbst wenn alle diese Berechnungen angesichts des wirklich sehr geringen Codeumfangs mit äußerster Vorsicht zu betrachten sind, wir haben immerhin mehr Fehler gefunden, als nach unseren Schätzungen zu erwarten war. Wer so ein Ergebnis in der Praxis erzielt, kann sich bestimmt auf der sicheren Seite fühlen.

Bei allen diesen Berechnungen handelt es sich natürlich nicht um die exakte Wissenschaft. Die Formeln wurden gewonnen, indem die Daten aus einer Reihe von Projekten ausgewertet wurden. Für Ihr spezifisches Projekt mögen die Verhältnisse ganz anders liegen. Trotzdem sind die vorgestellten Gleichungen geeignet, uns einen Anhaltspunkt über die erwartete Zahl der Fehler zu liefern. Mit einer gewissen Schwankungsbreite um diesen Wert sollte man allerdings rechnen.

Fragen wir uns nun, welche weiteren Kriterien wir für das Ende des Software-Tests ermitteln könnten.

5.10.2 Kriterien für das Ende des Tests

Eine mögliche Technik, um das Ende des Software-Test zu bestimmen, nennt sich **Error Seeding**. Worum geht es dabei?

Man benötigt dazu eine dritte Gruppe von Entwicklern oder erfahrenen Testern, die von der Entwicklungsgruppe der Software und den Testern organisatorisch unabhängig ist. Die Aufgabe dieser Gruppe besteht darin, zusätzliche Fehler in die Software einzubauen, die nur sie kennen. Erst nach diesem Schritt wird die zu testende Software an die Testgruppe weitergeleitet.

Dem Verfahren liegt die Annahme zu Grunde, dass eine gute Testgruppe beide Arten von Fehlern finden wird, die von den Entwicklern unbewusst gemachten Fehler und die von der dritten Gruppe absichtlich in den Programmcode eingefügten Fehler. Testende ist folglich dann, wenn alle zusätzlich eingefügten Fehler von der Testgruppe gefunden wurden.

Den Erfolg der Testgruppe kann man seitens des Managements daran messen, wie viele der eingebauten Fehler sie bereits gefunden hat. In mathematischer Notation lässt sich das Verfahren wie folgt ausdrücken:

III. $Defects_{total} = (Defects_{seeded} / Defects_{seeded + found}) \times Defects_{found}$

wobei

$Defects_{total}$:	Gesamtzahl der erwarteten Fehler
$Defects_{seeded}$:	Zahl der künstlich hinzugefügten Fehler
$Defects_{seeded + found}$:	Zahl der hinzugefügten Fehler, die bereits gefunden wurden
$Defects_{found}$:	Gesamtzahl der bisher gefundenen Fehler.

Lassen Sie mich das an einem Beispiel [41] demonstrieren. Wenn die Zahl der künstlich hinzugefügten Fehler 50 beträgt, davon bisher 31 Stück gefunden wurden und insgesamt im bisherigen Projektverlauf 600 Fehler aufgedeckt wurden, dann ergibt sich die Gesamtzahl der zu erwartenden Fehler wie folgt.

III. $Defects_{total} = (50 / 31) \times 600 = 968$

Nun mag man fragen, ob dieses Verfahren in der Praxis tatsächlich funktioniert. In großen Organisationen mit Hunderten von Programmierern ist es sicherlich denkbar und lässt sich erfolgreich praktizieren. Von der technischen Seite her muss man in Zweifel ziehen, ob sich Fehler in der Klasse I wirklich so einfach erfinden lassen. Werfen wir einen Blick auf die Liste unserer Fehler. STR001 war ganz schön knifflig und dasselbe Argument trifft auf STR003 zu. Fehler wie in STR002 beschrieben, also eine falsche Variable, sind sicher leichter zu konstruieren.

Eine weitere Variante besteht in zwei Testgruppen. Man setzt zwei voneinander unabhängige Testgruppen ein, die beide denselben Code testen. Aus der Zahl der von beiden Gruppen gefundenen Fehler im Programm kann man Schlüsse auf die verbleibenden Fehler ziehen. Dies ist in Abbildung 5-7 dargestellt.

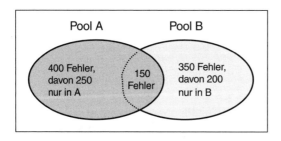

Abb. 5-7:
Zwei Testgruppen [41]

In diesem Beispiel findet die Testgruppe A insgesamt 400, die Testgruppe B 350 Fehler. Die Schnittmenge der von beiden Gruppen unabhängig voneinander gefundenen Fehler beträgt 150. Mit einer Formel lässt sich das folgendermaßen darstellen:

IV. $Defects_{unique} = Defects_A + Defects_B - Defects_{A+B}$

wobei

$Defects_{unique}$: Zahl der einmaligen Fehler
$Defects_A$: Zahl der Fehler in Pool A
$Defects_B$: Zahl der Fehler in Pool B
$Defects_{A+B}$: Zahl der Fehler in Pool A und B

In unserem Beispiel ergibt sich:

IV. $Defects_{unique} = 400 + 350 - 150 = 600$

Die Zahl der insgesamt zu erwarteten Fehler lässt sich mit der folgenden Gleichung ermitteln:

V. $Defects_{total} = (Defects_A \times Defects_B) / Defects_{A+B}$

In unserem Beispiel ergibt sich 933 für die Zahl der insgesamt zu erwartenden Fehler. Auch diese Methode scheitert in kleinen Firmen meistens daran, dass es nicht einmal eine einzige Testgruppe gibt, geschweige denn zwei. Wichtig ist, dass die zwei Testgruppen unabhängig voneinander agieren. Über ihre Größe sagt dies allerdings nichts aus. So könnte man bei weniger kritischer Software den Entwicklern den White Box Test überlassen, während man für den Black Box Test eine externe Testgruppe einsetzt. Ein anderer Ansatz würde darin bestehen, für den Systemtest eine zweite, unabhängige Gruppe zu nutzen. Wenn das Unternehmen eine gewisse Größe erreicht hat, lässt sich das Verfahren also tatsächlich einsetzen.

Eine sehr gebräuchliche Methode besteht in der grafischen Darstellung der gefundenen Fehler über der Zeit. Man trägt dazu die gefundenen Fehler pro Zeiteinheit auf, etwa Fehler pro Woche oder bei großen Projekten Fehler pro Arbeitstag. Als Alternative bietet es sich an, die kumulierte Zahl der Fehler über einer Zeitachse aufzutragen. Mit der letzten Darstellung ergibt sich das folgende Bild.

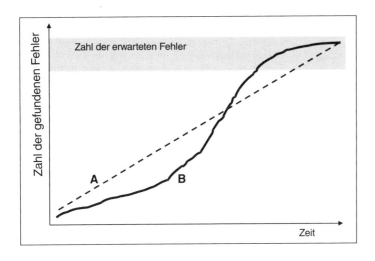

Abb. 5-8:
Verfolgung der Fehler-
zahl

Theoretisch ergibt sich für den Anstieg der Fehler über der Zeit die mit ‚A' markierte Kurve. In der Praxis zeigt sich allerdings häufig, dass am Anfang der Testphase weniger Fehler gefunden werden als zunächst erwartet. Das liegt oft daran, dass die Entwickler einen Vorsprung an Know-how gegenüber der Testgruppe besitzen. Haben sich die Tester allerdings erst richtig mit der Materie vertraut gemacht, finden sie umso mehr Fehler. Die Kurve steigt dann steil an und zeigt einen Verlauf wie unter ‚B' gezeichnet. Auch bei Fehlern in der Software ist es in der Regel so, dass die schweren Fehler erst gefunden werden, wenn die Testgruppe so richtig warm geworden ist. Das ist auf der anderen Seite nicht verwunderlich: Wenn diese Fehler so offensichtlich wären, dann hätten sie die Entwickler selber bemerkt und gleich beseitigt. Ich könnte mir durchaus vorstellen, dass beim konsequenten Einsatz einer externen Testgruppe, die bereits zum Beginn des Projekts eingerichtet wird und also genügend Zeit besitzt, sich vorzubereiten, ein Kurvenverlauf wie bei der Linie ‚A' zu Stande kommt. Es geht ja nicht nur darum, sich mit der Materie fachlich vertraut zu machen, sondern es müssen in vielen Fällen auch spezielle Testprogramme geschrieben werden. Das nimmt bei mittleren und großen Projekten Monate in Anspruch.

Schließlich wird der Zeitpunkt kommen, wo man trotz aller Bemühungen und obwohl man alle bekannten Techniken eingesetzt hat, keine Fehler mehr wird finden können. Das ist der Zeitpunkt, wo man langsam daran denken sollte, den Test zu beenden. Lassen Sie uns nun untersuchen, wie sich die Fehler bei unseren Kalenderroutinen darstellen. Hier diese Grafik.

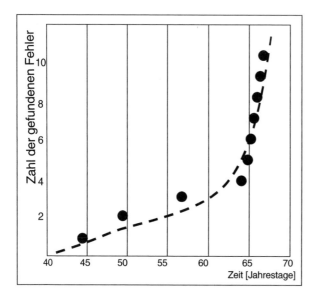

Abb. 5-9:
Kumulierte Fehler über der Zeit

Wir sehen also zunächst einen recht flachen Verlauf der Kurve, sie steigt dann aber stark an. Interessant ist, dass wir auch in diesem Fall eine ganze Reihe schwerwiegender Fehler erst relativ spät im Testzyklus gefunden haben. Vielleicht haben wir für unser kleines Programm in dieser Phase wirklich alle Fehler gefunden, die zu finden waren. Fragen wir uns nun, wie die Testphase in den gesamten Lebenszyklus der Software einzuordnen ist und wagen wir auch einen Blick auf wirtschaftliche Fragen.

5.10.3   Freigabe-Politik

Unerwünschte Diskussionen und langwierige Verhandlungen treten in den Unternehmen immer dann auf, wenn es für die Freigabe der Software keine klaren Regelungen gibt. Der Vertrieb wird oftmals drängen, die Software freizugeben, weil man ein neues Produkt für die Kunden braucht oder eine wichtige Messe bevorsteht. Die Entwicklung wird manchmal zögern, weil man besser als jede andere Gruppe im Unternehmen weiß, wie viele Fehler die Software noch enthält. Das Qualitätsmanagement wird argumentieren, dass ein Produkt mit dieser Anzahl bekannter Fehler den Anwendern nicht zugemutet werden darf. Und die Unternehmensleitung steht manchmal zwischen diesen Gruppen mit unterschiedlichen Argumenten und Interessen und weiß nicht, wem sie mehr glauben soll. Um solche Situationen zu vermeiden, ist es sinnvoll, bereits weit vor einer anstehenden Freigabe festzulegen, welche Richtlinien für die Freigabe gelten und welche Politik das Unternehmen in dieser Hinsicht verfolgt. Eine gute Taktik besteht dabei darin, die Freigabe an die bekannten Fehler in der Software und ihre Schwere zu knüpfen. Die Bedingungen für die Freigabe könnten so formuliert werden:

1. Ist auch nur ein Fehler der Fehlerklasse I bekannt, stellt dies ein Hindernis für die Freigabe dar. Software mit einem Fehler (oder mehreren) der Klasse I wird generell nicht an Kunden ausgeliefert. Fehler der Klasse I sind ein Kriterium für die Sperre der Software.
2. Wenn die Fehler der Klasse II in großer Menge auftreten, so dass bezweifelt werden muss, dass Kunde und Anwender mit der Software so arbeiten können, wie sie das erwarten, dann ist auch bei Fehlern der Klasse II eine Sperre möglich. Die Entscheidung darüber liegt beim Qualitätsmanagement.
3. Fehler der Klasse III stellen kein Hindernis für die Freigabe dar. Sie sind schnellstmöglich zu beseitigen.

Mit diesen Kriterien ist es möglich, den Mitarbeitern in der Entwicklung lange vor einer anstehenden Freigabe klar zu machen, welche Kriterien für die Freigabe gelten. Das wird dazu führen, dass Fehler der Klasse I mit der gebotenen Schnelligkeit behandelt werden. Jeder weiß schließlich, dass gerade der von ihm behandelte Fehler zu einer Sperre führen könnte. Als geeignete Instanz innerhalb des Unternehmens, die die Freigabe ausspricht, sollte die externe Testgruppe oder das Qualitätsmanagement dienen. Es ist sinnvoll, die Freigabe-Politik und die damit verbundenen Kriterien im Qualitätsmanagement-Handbuch des Unternehmens [16] zu dokumentieren.

5.11   Wirksamkeit und Wirtschaftlichkeit

Jedes Software-Projekt in der realen Welt braucht einen Rahmen, der sich mit den Begriffen Kosten und Zeitbedarf umreißen lässt. Der Software-Test trägt entscheidend zur Qualitätsverbesserung des Produkts bei und ist bisher die am häufigsten eingesetzte Methode zum

Finden von Fehlern im Programmcode. Der Aufwand dafür beträgt etwa dreißig bis fünfzig Prozent des Aufwands für die Entwicklung der Software. Wem das zu hoch erscheint, der sollte sich den Aufwand bei unseren Kalenderroutinen ins Gedächtnis rufen: Die Zahl der Treiberprogramme übersteigt den auszuliefernden Code bei weitem! Es ist also durchaus nicht ungewöhnlich, wenn mehr Code zum Testen der Software entsteht als die eigentlichen Funktionen der Software ausmachen. Die Beseitigung von Fehlern in der Software wird dabei umso teurer, je länger ein Fehler unentdeckt in der Software verbleibt. Setzt man zu Beginn des Projekts die Kosten für die Beseitigung eines Fehlers mit dem Wert eins an, so erhöht sich diese Zahl nach dem Akzeptanztest auf hundert. Überhaupt können Fehler in der Software, die erst während des Einsatzes gefunden werden, erhebliche Auswirkungen haben. Ein angekratztes Image bei den Kunden lässt sich mit finanziellen Mitteln alleine oft gar nicht wieder verbessern. Eingeführt werden die meisten Fehler in den frühen Phasen der Entwicklung, also Analyse der Anforderungen und im Design. Gerade deswegen sind Techniken wie Fagan Inspections so wirksam.

In vielen Unternehmen taucht im Laufe eines Projekts die Frage auf, ob es möglich ist, auf eine der beschriebenen Techniken zu verzichten. Ist es zum Beispiel möglich, den White Box Test wegzulassen, wenn man Fagan Inspections intensiv einsetzt?

Leider ist die Sache nicht so einfach. Mit Methoden wie der Fagan Inspection oder Code Walkthroughs werden von Menschen ganz bestimmte Fehler gefunden. Mit dem White Box Test, also unter Einsatz eines Computers, werden wiederum andere Fehler aufgedeckt. Diese Methoden und Techniken sind also komplementär und man kann auf keine davon verzichten.

In Tabelle 5-6 ist die Effizienz einzelner Methoden und Techniken mit ihren Minima und Maxima aufgelistet.

Technik	Minimum	Durchschnitt	Maximum
Überprüfung am Schreibtisch	15%	35%	70%
Informelles Review in Gruppe	30%	40%	60%
Fagan Inspection	35%	55%	75%
Code Walkthrough	30%	60%	70%
Prototyping	35%	65%	80%
Überprüfung von Code am Schreibtisch	20%	40%	60%
Modultest	10%	25%	50%
Funktionstest, Komponenten	20%	35%	55%
Systemtest	25%	45%	60%
Test im Feld	35%	50%	65%
Kumulierte Werte	93%	99%	99%

Tabelle 5-6:   *Effizienz von Testtechniken [42]*

Die Summe der jeweiligen Spalte in Tabelle 5-6 ist nicht durch Addition entstanden, sondern stellt einen Erfahrungswert dar. Man kann für grobe Überschlagsrechnungen davon ausgehen, dass jede Technik etwa 30 Prozent der Fehler aufdeckt, die sich zu diesem Zeitpunkt noch in der Software befinden. Wenn wir diese Formel nun auf ein konkretes Projekt anwenden, etwa Microsofts Betriebssystem NT, Release 5.0, dann können wir von den folgenden Zahlenwerten ausgehen:

Testtechnik	Gefundene Fehler	Verbleibende Fehler
NT 5.0, 30 Mio. LOC, Fehlerpotential	–	1 500 000
Fagan Inspection	450 000	1 050 000
Code Walkthroughs	315 000	735 000
White Box Testing	220 500	514 500
Black Box Testing	154 350	360 150
Integration	108 045	252 105
Systemtest	75 632	176 473

Tabelle 5-7:   *Fiktiver Test mit WINDOWS NT, Release 5.0*

In dieser Betrachtung wurde angenommen, dass die Fehlerrate in der Entwicklung 50 Fehler pro Tausend Lines of Code beträgt. Wenn wir sechs bekannte Testtechniken anwenden, verbleiben am Ende immer noch fast 180 000 Fehler im Produkt. Selbst wenn davon lediglich zehn Prozent ernsthafter Natur wären, würde das ein Fehlerpotential von 18 000 Fehlern ausmachen, die alle den Einsatz des Betriebssystems in Frage stellen können.

Diese simple Rechnung zeigt, dass es ab einer bestimmten Größe des Produkts fast unmöglich wird, es ohne Fehler auszuliefern. Der Effekt ist, dass zahlende Kunden als Beta-Tester missbraucht werden. Verbessern lässt sich die Situation nur, wenn die Produktgröße eingeschränkt wird oder weitere Testtechniken zum Einsatz kommen.

In der Praxis wird die Situation dadurch komplizierter, weil verschiedene Testtechniken bei unterschiedlichen Software-Produkten nicht gleich wirksam sind. In Tabelle 5-8 nehmen wir an, dass das Produkt eine Größe von 100 Function Points besitzt. Das sind, grob umgerechnet, rund 10 000 Lines of Code. Die Fehlerrate soll 4,6 Fehler pro Function Point betragen. Über die verschiedenen Phasen der Entwicklung hinweg kann man dann beobachten, wie Testtechniken angewandt werden und wie dadurch die Zahl der verbleibenden Fehler im Produkt sinkt (siehe Tabelle 5-8).

Technik	Spezifikation	Design	Code	Dokumente	Fehlerzahl gesamt
Fehlerpotential	100	125	175	60	460
Effizienz Design Review	25%	60%	0%	0%	
Verbleibende Fehler	75	50	175	60	360
Effizienz Code Walkthrough	40%	40%	60%	25%	
Verbleibende Fehler	45	30	70	45	190
Effizienz Modultest	20%	20%	50%	20%	
Verbleibende Fehler	36	24	35	36	131
Effizienz Systemtest	25%	25%	50%	40%	
Verbleibende Fehler	27	18	18	22	85
Gesamtzahl der gefundenen Fehler	73	107	157	38	375
Effizienz gesamt	73%	85,6%	90%	64%	81,72%

Tabelle 5-8:   *Einfluss der Testtechniken auf die Fehlerzahl [43]*

Insgesamt gesehen war Verifikation und Validation in diesem Fall zu mehr als achtzig Prozent erfolgreich, allerdings in den verschiedenen Bereichen durchaus unterschiedlich. Es wird also bei einem Unternehmen auch darauf ankommen, die Bereiche zu stärken, wo man mit Hilfe von Metriken herausgefunden hat, dass noch bestimmte Schwachpunkte bestehen. Im obigen Fall würde es sich anbieten, darüber nachzudenken, wie man die Dokumente vor ihrer Freigabe besser überprüfen kann.

Für die Zahl der Fehler, die man im Laufe der Entwicklung in den einzelnen Phasen aufdecken sollte, kann man mit den Werten in Tabelle 5-9 rechnen.

Phase	Fehlerrate pro KLOC
Analyse der Anforderungen, Erstellung der Spezifikation	10
Design	12,5
Kodierung	17,5
Dokumente für die Anwender	6,0
Durch Änderungen in der Software eingebrachte Fehler *(Bad Fixes)*	4,0
Summe	50,0

Tabelle 5-9:   *Fehlerrate während der Entwicklung [43]*

Natürlich können derartige Zahlenwerte immer nur ein Anhaltspunkt sein, um sich daran zu orientieren. Weit besser als alle Zahlen aus der veröffentlichen Literatur sind Werte, die man mittels Metriken aus der eigenen Entwicklung und in verschiedenen Projekten des Unternehmens gewonnen hat.

Zu unterscheiden von der Fehlerrate in der Entwicklung ist die Restfehlerrate. Dabei handelt es sich um jene Fehler in der Software, die durch Test und andere Techniken nicht gefunden wurden und bei der Auslieferung im Programmcode verblieben. Capers Jones [47] gibt für die Verteilung der Restfehler in Bezug auf verschiedene Fehlerklassen die folgenden Werte an (siehe Tabelle 5-10):

Schwere des Fehlers	Zahl der Fehler in Prozent
Stufe 1: System nicht benutzbar	3
Stufe 2: Hauptfunktion nicht einsetzbar	47
Stufe 3: Nebenfunktion nicht einsetzbar	35
Stufe 4: Kein funktionelles Problem, eher Kosmetik	15
Summe	100

Tabelle 5-10:   *Gewicht von Kunden gemeldeter Fehler [47]*

In Tabelle 5-11 sind die Restfehlerraten einer Reihe von Unternehmen oder Organisationen zusammengetragen worden. Sie decken einen weiten Bereich ab. Es ist ersichtlich, dass ein paar Organisationen durchaus erfolgreich darin sind, die Qualität der Software zu verbessern.

Quelle	Restfehler nach der Auslieferung pro KLOC
Freigegebene Programme in C, nach Pfleeger	24
Industriedurchschnitt, nach THE LETTER T	1–3
Industriedurchschnitt im Jahr 1987 nach Mills, in *Improving Software Quality* von Lowell J. Arthur	1–10
IBM, Federal Sector Division, Flugsoftware für die amerikanische Raumfähre	< 1,0
Space Shuttle Ground Software, nach Ware Myers in IEEE Software, 1990	0,129
Space Shuttle, 70 errors in 1 Mill. Lines of Code, in *Improving Software Quality* von Lowell J. Arthur	0,070
NASA Goddard Space Flight Center, Software für die unbemannte Raumfahrt	0,6
Jet Propulsion Laboratory (JPL), Flugsoftware	8,6
Software in Systemen am Boden	2,0
IBM, Durchschnitt	2,0
Fujitsu, in *Improving Software Quality* von Lowell J. Arthur	0,010
Betriebssystem von SIEMENS in Assembler	6–15
Nottingham Algorithm Group, Technisch-wissenschaftliche Programmbibliothek, in FORTRAN	3
Software zur Luftverkehrskontrolle, in C	1,25

Tabelle 5-11:   *Restfehler in Software [40]*

Die Restfehlerrate schwankt über einen weiten Bereich. Man kann allerdings behaupten, dass Organisationen mit einer Restfehlerrate im Bereich von 1 bis 3 Fehlern pro Tausend Lines of Code schon in der Spitzengruppe sind. Das ein oder andere Institut, wie das für die unbemannte Raumfahrt der NASA zuständige Goddard Space Flight Center, kommt sogar auf 0,6 Fehler/KLOC.

Verlassen wir nun die Zahlen und kehren zu den unmittelbaren Testtätigkeiten zurück.

5.12   Systemtest und Akzeptanztest

Beim Systemtest geht es nicht mehr um die Verifikation einzelner Funktionen der Software, sondern um das Programm als Ganzes. Wenn wir uns an unser V-Modell erinnern, dann haben wir diese Prüfung als Validation bezeichnet. Die Software soll gegen ihre Spezifikation geprüft werden, am besten in der geplanten Einsatzumgebung. Ein oft unterschätztes Problem stellt die Frage nach den Verantwortlichen für die Durchführung des Systemtests dar. Eigentlich sollten die Anforderungen vom Kunden und dessen Anwendern kommen, denn nur sie wissen wirklich, was sie von der Software erwarten. Fühlt sich der

Kunde nicht in der Lage, den Systemtest selber durchzuführen, sollte er zumindest seine Forderungen dazu dokumentieren und an der Ausarbeitung eines Testplans mitarbeiten.

Eine zweite Frage stellt sich bei den Techniken, die wir zum Systemtest verwenden wollen. Es ist auf keinen Fall ein White Box Test, daher kommen die dort aufgeführten Methoden nicht in Frage. Vielmehr sollten Verfahren zum Einsatz kommen, die das System als Ganzes prüfen. Hinzu nehmen kann man Techniken, die wir als Volume- oder Stress-Test kennen gelernt haben. Bis zu einem gewissen Grade will man in einem Systemtest nämlich auch herausfinden, wie sich das System unter extremen Bedingungen verhält.

Wo liegt nun der Unterschied zwischen dem Systemtest und dem Abnahmetest? – Das ist eher eine rechtliche Frage. Der Kunde muss gegen Ende der Entwicklung die Software abnehmen, sie also formell akzeptieren. Dazu dient als Vehikel ein Systemtest, der eben Akzeptanztest genannt wird. Von der rein technischen Seite her sehe ich keinen Unterschied zwischen einem Systemtest und einem Akzeptanztest. Klug ist es natürlich, wenn Auftraggeber und Auftragnehmer bereits in den Vertragsverhandlungen klare Kriterien für den Akzeptanztest formuliert haben. Ich könnte mir zum Beispiel die Fehlerrate als ein solches Kriterium vorstellen oder auch das Nichtauftreten eines Fehlers der Klasse I während des Akzeptanztests. Leider ist der Stand der Technik nicht so, dass solche überprüfbaren Kriterien bei der Software bereits gang und gäbe sind. Doch mit Fortschritten in unseren Methoden und dem zunehmenden Einsatz von Metriken werden sich auch auf diesem Gebiet Verbesserungen einstellen.

Qualitätsverbesserung über den Test hinaus

Das Volk ist das Wasser und der Herrscher das Boot. Das Volk kann das Boot tragen, aber auch untergehen lassen.
                                    Hsun Tze

So ähnlich wie mit der Regierung in einer Demokratie verhält es sich auch im Geschäftsleben. Die Kunden entscheiden letztlich darüber, ob ein Unternehmen mit seiner Software Erfolg hat oder ob es untergeht.

Verifikation und Validation, Software-Test und damit verwandte Methoden sind ohne Zweifel wirksame Mittel, um die Qualität der Software zu steigern. Es fragt sich allerdings, ob die Rolle eines sich seiner Verantwortung bewussten Managements damit erschöpft ist oder ob über den Test hinaus nach Möglichkeiten gesucht werden muss, die Qualität der Software nachhaltig zu verbessern.

Machen wir uns die Verhältnisse noch einmal im Zusammenhang klar. Testen ist die älteste und in der Branche am längsten eingesetzte Methode zum Finden von Fehlern und zur Verbesserung der Software-Qualität, aber es stellt nicht länger den einzigen gangbaren Weg dar. Sehen wir uns dazu Abbildung 6-1 an.

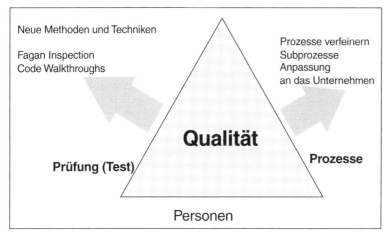

Abbildung 6-1:   *Wege zur Qualitätsverbesserung*

Über den Software-Test hinaus wurden bei einigen Unternehmen in den vergangenen Jahrzehnten die Fagan Inspection und Code Walkthroughs eingeführt, um Fehler relativ früh im Entwicklungsprozess finden zu können.

Auf der anderen Seite steht der Prozess als konstruktiver Ansatz und die damit angestrebten Verbesserungen bei der Erstellung der Software. Hervorzuheben ist, dass DIN EN ISO 9001 eine Prozessnorm [16] ist. Hier wird ganz klar die Absicht verfolgt, durch sinnvolle und kontrollierte Prozesse die Entwicklung zu steuern und dabei die Qualität des Produkts zu erhöhen.

Schließlich ist nicht zu verkennen, dass alle Verbesserungen letztlich von Menschen kommen, und deshalb nimmt die Schulung von Mitarbeitern einen zunehmend breiteren Raum ein. Das zeigt sich auch in der Neuausgabe der DIN EN ISO 9001, in der auf die Ressource Mitarbeiter großer Wert gelegt wird.

Wie der Software-Test innerhalb eines Unternehmens organisiert wird, kann nicht generell über alle Unternehmen der Branche hinweg gesagt werden. Es kommt immer auf die erstellte Software und deren Umfeld an. Während es bei einem Spielprogramm für Jugendliche toleriert werden kann, wenn das Programm gelegentlich abstürzt, ist das bei einer Software, die den Triebwerksregler eines Verkehrsflugzeugs steuert, nicht der Fall. Bei dieser Applikation sind Menschen an Leib und Leben in Gefahr, wenn die Software ausfällt.

Handelt es sich bei der Applikation nicht um sicherheitskritische Software, ist oftmals in den Betrieben die folgende Organisation für das Testen üblich:

1. Der White Box Test wird von dem ursprünglichen Entwickler der Software durchgeführt. Er muss dokumentiert werden und für das Maß der Testabdeckung kann von der Qualitätssicherung eine Vorgabe gemacht werden.
2. Der Black Box Test wird von einer externen Testgruppe durchgeführt. Extern heißt: extern zur Entwicklungsmannschaft.

Wenn man sich für diese Form der Organisation entscheidet, dann stellt sich die Frage, wo die externe Testgruppe organisatorisch angebunden wird. Sie sollte natürlich nicht an den Vorgesetzten berichten, der auch für die Software-Entwicklung direkte Verantwortung trägt. In diesem Fall könnte es zu leicht zu Interessenkonflikten kommen. In jedem Fall hilft es allerdings, wenn eine Freigabe-Politik existiert und klare sachliche Kriterien für die Einordnung von Fehlern vorhanden sind.

Eine Möglichkeit besteht darin, die externe Testgruppe der Qualitätssicherung oder dem Qualitätsmanagement zuzuordnen. Das macht alleine deswegen Sinn, weil das Qualitätsmanagement letztlich für die Qualität der Software Verantwortung trägt. Man muss allerdings dabei sehen, dass für den Software-Test Aufwendungen anfallen, die dreißig bis fünfzig Prozent der Entwicklungskosten ausmachen. Selbst wenn ein Teil davon dem White Box Test zugerechnet werden kann, bleibt immer noch ein beträchtlicher Anteil dieser Aufwendungen bei der externen Testgruppe.

Wenn nun innerhalb eines Unternehmens die Qualitätssicherung gerade einen oder zwei Mitarbeiter hat, wäre es verfehlt, ihr Aufgaben zuzuweisen, die vielleicht ein Drittel des gesamten Aufwands eines Projekts ausmachen. Wenn die Qualitätssicherung diese Aufgaben übernehmen soll, muss sie entsprechend mit Personal ausgestattet werden.

Ein weitere Frage betrifft die Organisation von Qualitätssicherung und Qualitätsmanagement. Am besten ist es ohne Zweifel, wenn das Qualitätsmanagement in der Unternehmensleitung oder im Vorstand vertreten ist. Wenn das Unternehmen zu klein ist, um einen eigenen Vorstand für die Belange der Qualität zu rechtfertigen, sollte man sich überlegen, mit welchen anderen Funktionen die Qualitätsbelange sinnvoll kombiniert werden können. Manchmal führen diese Erwägungen dazu, dass der Kundendienst auch die Qualität vertritt. Das macht deswegen Sinn, weil es letztlich der Kundendienst ist, der unter einer schlechten Produktqualität leiden wird. Deswegen ist dieser Manager motiviert, die Qualität der Software zu verbessern.

Schlechte Kandidaten für die Belange der Qualität sind die Leiter der Entwicklung und des Vertriebs. Ihnen muss man unterstellen, dass sie auf der einen Seite Verantwortung für die Produktentwicklung tragen und andererseits unter Termindruck stehen. In beiden Fällen könnte die Software-Qualität auf der Strecke bleiben.

Kommen wir damit zu Software, die man als sicherheitskritisch einstufen muss. In diesem Fall dürfte die oben skizzierte Organisation für den Software-Test nicht ausreichen und es sind organisatorische und konstruktive Maßnahmen zu überlegen, um die erhöhten Anforderungen an die Software erfüllen zu können.

6.1 Ansätze bei sicherheitskritischer Software

Bei sicherheitskritischer Software reicht ein analytischer Ansatz alleine nicht aus, um die gesteckten Ziele zu erreichen. Von dieser Art von Software muss man fordern, dass sie nahezu fehlerfrei ist. Das gilt sowohl im Bereich von Verkehrsflugzeugen als auch im Bereich der Automobilindustrie, in der die Software von Jahr zu Jahr wichtiger wird. Das heißt auf der anderen Seite gewiss nicht, dass der analytische Aspekt, also Verifikation und Validation, vernachlässigt werden darf.

6.1.1 Asynchrone Entwicklung und Redundanz

Wenn man das amerikanische Space Shuttle und die Ariane 5 miteinander vergleicht, dann fällt auf, dass zwar bei der Ariane 5 die Hardware redundant ausgelegt wurde, dass aber auf beiden Prozessoren die gleiche Software im Einsatz ist. Hat dieses Programm einen Fehler, nützt auch die doppelt vorhandene Hardware nichts: Das System versagt.

Die obige Bauweise ist zu Beginn unseres Jahrhunderts leider noch weitgehend Stand der Technik. Beim amerikanischen Space Shuttle dagegen wurde nicht nur die Hardware redundant ausgelegt, sondern auch die Software. Damit sind die Chancen höher, dass das System den Ausfall einer Komponente verkraften kann. Die System-Zuverlässigkeit steigt.

Wer Redundanz bei der Software fordert, muss sich darüber im Klaren sein, dass die Kosten steigen werden. Die Software muss schließlich in zweifacher Ausfertigung erstellt werden. Das dabei zum Zuge kommende Verfahren nennt man Asynchrone Entwicklung. Es ist in Abbildung 6-2 dargestellt.

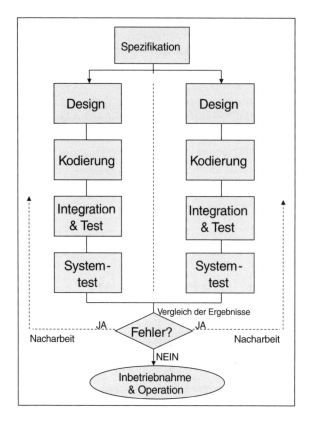

Abb. 6-2:
Asynchrone Entwicklung

Asynchrone Entwicklung bedeutet, dass zwei voneinander unabhängige Gruppen von Entwicklern nach einer gemeinsamen Spezifikation die Software erstellen. In der Konsequenz bedeutet dies auch, dass zur Wahrung der Unabhängigkeit beider Gruppen unterschiedliche Organisationen mit der Erstellung der jeweiligen Programme betraut werden müssen. Man will vermeiden, dass innerhalb eines Unternehmens zwar unterschiedliche Teams an ihrer jeweiligen Software arbeiten, dass aber zwei Programmierer sich zum Beispiel mittags in der Kantine treffen und dort ihre Probleme diskutieren.

Die Gruppen müssen also nicht nur organisatorisch, sondern auch räumlich getrennt sein. Das kann dazu führen, dass eine Gruppe in Europa arbeitet, das zweite Team aber in Florida in den USA. Gefordert wird auch, dass die beiden Teams nicht unbedingt dem gleichen Kulturkreis angehören sollten. Es kann nicht geleugnet werden, dass gerade in der westlichen Welt Programmierer auf beiden Seiten des Atlantiks auf dieselben Standardwerke zugreifen werden, dass also die verwendete Literatur weitgehend gleich ist. Das führt in den Programmen zu gleichen oder ähnlichen Lösungen und vergrößert damit die Gefahr, dass auch die gleichen Fehler in die Software eingeführt werden.

Trotz gewisser Probleme mit der Realisierung bleibt Asynchrone Entwicklung ein guter Ansatz, um zu zwei funktionell identischen, in den Einzelheiten aber durchaus unterschiedlichen Programmen zu kommen. Beide Projekte durchlaufen alle Phasen einer Entwicklung. Am Ende wird ein Systemtest stehen und schließlich muss man beide Programme daraufhin untersuchen, ob sie gleiche oder zumindest sehr ähnliche Ergebnisse liefern. Gerade bei Gleitkommaarithmetik wird man nicht erwarten dürfen, dass die Resultate auch noch in der letzten Stelle exakt übereinstimmen.

Wenn man bei der Asynchronen Entwicklung sorgfältig vorgeht, kann es dazu kommen, dass man am Ende zwei funktionell gleiche Programme erhält, die sich allerdings in den Details der Implementierung signifikant unterscheiden. Auch das zeitliche Verhalten wird nicht gleich sein.

Nun kommt es darauf an, die Hardware und das System so auszulegen, dass aus den unterschiedlichen Programmen der größte Nutzen gezogen werden kann. Schließlich muss im Notfall innerhalb von Sekundenbruchteilen von einem Programm zum anderen umgeschaltet werden können. Es sind in der Regel auch Daten zu übergeben und diese müssen vom operativen Programm richtig interpretiert werden.

Abbildung 6-3 zeigt die Architektur des amerikanischen Space Shuttle, in dem der Hauptrechner fünffach vorhanden ist.

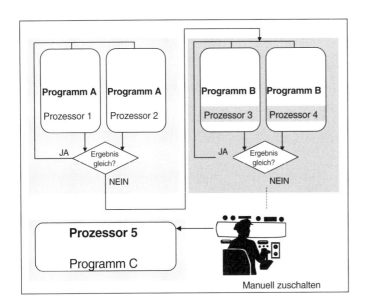

Abb. 6-3:
Rechnerarchitektur
des Shuttle

Bei der amerikanischen Raumfähre arbeiten im Normalfall die beiden Prozessoren 1 und 2 das gleiche Programm ab. Anschließend werden die Ergebnisse verglichen. Tritt eine Abweichung auf, schaltet das System automatisch auf die beiden Prozessoren 3 und 4 um. Auf diesen beiden Rechnern arbeitet ein Programm B, das mittels Asynchroner Entwicklung erstellt wurde. Es ist folglich dem Programm A funktionell gleich, weicht allerdings in den Einzelheiten der Programmierung vom Programm A ab.

Auch bei den Prozessoren 3 und 4 werden die Ergebnisse der Berechnungen im Betrieb ständig miteinander verglichen. Sollte nun auch bei diesen Prozessoren eine Abweichung festgestellt werden, besteht zusätzlich die Möglichkeit, auf einen unabhängigen fünften Rechner umzuschalten. Dies geschieht nicht automatisch; vielmehr muss der Kommandant der Raumfähre diese Umschaltung manuell vornehmen.

Die Architektur des Space Shuttle hat sich bewährt. Es gab nur einen Fehler beim Start. Dieser wurde verursacht durch ungenügende zeitliche Synchronisation der Rechner. Dies führte wiederum dazu, dass gelesene Daten falsch interpretiert wurden.

Bei den Amerikanern ist redundante Auslegung von Systemen, trotz des damit verbundenen Zuwachses an Masse, auch in der Raumfahrt üblich. Bei den Russen [44] ist man oft völlig andere Wege gegangen.

6.1.2   Cleanroom

Wenn an die zu erstellende Software hohe Anforderungen in Bezug auf Zuverlässigkeit und Fehlerfreiheit gestellt werden, dann kommt unter Umständen eine Methode in Betracht, die mit der bei Software-Projekten üblichen Vorgehensweise radikal bricht. Bei Cleanroom-Projekten werden die Entwickler von vornherein in drei Gruppen eingeteilt:

1. **Analysts:** Sie sind für die Erstellung der Spezifikation und der anderen Dokumente verantwortlich.
2. **Developers:** Sie machen das Design und schreiben den Code.
3. **Testers:** Sie sind für den Test der Software verantwortlich.

Die Aufteilung der gesamten Entwicklungsmannschaft in drei Gruppen ist in Abbildung 6-4 dargestellt.

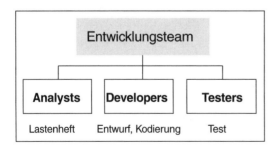

Abbildung 6-4:
Aufteilung der Entwicklungsgruppe

Wenn man sich Werte zur Produktivität von Entwicklern anschaut, dann fällt die breite Streuung auf. Insofern tut unserer Branche mehr Spezialisierung vermutlich ganz gut. Bei der Cleanroom-Methode wird ein Software-Modul an den Tester übergeben, sobald es der

Compiler ohne Fehlermeldung übersetzt hat. Der White Box Test wird also bereits in der Verantwortung des Testers durchgeführt.

Die Cleanroom-Methode hat sich in der Software-Industrie noch nicht auf breiter Front durchgesetzt, doch die ersten Ergebnisse sind durchaus ermutigend. In Tabelle 6-1 sind einige Projektkennzahlen zusammengetragen worden.

Projekt	Größe in LOC	Fehlerrate [Fehler/KLOC]	Produktivität [LOC/MM]
Hilfsprogramm zum Strukturieren von Code, IBM COBOL/SF in PL/1	85 000	3,4	740
NASA Satellitenkontrollprojekt, erstellt in FORTRAN	40 000	4,5	780
Martin Marietta, Automatisches Dokumentationssystem, erstellt mit Foxbase	1 820	0,0	–
IBM AOEXPERT/MVS, KI-System zur Fehleranalyse für MVS, erstellt in PL/1	107 000	2,6	468
IBM 3090E, Controller für Bandlaufwerk, geschrieben in C	86 000	1,2	–
Ericson Telecom, Betriebssystem OS32	350 000	1,0	–

Tabelle 6-1:   *Kennzahlen zu Cleanroom [45]*

Diese Projekte bewegen sich zwar nicht in der Größenordnung heutiger Betriebssysteme, aber für Kontroll- und Steuerungsaufgaben kommt man oft mit einigen zehntausend Lines of Code aus. Wichtiger als schöne grafische Oberflächen ist bei derartigen Applikationen eine hohe Zuverlässigkeit. Capers Jones vergleicht das Defektpotential in Fehlern pro Function Point für drei Arten von Projekten (siehe Tabelle 6-2).

	Durchschnittliche Fehlerrate	Fehlerrate mit Cleanroom	Fehlerrate bei sehr gutem Projekt
Analyse der Anforderungen	1,25	1,15	1,20
Design	1,25	0,75	1,00
Kodierung	1,75	1,25	1,50
Dokumente für den Benutzer	1,00	0,75	0,75
Fehler durch Änderungen	0,25	0,05	0,10
Summe	5,50	3,95	4,55
Effizienz der Fehlerbeseitigung [%]	90	95	97
Restfehlerrate	0,55	0,20	0,14

Tabelle 6-2:   *Fehlerraten bei verschiedenen Projekten [43]*

Auch bei dieser Untersuchung stellt sich heraus, dass mit der Cleanroom-Methode weit bessere Ergebnisse erzielt werden, als in der Industrie derzeit üblich sind. Allerdings kann nicht ausgeschlossen werden, dass auch andere Methoden zum gewünschten Ziel führen.

6.1.3   Formale Methoden

Software zu erstellen, die korrekt ist und zuverlässig arbeitet, wird immer mehr zu einer Notwendigkeit. Noch plagen die Industrie allerdings *Bugs*, Fehler in der Software, deren Ausmaß zuweilen biblische Dimensionen annimmt. Formale Methoden [46] versprechen in dieser Hinsicht Hilfe, ihre Anwendung ist aber derzeit eher die Ausnahme denn die Regel.

Formale Methoden sind nicht unumstritten. Einige Praktiker lehnen sie strikt ab, andere treten vehement für ihre Anwendung ein. Die folgenden zehn Punkte sollen helfen, Vorurteile abzubauen, Schwierigkeiten bei der Anwendung formaler Methoden ins rechte Licht zu rücken und Vor- und Nachteile aufzeigen.

1. **Wahl einer geeigneten Notation:** Für die Beschreibung der Anforderungen an die Software sollte eine formale Sprache mit einer geeigneten Notation gewählt werden. Dabei ist immer eine Abwägung zwischen dem Vokabular einer Sprache und den Ebenen der Abstraktion, die sie unterstützt, vorzunehmen. Wichtig ist auch, dass bereits eine Gruppe von Anwendern signifikanter Größe existiert.

2. **Den Formalismus nicht übertreiben:** Wie man bei der Einführung objektorientierter Methoden übertreiben kann, ist das auch bei formalen Methoden möglich. Selbst die eifrigsten Verfechter dieser Methode geben zu, dass sich einige Gebiete schlecht dafür eignen, zum Beispiel die Definition des *User Interface* oder die Mensch-Maschine-Schnittstelle.

3. **Kostenschätzung durchführen:** Die Einführung formaler Methoden in eine bestehende Software-Entwicklungsumgebung ist mit erheblichen Kosten verbunden. Dazu gehören Kosten für die Schulung der Mitarbeiter, für Berater und Spezialisten auf diesem Gebiet sowie die Anschaffung von Tools.

4. **Es geht nicht alleine:** Zumindest ein Spezialist sollte verfügbar sein, der sich mit formalen Methoden auskennt und Erfahrung mit der Technik besitzt.

5. **Formale Methoden ersetzen nicht die traditionelle Software-Entwicklung:** Die meisten Unternehmen haben große Summen an Geld in ihre Entwicklungsumgebungen investiert. Es wäre töricht, diese Investitionen einfach abzuschreiben. Ein besserer Ansatz besteht darin, diese Entwicklungsumgebungen so zu ergänzen, dass formale Methoden eingesetzt werden können.

6. **Dokumentation bleibt wichtig:** Weil eine Spezifikation in einer mathematischen Notation für viele Nicht-Mathematiker unverständlich bleiben wird, muss trotzdem in einer verständlichen Sprache dokumentiert werden.

7. **Formale Methoden garantieren nicht korrekte und fehlerfreie Software:** Die Adaption formaler Methoden sollte nicht zu dem Schluss führen, dass damit automatisch korrekte Software entsteht. Vielmehr ist richtig, dass eine bessere Systemintegrität mit ihrer Hilfe erreichbar ist, wenn sie richtig eingesetzt werden. Das bisherige System zur Qualitätssicherung darf nicht über Bord geworfen werden.

8. **Kein Dogmatismus:** Formale Methoden werden von Menschen eingesetzt, die Fehler machen können. Selbst wenn durch Tools die Wahrscheinlichkeit gesteigert werden kann, dass korrekte Software entsteht, so ist das doch keineswegs garantiert. Andere Methoden sollten nicht ausgeschlossen werden.

9. **Testen, immer wieder testen:** Auf das Testen der Software und des Systems kann nicht verzichtet werden.

10. **Re-use ist nützlich:** Ein Großteil aller Applikationen benutzt Code, der über alle Applikationen hinweg gleich ist. Hier gibt es ein Potential zur Kosteneinsparung.

Die Anwendung formaler Methoden ist sicherlich mit erheblichen Kosten verbunden. Sie erfordert einen anderen Ansatz bei der Entwicklung, weil bereits die Spezifikation in einer mathematischen Notation erfolgen muss. Diese Notation zieht sich bis zum Programmcode durch, wobei eine lückenlose Verfolgbarkeit gewährleistet werden muss.

Das größte Hindernis für den Einsatz formaler Methoden scheint mir derzeit in den rasch wachsenden Applikationen zu liegen. Es scheint unmöglich, ein Programm mit mehreren Millionen Lines of Code in dieser Weise zu entwickeln. Allerdings ist es durchaus vorstellbar, etwa den Kern eines Betriebssystems mit Hilfe formaler Methoden zu entwerfen.

Doch selbst Kenner der Materie geben zu: Ein Allheilmittel sind formale Methoden nicht. Allein damit können wir nicht alle Probleme lösen, die die Software-Entwicklung zur Zeit plagen.

6.1.4   Independant Verification & Validation

Es gibt Fälle, bei denen der Auftraggeber trotz sorgfältiger Auswahl des Auftragnehmers daran zweifelt, ob der Auftragnehmer beim Testen der Software die notwendige Gründlichkeit und Sorgfalt an den Tag legen wird. Dies ist besonders dann der Fall, wenn es sich um sicherheitskritische Software handelt. In diesem Fall verpflichtet der Auftraggeber ein weiteres Unternehmen, das für *Independant Verification & Validation* (IV&V) verantwortlich ist. Diese Form der Organisation ist in Abbildung 6-5 gezeigt.

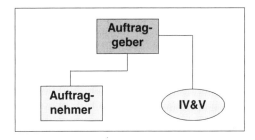

Abb. 6-5:
Organisation bei IV&V

Man kann sich vorstellen, dass die Mitarbeiter der unabhängigen Organisation, die für IV&V verantwortlich sind, beim Hauptauftragnehmer nicht sehr beliebt sein werden. Sie arbeiten auf seinem Gelände, in unmittelbarer Nähe des Entwicklungsteams, berichten aber direkt an den Auftraggeber.

In vielen Fällen stehen für den IV&V-Vertrag auch nur sehr knappe Mittel zur Verfügung und damit kann der Auftragnehmer nicht viel ausrichten. Den Aufwand für den Test der Software muss man schließlich mit dreißig bis fünfzig Prozent des Auftragswerts ansetzen.

Auf der anderen Seite sind Fälle bekannt, in denen der US-Senat finanzielle Mittel für IV&V wieder eingesetzt hat, die von der Regierung vorher gestrichen worden waren. In mindestens einem Fall wurde durch IV&V eine größere Katastrophe verhindert.

Fall 6-1: Die falsche Richtung

Das amerikanische Space Shuttle startet von Cape Canaveral in Florida aus in Richtung Osten. Würde ein Unfall passieren, wie es bei der Raumfähre *Challenger* im Jahr 1986 eingetreten ist, dann würden die Teile nach der Explosion ins Meer fallen. Betroffene Seegebiete werden vor einem Start stets gesperrt.

Bei der Konstruktion des Shuttle und der Berechnung des Kurses kam es dazu, dass ein Vorzeichen vertauscht wurde. Das hätte dazu geführt, dass das Shuttle in Richtung Westen gestartet wäre, also über bewohntes Gebiet. Der Auftragnehmer der NASA hatte sogar eine Simulation vorgenommen, aber auch in der Simulation war das Vorzeichen der Gleichung falsch. Das Unternehmen, das für IV&V verantwortlich zeichnete, deckte diesen Fehler in der Software auf.

Independant Verification & Validation kann also im Einzelfall durchaus eine geeignete Technik sein, um Fehler zu verhindern und Schaden abzuwenden. Ob sie auf breiter Front zur Verminderung der Fehlerzahl und der Steigerung der Software-Qualität beitragen kann, lässt sich erst dann abschließend beurteilen, wenn die Auftraggeber genügend Mittel für derartige Aktivitäten zur Verfügung stellen.

6.2   Capability Maturity Model

Die Techniken zur Verifikation und Validation der Software sind nützlich und tragen bei richtiger Anwendung gewiss dazu bei, die Zahl der Fehler in der ausgelieferten Software zu senken. Allerdings bleibt angesichts ständig steigender Programmgrößen die Frage, ob es sich beim Test von Software nicht um einen Kampf gegen Windmühlenflügel handelt. Diese Probleme hat man auch in den USA gesehen und daher wurde ein Modell erarbeitet, das mittel- und langfristig eine Verbesserung der Situation verspricht.

Die Gründe für die Erarbeitung eines detaillierten Prozessmodells wie des Capability Maturity Model (CMM) [40,48] lagen darin, dass man sich im amerikanischen Verteidigungsministerium in den siebziger und achtziger Jahren des vorigen Jahrhunderts zunehmend darüber klar wurde, dass bei modernen Waffensystemen Software eine kritische Komponente darstellt. Nicht nur steuert Software Flugzeuge, sie kommt auch in modernen Lenkwaffen und unbemannten Aufklärern zum Einsatz. Versagt in derartigen Systemen die Software, dann ist die Mission gefährdet.

Im amerikanischen Verteidigungsministerium zog man daraus den Schluss, dass die Qualität der Software, wie sie von den Vertragspartner des Pentagon, also Unternehmen wie Hughes, TRW, Lockheed Martin, Raytheon, Harris und Boeing geliefert wird, um Klassen besser werden musste. Das ist der Zweck des CMM.

Mit der Durchführung wurde die US Air Force betraut, die sich wiederum an das Software Engineering Institute (SEI) wandte. Dieses Institut residiert auf dem Campus der Carnegie Mellon University in Pittsburgh in Pennsylvania, ist allerdings der Air Force unterstellt.

Grundlage des CMM ist ein fünfstufiges Modell, bei dem jeder Ebene eine gewisse Reife (Maturity) zugeordnet wird. Man muss dazu verstehen, dass Unternehmen als unreif eingeordnet werden, wenn ihr Prozess zur Erstellung von Software ungeordnet und nicht definiert ist. Improvisation durch erfahrene Praktiker ist die Regel, und es kann durchaus sein, dass in einem solchen Prozess funktionsfähige Software entsteht. Allerdings ist das weder die Regel, noch gibt es dafür eine Garantie. Wie sich solche Organisationen unterscheiden, ist an einigen Beispielen der Tabelle 6-3 zu entnehmen.

Eigenschaft	Unreife Organisation	Reife Organisation
Verantwortlichkeiten und Rollen	Weitgehend ungeklärt. Jeder Mitarbeiter sucht sich seine Rolle. Dies führt zu ungeklärten Verantwortlichkeiten.	Definierte Verantwortlichkeiten. Es werden Ziele gesetzt und Ergebnisse beurteilt. Keine große Überlappung von Aufgaben.
Umgang mit Veränderungen	Jeder hat seinen eigenen Arbeitsstil und führt Veränderungen ein, wie es ihm oder ihr gerade passt.	Die Mitarbeiter folgen einem geplanten und definierten Prozess. Sie teilen das Know-how über den Prozess und lernen aus Erfahrungen.
Reaktion auf Probleme	Chaos ist die Regel. Die Mitarbeiter sind damit beschäftigt, das gerade aktuelle Problem zu lösen. Jeder hält sich für einen Helden. Häufige Überstunden und Nachtarbeit.	Die Probleme werden auf der Grundlage eines fundierten Wissens analysiert; professionelle Vorgehensweise.
Zuverlässigkeit	Häufig verspätete Auslieferung der Software; Schätzungen zu Kosten und Terminen sind unzuverlässig.	Schätzung sind weitgehend zuverlässig, der Umfang des Projekts wird kontrolliert. Ziele werden in der Regel erreicht.
Ansehen der Mitarbeiter	Programmierer, die die auftretenden Probleme lösen, genießen im Unternehmen hohes Ansehen. Sie machen sich unentbehrlich.	Die Gruppe genießt hohes Ansehen, die Software termingerecht ausliefert, die die Forderungen des Kunden erfüllt und weitgehend frei von Fehlern ist.
Eintrittswahrscheinlichkeit von Voraussagen	Die Produktqualität schwankt in großem Ausmaß und hängt von einzelnen Programmierern ab. Zeitpläne und Kostenschätzungen basieren nicht auf den Ergebnissen früherer Projekte.	Der Projektfortschritt kann vorhergesagt werden. Schätzungen zu den Fehlerraten treffen ein. Zeitpläne und Kostenschätzungen basieren auf den Ergebnissen früherer Projekte.

Tabelle 6-3:   *Unreife und reife Organisationen [48]*

Sehen wir uns nun das Capability Maturity Model im Überblick an. Es handelt sich um ein fünfstufiges Modell, bei dem jede Stufe den Reifegrad einer Organisation hinsichtlich seiner Vorgehensweise bei der Erstellung von Software charakterisiert.

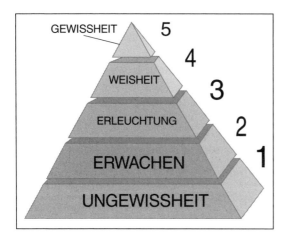

Abb. 6-6:
Capability Maturity Model [40]

Die fünf Ebenen des CMM kann man mit Eigenschaften belegen, die die Prozesse auf jeder Ebene beschreiben.

1. **Initial:** In Organisationen dieser Art gibt es keine stabilen Prozesse oder eine Arbeitsumgebung, die ordentlich definiert ist. Die Organisation neigt dazu, mehr zu versprechen, als sie leisten kann. Weil die Organisation gegenüber Kunden Verpflichtungen eingeht, die sie nicht einhalten kann, kommt es häufig zu Krisen. Das führt dazu, dass jedes geregelte Vorgehen, das vorher möglicherweise in Ansätzen vorhanden war, aufgegeben wird. Die gesamte Software-Entwicklung reduziert sich auf Kodieren und Testen. Erfolg ist in derartigen Unternehmen nicht ausgeschlossen, er hängt jedoch von begabten Programmieren ab. Manchmal kann in solchen Organisationen ein erfahrener Manager dafür sorgen, dass Ordnung in den Prozess kommt. Es bricht jedoch alles wieder zusammen, wenn dieser Manager das Unternehmen verlässt. Erfolge in derartigen Unternehmen sind keinesfalls ausgeschlossen. Sie basieren allerdings auf den heroischen Anstrengungen einzelner Mitarbeiter und sind nicht wiederholbar.

2. **Repeatable:** Auf dieser Stufe wird durch die Geschäftsleitung eine Qualitätspolitik vorgegeben und es werden Verfahren eingeführt, um sie in die Praxis umzusetzen. Die Planung für neue Projekte basiert auf den Erfahrungen, die man in gleichartigen Projekten in der Vergangenheit gewonnen hat. Für jedes Projekt wird ein Projektmanagement etabliert. Es werden Kontrollmechanismen geschaffen, die dem Management Einblick in jedes Projekt und dessen Fortschritt erlauben.Die eingegangenen Verpflichtungen basieren auf realistischen Schätzungen. Diese basieren auf den Erfahrungen aus früheren Projekten und den Anforderungen an die Software. Die Kosten, der Zeitplan und die Funktionen der Software werden durch das Management kontrolliert. Fertig gestellte

Produkte werden unter Konfigurationskontrolle gestellt. Bei Organisationen dieser Art existiert ein rudimentärer Software-Prozess, der bei neuen Projekten erneut aufgesetzt werden kann. Dadurch werden Erfolge wiederholbar.

3. **Defined:** In Organisationen auf Ebene 3 gibt es einen definierten Standardprozess zur Erstellung von Software. Er wird bei allen Projekten eingesetzt. Dieser Prozess bezieht sich sowohl auf den technischen Teil der Software-Erstellung als auch auf das Management. Ziel der Prozesse und Subprozesse ist es, möglichst effektiv zu arbeiten. Dazu werden Praktiken, Methoden und Techniken angewendet, die sich im Unternehmen oder anderswo bewährt haben. Um diese Praktiken im Unternehmen einzuführen, wird eine *Software Engineering Process Group* (SEPG) eingesetzt. Schulungsmaßnahmen werden durchgeführt, um Mitarbeiter und Manager mit den neuen Techniken vertraut zu machen. Einzelne Projekte können gewisse Veränderungen vornehmen, um die Bedingungen ihres Projekts zu berücksichtigen. Ihr Prozess muss allerdings vom Standardprozess des Unternehmens abgeleitet werden. Bei Organisationen dieser Art werden Kosten, Termine und die Funktionen der Software routinemäßig überwacht. Die Produktqualität wird verfolgt und aufgezeichnet. Die Prozessfähigkeit beruht darauf, dass im gesamten Unternehmen die Tätigkeiten, Rollen und Verantwortlichkeiten von Mitarbeitern und Managern verstanden werden.

4. **Managed:** Auf dieser Ebene setzt die Organisation zum ersten Mal quantitative Ziele, sowohl für Software-Produkte als auch den Prozess. Dies setzt Metriken voraus. Ziel ist es, die Variationen oder Abweichungen bei Produkten und Prozessen zu verkleinern. Die Vorhersagen werden genauer, weil sie auf Messungen beruhen. Das Management ist in der Lage, auf Grund vorliegender Zahlen Entscheidungen zu treffen.

5. **Optimizing:** Auf dieser Stufe konzentriert sich die Organisation darauf, den Prozess kontinuierlich zu verbessern. Stärken und Schwächen sind durch Messungen identifiziert worden und quantifizierbare Voraussagen sind möglich. Neue Techniken und Methoden werden evaluiert und eingeführt, wenn sie sich bewährt haben.

Wenn man Manager, die das Capability Maturity Model in ihrer Organisation eingeführt haben, nach dem Nutzen fragt, so ist die häufigste Antwort: „Vorhersagen treffen tatsächlich ein." Es ist in der Tat so, dass bei Software-Projekten Terminüberschreitungen und erhöhte Kosten für den Kunden eher die Regel als die Ausnahme sind. Gerade in dieser Hinsicht schafft das CMM Erleichterung, denn es ermöglicht bessere Voraussagen zu Kosten und Zeitplänen. Lassen Sie uns nun für die fünf Ebenen des CMM die Bereiche Prozesse, Mitarbeiter, Technologie und Werkzeuge sowie Metriken untersuchen (siehe Tabelle 6-4).

Ebene	Bereich und Eigenschaften
1, Initial	**Prozess** Es gibt wenige stabile Prozesse, und falls sie auf dem Papier existieren, werden sie nicht eingesetzt. Die vorherrschende Devise ist: „Machen Sie es einfach!" **Mitarbeiter** Der Erfolg basiert auf den heroischen Anstrengungen einzelner Mitarbeiter. Krisenbewältigung (Fire Fighting) ist eine immer wieder auftretende Tätigkeit. Die Beziehungen zwischen verschiedenen Gruppen sind unkoordiniert, manchmal sogar feindselig. **Technologie und Werkzeuge** Es ist riskant, neue Werkzeuge einzuführen, denn es könnte alles zusammenbrechen. **Metriken** Datenerfassung, so weit sie überhaupt durchgeführt wird, ist eher zufällig. Sie folgt keinem Plan und wird zwischen verschiedenen Projekten nicht koordiniert.
2, Repeatable	**Prozess** Projekte werden geplant. Dazu werden Kosten- und Zeitschätzungen abgegeben. Probleme werden nicht geleugnet, sondern korrigiert, wenn sie auftreten. **Mitarbeiter** Der Erfolg des Unternehmens beruht weiterhin auf fähigen Mitarbeitern. Das Management sorgt dafür, dass diese Mitarbeiter gute Arbeitsbedingungen vorfinden. Verpflichtungen der Mitarbeiter werden verstanden. Änderungen werden vom Management verfolgt. Mitarbeiter werden für ihre Aufgaben geschult. **Technologie und Werkzeuge** Der Prozess wird durch den Einsatz von Werkzeugen unterstützt. **Metriken** Einzelne Projekte erfassen Daten und werten sie aus.
3, Defined	**Prozess** Sowohl für die technische Software-Erstellung als auch deren Management sind Prozesse definiert und werden angewandt. Bei der Software-Entwicklung wird mit Problemen gerechnet. Die Auswirkungen von Problemen und Änderungen werden minimiert. **Mitarbeiter** Einzelne Gruppen arbeiten zusammen, etwa in der Form einer integrierten Projektgruppe. Schulungen werden geplant und entsprechend den Aufgaben der Mitarbeiter durchgeführt. **Technologie und Werkzeuge** Neue Werkzeuge werden auf der Basis ihres Werts für das Unternehmen evaluiert und gegebenenfalls eingeführt. **Metriken** Für alle definierten Prozesse werden Daten erfasst und ausgewertet. Die Projekte tauschen Daten aus.

4, Managed **Prozess**

Die Prozesse werden quantitativ beurteilt. Dadurch können Abweichungen minimiert werden.

Die Ursachen für einzelne Probleme werden verstanden. Lösungen werden realisiert.

Mitarbeiter

Die Teamarbeit wird geschätzt.

Technologie und Werkzeuge

Neue Werkzeuge werden auf der Basis ihres Werts für das Unternehmen evaluiert und gegebenenfalls eingeführt.

Metriken

Die Datenerfassung wird über die gesamte Organisation hinweg vereinheitlicht. Die Auswertung der Daten und die Metriken werden eingesetzt, um den Prozess quantitativ beurteilen zu können und Fehler und Abweichungen zu minimieren.

5, Optimizing **Prozess**

Prozessoptimierung wird kontinuierlich durchgeführt.

Gemeinsame Ursachen von Problemen werden gefunden und eliminiert.

Mitarbeiter

Innerhalb der gesamten Organisation entsteht ein Gefühl der Zusammengehörigkeit. Alle Mitarbeiter tragen dazu bei, den Prozess zu verbessern.

Technologie und Werkzeuge

Neue Werkzeuge werden selbst dann untersucht, wenn zunächst kein Nutzen für das Unternehmen erkennbar ist. Dazu werden Pilotanwendungen aufgesetzt.

Metriken

Metriken werden eingesetzt, um den Prozess zu verbessern.

Tabelle 6-4:   *Verschiedene Eigenschaften auf den Ebenen des CMM [48]*

Das CMM ist ein sehr detailliertes Modell, dessen Prozesse auf jeder Ebene bis in die Einzelheiten beschrieben sind. Es erlaubt zwar weit weniger Freiheiten als DIN EN ISO 9001, bietet anderseits dem Anwender aber konkrete Hilfestellungen bei der Einführung neuer Methoden und Techniken in seinem Betrieb. Die Ebene 1 braucht uns nicht weiter zu interessieren, denn sie enthält keine detaillierten Vorgaben. Auf dieser Stufe stehen alle Betriebe, die Software-Entwicklung ohne definierten Prozess angehen. Interessant wird es erst ab Ebene 2. Auf dieser Stufe sind zum ersten Mal gewisse Key Process Areas definiert. Das sind Prozesse und Tätigkeiten, die ausgeführt werden müssen, wenn ein Unternehmen auf diese Ebene des CMM vordringen will. Auf Ebene 2 zählen dazu die folgenden Bereiche.

1. Management der Software-Anforderungen
2. Projektplanung
3. Verfolgung des Projektfortschritts und Überwachung durch das Management
4. Aktives Management bei Unteraufträgen
5. Software-Qualitätssicherung
6. Software-Konfigurationsmanagement

Auf den höheren Ebenen des Modells kommen dann weitere Prozesse hinzu, ohne dass die bisherigen Prozesse aufgegeben werden. In Abbildung 6-7 ist das CMM mit seinen *Key Process Areas* dargestellt.

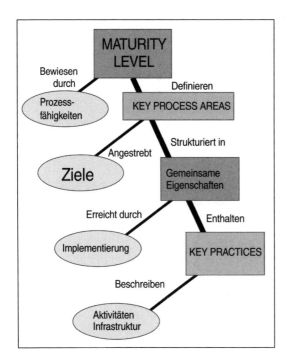

Abb. 6-7:
CMM mit Key Process Areas [48]

Neben den *Key Process Areas* gibt es noch gemeinsame Eigenschaften oder *Common Features*. Diese Eigenschaften zielen darauf ab, beurteilen zu können, ob die Prozesse im Unternehmen durchgeführt werden, wirksam sind und einen dauerhaften Effekt haben. Es gibt die folgenden fünf gemeinsamen Eigenschaften:

1. Verpflichtung zur Leistung: Darunter werden die Aktionen verstanden, die das Unternehmen ausführt, um seinen Willen zu zeigen, Veränderungen durchzuführen, entsprechende Prozesse einzuführen und diese dauerhaft anzuwenden. In der Regel ist eine Verpflichtung dieser Art nicht möglich ohne die tatkräftige Unterstützung der Unternehmensleitung und das Formulieren und Bekanntmachen einer entsprechenden Politik.

2. Fähigkeit zur Leistung: Darunter wird verstanden, dass im Unternehmen Ressourcen bereitgestellt werden, um Änderungen tatsächlich in die Wege leiten zu können. Solche Ressourcen können finanzielle Mittel, ein Budget, Mitarbeiter, organisatorische Veränderungen oder Schulungsmaßnahmen sein.

3. Durchführung: Es geht hier darum, die Key Process Areas tatsächlich einzurichten und die zugehörigen Tätigkeiten auszuführen. Ferner gehören zu diesen Tätigkeiten Überwachung der ausgeführten Arbeiten und Fehlerberichtigung, falls notwendig.

4. Messung und Analyse: Zweck dieser Tätigkeiten ist es, Messungen durchzuführen, um den Status der Prozesse objektiv beurteilen zu können.

5. Überprüfung der Implementierung: Zweck dieser Tätigkeiten ist es, die Prozesse daraufhin zu überprüfen, ob sie tatsächlich nach den Vorgaben des Modells durchgeführt werden. Verantwortlich dafür ist die Qualitätssicherung und das Management des Unternehmens.

Die Common Features gelten über alle fünf Ebenen des CMM hinweg. Man kann damit beurteilen, ob das Modell wirklich angewendet wird. Wenden wir uns nun einem der Key Process Areas in allen Einzelheiten zu. Für das Management der Software-Anforderungen gilt die folgende Beschreibung:

Ziele

Ziel 1   Falls die Software Teil eines größeren Systems ist: Die Anforderungen an das System werden kontrolliert und bilden damit eine Baseline für die Software-Entwicklung und das Management.

Ziel 2   Die Pläne, Produkte und Tätigkeiten im Rahmen der Software-Erstellung sind konsistent mit den Anforderungen, die bei der Realisierung des Systems durch Software ausgeführt werden.

Verpflichtung zur Leistung

Das Unternehmen folgt bei Zuweisung der Teile aus der System-Spezifikation, die durch Software realisiert werden sollen, einer schriftlich niedergelegten Anweisung. Im Rahmen dieser Anweisung werden die folgenden Tätigkeiten durchgeführt.

1. Die aus der System-Spezifikation der Software zugewiesenen Anforderungen werden dokumentiert.
2. Die Anforderungen an die Software werden vom Software-Manager und anderen Gruppen innerhalb des Unternehmens überprüft. Dazu können die folgenden funktionellen Gruppen gehören: Systems Engineering, Systemtest, Software-Entwicklung, Qualitätssicherung, Konfigurationsmanagement und die für technische Dokumente zuständige Gruppe oder Person.
3. Falls die System-Anforderungen geändert werden, führt dies dazu, dass Software-Pläne und -Produkte ebenfalls geändert und angepasst werden. Das gilt auch für Tätigkeiten.

Fähigkeit zur Leistung

Fähigkeit zur Leistung (1): Bei jedem Projekt wird die Fähigkeit zur Leistungserbringung festgelegt, indem die Anforderungen an das System untersucht werden. Diese werden auf Hardware, Software und andere Komponenten des Systems verteilt. Die Analyse der System-Anforderungen ist nicht Aufgabe der Software-Entwicklung, sondern stellt eine Voraussetzung für ihre Arbeit dar. Zu den Tätigkeiten gehören im Detail:

1. Dokumentieren und Verwalten der System-Spezifikation über die gesamte Laufzeit des Projekts hinweg.
2. Durchführen von Änderungen in der System-Spezifikation.

Fähigkeit zur Leistung (2): Die der Software zugewiesenen Anforderungen werden dokumentiert. Dazu zählen die folgenden Tätigkeiten:

1. Die Identifizierung, Erfassung und Dokumentation nicht-technischer Anforderungen, zum Beispiel Vereinbarungen zwischen Auftraggeber und Auftragnehmer, Vertragsverpflichtungen oder bestimmte Bedingungen, die die Software erfüllen muss. Zu Anfor-

derungen dieser Art können auch gehören: auszuliefernde Produkte, Meilensteine, Auslieferungstermine und Datenformate.

2. Die Anforderungen an die Software bestehen in ihrem Kern aus technischen Anforderungen. Dazu können gehören: Forderungen der Anwender, der Bediener des Systems (Operatoren), Leistungsmerkmale, Einschränkungen für den Entwurf, Forderungen an Schnittstellen und in Bezug auf die einzusetzende Programmiersprache.

3. Die Kriterien für den Akzeptanztest der Software, um validieren zu können, dass die Software die ihr zugewiesenen Anforderungen erfüllen kann.

Fähigkeit zur Leistung (3): Es werden ausreichende finanzielle Mittel und Ressourcen bereitgestellt, um die Software-Spezifikation verwalten zu können. Dazu gehören:

1. Zuteilung von Mitarbeitern, die Erfahrung mit derartigen Applikationen vorweisen können.

2. Einsatz von Werkzeugen. Zu diesen Tools können gehören: Textverarbeitungsprogramme sowie Werkzeuge zur Verfolgung einzelner Anforderungen oder für das Konfigurationsmanagement.

Fähigkeit zur Leistung (4): Die Mitarbeiter der Software-Entwicklung und anderer damit befasster Gruppen werden geschult, um ihre Aufgaben in Zusammenhang mit Anforderungen durchführen zu können. Diese Schulung kann sich auf Methoden, Standards, Verfahren oder die Applikation beziehen.

Durchzuführende Tätigkeiten

Tätigkeit (1): Ein Mitarbeiter der Software-Entwicklung oder dessen Management überprüft die der Software zugewiesenen Anforderungen, bevor sie für das Software-Projekt übernommen werden. Zu diesen Tätigkeiten zählen:

1. Das Identifizieren fehlender oder nicht ausreichend spezifizierter Anforderungen.

2. Das Identifizieren nicht realisierbarer, unklarer, widersprüchlicher oder nicht testbarer Anforderungen an die Software.

3. Das Identifizieren von Anforderungen, mit denen bei der Realisierung in Software Probleme zu erwarten sind.

4. Die Software-Entwicklung diskutiert offene Punkte mit anderen Gruppen, bevor sie die Software-Spezifikation akzeptiert.

Tätigkeit (2): Die Software-Spezifikation dient als Ausgangsbasis, um Software-Pläne und Produkte zu erstellen sowie Tätigkeiten durchzuführen. Für die Software-Spezifikation gilt:

1. Sie wird unter Konfigurationskontrolle gestellt, unterliegt der Kontrolle des Managements und wird nur in nachvollziehbarer Weise geändert.

2. Sie bildet die Basis für den Software-Entwicklungsplan.

Tätigkeit (3): Änderungen zu den der Software zugewiesenen Anforderungen werden überprüft und fließen in das Software-Projekt ein.

1. Bei jeder Änderung wird überprüft, welche Auswirkung sie auf bestehende Verpflichtungen hat. Falls sich Auswirkungen über das Software-Projekt hinaus ergeben, wird die Geschäftsleitung eingeschaltet.
2. Änderungen, die sich in Bezug auf Pläne, Produkte oder Tätigkeiten ergeben, werden identifiziert, bewertet, auf das damit verbundene Risiko hin untersucht und dokumentiert.

Messung und Analyse

Messung (1): Es werden Messungen durchgeführt, um den Status der der Software zugewiesenen Anforderungen bewerten zu können. Dazu können Änderungen gegenüber dem Dokument gehören, sowie die Zahl der offenen und geschlossenen Änderungsanträge.

Überprüfung der Implementierung

Verifikation (1): Die Tätigkeiten zur Erstellung, Verwaltung und Änderung der Software-Spezifikation werden regelmäßig von der Geschäftsleitung überprüft.

Verifikation (2): Die Tätigkeiten zur Erstellung, Verwaltung und Änderung der Software-Spezifikation werden vom Projektmanager regelmäßig überprüft. Hinzu kommen können Überprüfungen aus besonderem Anlass.

Verifikation (3): Die Qualitätssicherung überprüft die Tätigkeiten und Produkte im Zusammenhang mit den Software-Anforderungen und berichtet über die Ergebnisse. Dazu gehört in der Regel:

1. Ein Review der Software-Spezifikation.
2. Eine Überprüfung des Entwicklungsplans und aller Änderungen dieses Plans.
3. Überprüfung dahingehend, dass Änderungen in der Software-Spezifikation mit den betroffenen Gruppen abgesprochen und eingegangene Verpflichtungen geändert oder angepasst werden.

Bei der Software-Spezifikation geht man im Rahmen des CMM offenbar generell davon aus, dass die Software Teil eines größeren Systems ist. Erkennbar ist der feste Wille, keine Verpflichtungen einzugehen, die später nicht eingehalten werden können. Dazu dienen Gespräche mit den beteiligten Gruppen vor der Akzeptanz von Verpflichtungen. Die anderen Key Process Areas [35] sind ähnlich detailliert beschrieben. Das Capability Maturity Model hat in den USA auf den sanften Druck des DoD hin weite Verbreitung gefunden. Fragen wir uns nun, wo die Software-Industrie steht, wenn wir als Maßstab das CMM heranziehen (siehe Abbildung 6-8).

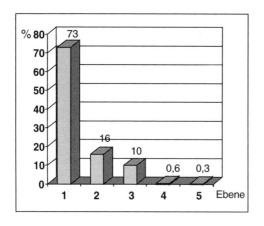

Abb. 6-8:

Verteilung der Unternehmen in den USA [40]

Die obige Statistik basiert auf Zahlen aus dem Jahre 1995 und berücksichtigt 435 vom *Software Engineering Institute* durchgeführte Assessments. Der Großteil der Unternehmen befindet sich auf Stufe 1 des CMM; nur wenige haben es vermocht, sich auf Ebene 2 oder 3 vorzuarbeiten. Die Unternehmen auf Ebene 4 oder 5 kann man an den Fingern einer Hand abzählen.

Wie stellt sich nun die Lage in Europa dar? Sind hier die Verhältnisse besser? Sehen wir uns dazu die Werte in Tabelle 6-5 an.

	Ebene 1	**Ebene 2**	**Ebene 3**	**Ebene 4**	**Ebene 5**
USA [%]	73	16	10	0,6	0,3
Europa [%]	47,9	52,1	–	–	–

Tabelle 6-5:   *Verhältnisse in Europa [40]*

Die Ergebnisse für die europäische Software-Industrie sind also ebenfalls ernüchternd. Zwar ermutigt die hohe Zahl der Unternehmen auf Ebene 2. Auf der anderen Seite fehlen die Spitzenreiter auf Ebene 3 oder 4, die ein Vorbild für den Rest der Industrie bilden könnten.

Bei aller Ernüchterung muss man allerdings erkennen, dass mit dem CMM erstmals ein Maßstab zur Verfügung gestellt wurde, um die Leistungen eines Unternehmens der Software-Industrie exakt messen zu können. DIN EN ISO 9001 ist dazu wenig geeignet. Man kann zwar durchaus behaupten, dass ein nach dieser Norm zertifiziertes Unternehmen sich auf Stufe 2 oder 3 des CMM befindet. Doch wo genau es liegt, vermag kaum jemand mit Bestimmtheit zu sagen.

Wenn sich eine Organisation innerhalb des CMM um eine Stufe hoch gearbeitet hat, dann schlagen sich die Verbesserungen im Prozess auch in einer Senkung der Fehlerzahl in der Software sowie einer erhöhten Produktivität nieder. Wie Fehlerzahl und Ebenen des CMM zusammenhängen, zeigt Tabelle 6-6.

CMM-Ebene	Erwartete Fehler [Fehler/FP]	Erwartete Fehler [Fehler/KLOC]	Effizienz des Tests [%]	Restfehlerrate [Fehler/FP]	Restfehlerrate [Fehler/KLOC]
1	5,00	39	85	0,75	5,9
2	4,00	31	89	0,44	3,4
3	3,00	23	91	0,27	2,1
4	2,00	16	93	0,14	1,1
5	1,00	8	95	0,05	0,4

Tabelle 6-6:   *Ebene des CMM und Fehler in der Software [45]*

Inzwischen hat das Software Engineering Institute rund fünfhundert Unternehmen und ihren Prozess zur Erstellung von Software untersucht. Dabei wurden weniger als ein Prozent der Unternehmen auf Stufe 5 des CMM eingereiht. Unter den wenigen Organisationen, die es so weit gebracht haben, ist IBMs ehemalige *Federal Systems Division* (FSD). Dieser Bereich wurde inzwischen an Loral in Texas [49] verkauft. Zuständig ist dieser Bereich für die Software, mit der das Space Shuttle fliegt.

In Tabelle 6-7 ist dargestellt, wie sich die Software für die amerikanische Raumfähre im Laufe der Jahre und über verschiedene Releases hinweg verbessert hat.

Update	Freigabe	Länge der Mission [d]	Restfehler	Änderungen [KLOC]	MTTF [d]	Restfehler pro KLOC
A	01-SEP-83		6	8,0	179,7	0,75
B	12-DEC-83	6	10	11,4	409,6	0,877
C	08-JUN-84	7	10	5,9	406,0	1,695
D	05-OCT-84	7	12	12,2	192,3	0,984
E	15-FEB-85	6	5	8,8	374,6	0,568
J	18-JUN-90	9	7	29,4	73,6	0,248
O	18-OCT-95	18	5	15,3	68,8	0,327

Tabelle 6-7:   *Verbesserungen bei der Software für das Space Shuttle [51]*

Die Zahl der Restfehler ist den neunziger Jahren des vorigen Jahrhunderts stark zurück gegangen. Auch die MTTF *(Mean Time to Failure)* hat sich verbessert, wobei man natürlich fragen kann, was diese aus der Hardware übernommene Metrik bei Software eigentlich aussagt. Ein lange Zeit in der Software verborgener Fehler ist nicht notwendigerweise ein guter Fehler. Diese Erfolge waren sicherlich eine Folge von Prozessverbesserungen [49] auf allen Ebenen.

Auch bei Boeings *Space Transportation Systems* (STS) hat man das CMM adaptiert. Dieser Bereich des Flugzeugbauers in Seattle ist für die Treibsätze verantwortlich, die nach dem Aussetzen eines Satelliten durch das Space Shuttle diesen in eine höhere Umlaufbahn [44,52] bringen. Das Space Shuttle selbst ist nicht in der Lage, auf höhere Umlaufbahnen vorzudringen. Für die Verringerung der Fehlerzahl gibt man bei Boeing die folgenden Zahlen an (siehe Abbildung 6-9).

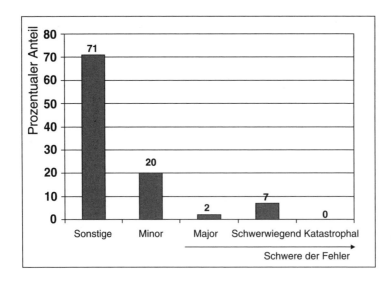

Abb. 6-9:
Verringerung der
Fehlerzahl [50]

Vor der Einführung des CMM hat man in diesem Bereich von Boeing 70 Prozent der Fehler in der Verifikation gefunden und rund 19 Prozent bei der Validation der Software. Nach der Einführung von Verbesserungen dagegen fand man 83 Prozent der Fehler bereits bei der Durchführung von Peer Reviews.

Für die Steigerung der Produktivität bei der Software-Erstellung werden von Boeing die folgenden Zahlen genannt (siehe Abbildung 6-10).

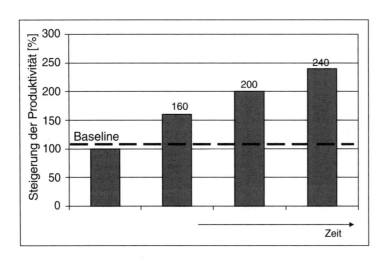

Abb. 6-10:
Steigerung der
Produktivität [50]

Bemerkenswert ist, dass trotz aller Erfolge bei Unternehmen wie Boeing und Loral, die innerhalb ihrer Branche einen Spitzenplatz einnehmen, diese Erfolge stets nur in einzelnen Bereichen erzielt werden konnten. Wir sind also noch weit davon entfernt, solche Erfolge auf das Gesamtunternehmen ausdehnen zu können.

6.3 Das Risiko beherrschen

Wenn man die Fälle im ersten Kapitel betrachtet, war sich das Management oftmals nicht bewusst, welches Risiko mit einem Projekt eingegangen wurde. In anderen Fällen wird das Risiko nicht beachtet. Man betreibt seitens der Unternehmensleitung eine Vogel-Strauß-Politik und tut so, als ob es kein Risiko gäbe.

Demgegenüber gehen verantwortliche Firmenleitungen die Risiken aggressiv an. Sie tun alles, um die vorhandenen Risiken bereits im Vorfeld zu identifizieren, verfolgen die Risiken im Projektverlauf und unternehmen Anstrengungen, um bestimmte Risiken zu eliminieren.

In Abbildung 6-11 sind die Techniken dargestellt, mit denen am häufigsten versucht wird, die bei der Software-Entwicklung anzutreffenden Risiken unter Kontrolle zu bringen.

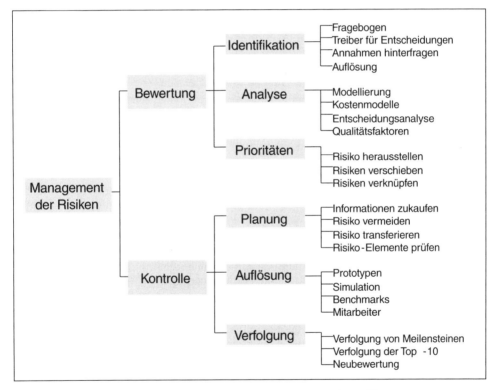

Abb. 6-11:   *Kontrolle von Risiken bei der Software-Erstellung [53]*

Bei der Behandlung der Risiken verfolgt man zwei Ansätze: Zum einen werden die Risiken bewertet und eingeordnet und zum zweiten werden sie im Projektverlauf konsequent verfolgt. Im Bereich der Identifikation von Risiken werden zum Beispiel Fragebögen eingesetzt, um alle Risiken erfassen zu können. Weiterhin wird untersucht, welche Hintergründe für das Auftreten bestimmter Risiken entscheidend sind. Ferner wird gefragt, ob bestimmte Annahmen, die getroffen wurden, nicht auf Tatsachen beruhen, die in dieser Form nicht mehr zutreffen. Zuletzt wird versucht, ein Risiko in seine Bestandteile zu zerlegen.

Im Bereich Risikoanalyse kommt Modellbildung in Frage und das gilt auch für die mit dem Risiko verbundenen Kosten. In der Entscheidungsanalyse wird untersucht, wie bestimmte Entscheidungen im Projekt zu Stande kommen, während bei den Qualitätsfaktoren gefragt wird, wie sich technische Entscheidungen auf die Produktqualität auswirken.

Bei den Prioritäten geht es darum, das größte Risiko und die weniger schwerwiegenden Risiken eindeutig zu identifizieren. Es wird auch untersucht, ob ein Risiko verschoben werden kann. So wäre es zum Beispiel im Fall der THERAC-25 durchaus möglich gewesen, das ältere Design der THERAC-23 beizubehalten. Bei dieser Maschine kam es bei Fehlbedienung lediglich dazu, dass ein paar Sicherungen durchbrannten. Weil Steuerungs- und Kontrollfunktionen nicht mit Software realisiert waren, konnten dadurch auch keine Fehler auftreten.

Im Bereich der Kontrolle der identifizierten Risiken geht es bei der Planung zunächst darum, die Frage zu untersuchen, ob bestimmte Informationen zugekauft werden können. Wenn ein Unternehmen etwa zum ersten Mal auf Kundenwunsch Java einsetzen muss, aber selbst keine Erfahrungen mit dieser Programmiersprache besitzt, so ist es bei einem engen Zeitplan durchaus sinnvoll, einen Berater anzuheuern, der bereits mit dieser Sprache gearbeitet hat. Auf diese Weise mindert man das Risiko, beim Einsatz der neuen Sprache zu scheitern. Es ist auch möglich, ein Risiko zu vermeiden oder zumindest zu vermindern. Wenn das nicht möglich ist, sollte man zumindest die Elemente jedes eingegangenen Risikos genau untersuchen, um die Mechanismen beim Eintreten des Risikos besser verstehen zu können.

Im Bereich Auflösung eines Risikos bieten sich Simulation, der Bau von Prototypen und Benchmarks an. Untersuchungen mit Benchmarks sind deshalb sinnvoll, weil man damit bestimmte Parameter numerisch beurteilen kann. In diesem Bereich kann es auch darum gehen, das Entwicklungsteam so aufzubauen oder zu verstärken, dass komplementäre Fähigkeiten im Team vorhanden sind.

Im Bereich Verfolgung der Risiken kann man an bestimmten Meilensteinen des Projekts, etwa in Reviews, immer auch die Risiken und deren Status untersuchen. Es besteht auch die Möglichkeit, eine Top-10- oder Top-5-Liste der Risiken aufzustellen und diese Liste bei jeder Sitzung des Managements zu behandeln. Schließlich ist auch zu bedenken, dass bei großen und langwierigen Projekten im Laufe der Jahre eine Änderung im Umfeld eintreten kann. Denken Sie in diesem Zusammenhang etwa an Kernkraftwerke. Hier hat sich die Meinung weiter Kreise der Bevölkerung im Laufe der letzten zwanzig Jahre signifikant verschoben.

Wenn die Risiken bei einem Projekt deutlich über dem Niveau liegen, das die Firma gewohnt ist, dann besteht auch die Möglichkeit, einen Beauftragten zu benennen, der die erkannten Risiken im Projektverlauf ständig im Auge behält und darüber berichtet.

Generell kann man behaupten, dass die Zahl der Risiken in einer Zeit des Übergangs, wie wir sie gegenwärtig durchleben, eher eine steigende Tendenz aufweist. Risiken sind in solchen Zeiten nicht zu vermeiden, aber man muss auch die andere Seite dieser Medaille sehen: Sie heißt Chance.

6.4 Qualitätssicherung und Test

Bei jedem Projekt wird es entscheidend darauf ankommen, dass das Qualitätsmanagement früh in den Prozess eingebunden wird und somit eine Chance bekommt, die mit einem Auftrag verbundenen Risiken für das Unternehmen frühzeitig zu erkennen. Manche Bereiche mögen unkritisch sein, aber in anderen Feldern können Gefahren lauern, die das Projekt zum Scheitern bringen können. Die Zahl der abgebrochenen Projekte ist in unserer Branche erschreckend hoch und von den zu Ende gebrachten Vorhaben wird in vielen Fällen berichtet, dass sie weder ihren Termin eingehalten noch mit ihrem Budget ausgekommen sind.

Gerade deswegen ist es so wichtig, dass eine von der Software-Entwicklung unabhängige Instanz das Projekt vom ersten Tag an kritisch begleitet und immer wieder die Frage stellt, was denn schief gehen könnte. Langjährige Qualitätssicherer sind mit der Software groß geworden und wissen deshalb aus eigener Erfahrung, in welche Fallen man tappen kann. Deshalb sollte man Qualitätssicherung, und bis zu einem gewissen Grad auch den Test der Software, als eine projektbegleitende Tätigkeit auffassen. Dies ist in Abbildung 6-12 dargestellt.

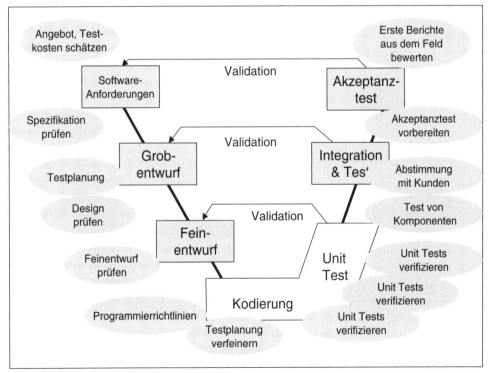

Abb. 6-12:   *Qualitätssicherung als projektbegleitende Tätigkeit*

Die meisten der oben aufgeführten Tätigkeiten sind analytischer Natur, aber man sollte darüber nie vergessen, dass auch konstruktive Ansätze dazu beitragen können, die Qualität der Software zu steigern. Nur wenn alle Möglichkeiten in unserem Repertoire eingesetzt und konsequent durchgeführt werden, können wir wirklich zu ausgezeichneten Ergebnissen kommen.

6.5   Ausblick

Ours is a transition period. What the future society will look like, let alone whether it will indeed be the „knowledge society" some of us dare hope for, depends on how the developed countries respond to the challenges of this transition period.
Peter Drucker

Wir erleben gegenwärtig in großem Ausmaß das Eindringen von Elektronik und Software in Bereiche, in denen in der Vergangenheit andere Technik eingesetzt wurde. Bedingt ist dies durch den technischen Fortschritt, sinkende Kosten für elektronische Bauteile, aber auch durch Forderungen aus dem Bereich Umweltschutz.

Während noch vor Jahren ein Fernseher tatsächlich Röhren enthielt, ist inzwischen die einzige Röhre die Bildröhre. Gesteuert wird das Gerät von Elektronik, die mittels Software bestimmte Funktionen ausführen kann. Wenn wir ein paar Jahre warten, wird auch noch die letzte Röhre durch ein flaches Display ersetzt werden.

Im Bereich Flugzeuge wurde das so genannte *Glass Cockpit* eingeführt, nicht weil die Piloten es gefordert hätten, sondern weil Hersteller wie Honeywell der Meinung waren, die Technik wäre jetzt so weit. *Glass Cockpit* bedeutet, dass die bisher eingesetzten analogen Anzeigeinstrumente durch Bildschirme, Displays und computergesteuerte Anzeigen ersetzt wurden. Die Piloten taten sich dann auch schwer mit der neuen Technik: Zum einen hatte sie vorher keiner gefragt, zum zweiten waren sie durch die Fülle der dargebotenen Informationen oftmals überfordert.

Im Bereich des Automobils reden wir über einen Massenmarkt. Das bedeutet, dass ein Fehler dazu führen kann, dass ein bestimmtes Modell zur Umrüstung ins Werk zurück muss. Gerade in diesem Bereich ist zur Zeit die Umstellung auf elektronische Komponenten und Software in vollem Gange. Wenn wir in diesem Industriezweig mit denselben Fehlern zu kämpfen haben wie in den Bereichen der Technik, die in diesem Buch behandelt wurden, dann gehen wir interessanten Zeiten entgegen.

Anhang

A.1   Literaturverzeichnis

[1] Karla Jenning: *The Devouring Fungus – Tales of the Computer Age*. London, 1990.

[2] Michael A. Dornheim: *Faulty Thruster Table Led to Mars Misha*. In: Aviation Week & Space Technology, October 4, 1999.

[3] *Mars Orbiter Opfer englischer Einheiten*. In: Süddeutsche Zeitung, München, 2. Oktober 1999.

[4] *Rechenfehler führte zu Millionenpleite*. In: Nürnberger Nachrichten, Nürnberg, 2. Oktober, 1999.

[5] *Mars Climate Orbiter Lost*. In: Mars Underground News, Volume 11, Number 3, 1999.

[6] Peter G. Neumann: *Computer Related Risks*. Washington. 1995.

[7] Jack J. Woehr: *A conversation with Glenn Reeves*: In: Dr. Dobb's Journal. November 1999.

[8] Pierre Sparaco: *Board faults Ariane 5 Software*. In: Aviation Week & Space Technology, July 29, 1996, Seite 33.

[9] *Softwarefehler für Fehlstart von Ariane 5 verantwortlich*. In: Süddeutsche Zeitung, München, 24. Juli 1996.

[10] *Jahr-2000-Problem schlägt erstmals zu*. In: Süddeutsche Zeitung, München, 14. Oktober 1999.

[11] *Pannen bei Bank 24*. In: c't, Hannover, 9/99.

[12] Georg Erwin Thaller: *Software Engineering für Echtzeit und Embedded Systems*, Kaarst, 1997.

[13] Nancy G. Leveson: *Safeware, System Safety and Computers*. Reading, 1995.

[14] *Gene entlarven Sexualmörder*. In: Süddeutsche Zeitung, München, 2. Juni 1998.

[15] Georg Erwin Thaller: *Der Individuelle Software-Prozess: DIN EN ISO 9001 für Klein- und Mittelbetriebe*. Kaarst, 1997.

[16] Georg Erwin Thaller: *ISO 9001: Software-Entwicklung in der Praxis*. 2. Aufl., Hannover, 2000.

[17] Georg Erwin Thaller: *Software-Dokumente: Funktion, Planung, Erstellung*. Hannover, 1995.

[18] Barry W. Boehm: *Software Engineering Economics*. Englewood Cliffs, 1981.

[19] David A. Wheeler: *Software Inspection: An industry best practice.* Los Alamitos, 1966.

[20] Georg Erwin Thaller:*Verifikation und Validation: Software-Test für Studenten und Praktiker.* Wiesbaden, 1994.

[21] Helmuth Späth: *Ausgewählte Operations Research-Algorithmen in FORTRAN.* München, 1975.

[22] Jürgen Gulbins: *UNIX System V.* 4. Aufl., Berlin / Heidelberg, 1995.

[23] Maurice C. Bach: *The Design of the UNIX Operating System.* Englewood Cliffs, 1986.

[24] Peter P. Silvester: *The UNIX System Guidebook.* 2. Aufl., Heidelberg, 1988.

[25] Donald E. Knuth: *The Art of Computer Programming: Fundamental Algorithms.* Amsterdam, 1973.

[26] *Das neue DUDEN-Lexikon.* Mannheim, 1989.

[27] Otto Zierer: *Bild der Jahrhunderte, Band 14.* Gütersloh.

[28] *World Almanac and Book of Facts 1990.* New York, 1989.

[29] Tom DeMarco, Timothy Lister: *Peopleware: Productive Projects and Teams.* 2. Aufl., New York, 1999.

[30] Glenford J. Myers: *The Art of Software Testing.* New York, 1979.

[31] Thomas A. Thayer: *Software Reliability.* Amsterdam, 1978.

[32] Glenford J. Myers: *Reliable Software Through Composite Design.* New York, 1995.

[33] Mark Fewster, Dorothy Graham: *Software Test Automation.* Harlow, 1999.

[34] David C. Kung, Pei Hsia, Jerry Goa: *Testing Object-oriented Software.* Los Alamitos, 1998.

[35] William E. Perry, Randall W. Rice: *Surviving the top-ten Challenges of Software Testing.* New York, 1997.

[36] Georg Erwin Thaller: *Software-Metriken: einsetzen, bewerten, messen.* Hannover, 1994.

[37] Frederick P. Brooks: *The Mythical Man-Month.* 2. Aufl., Amsterdam, 1995.

[38] Gerald M. Weinberg: *The Psychology of Computer Programming.* New York, 1971.

[39] Norman A. Fenton: *Software Metrics*: London, 1991.

[40] Georg Erwin Thaller: *Qualitätsoptimierung der Software-Entwicklung: Das Capability Maturity Model (CMM).* Wiesbaden, 1993.

[41] Steve McConnell: *Software Project Survival Guide.* Redmond, 1998.

[42] Steve McConnell: *Code Complete.* Redmond, 1993.

[43] Capers Jones: *Software Quality: Analysis and Guidelines for Success.* Boston, 1997.

[44] Georg Erwin Thaller: *Spionagesatelliten: Unsere Augen im All.* Baden-Baden, 1999.

[45] Georg Erwin Thaller: *SPICE – ISO 9001 und Software in der Zukunft.* Kaarst, 1998.

[46] Jonathan P. Bowen, Michael G. Hinchey: *Ten Commandments of Formal Methods.* In: IEEE Computer, April 1995.

[47] Capers Jones: *Applied Software Measurement.* 2. Aufl., New York, 1996.

[48] Mark C. Paulk: *The Capability Maturity Model.* Pittsburgh, 1995.

[49] Georg Erwin Thaller: *Software-Qualität: Der Weg zu Spitzenleistungen in der Software-Entwicklung.* Berlin, 2000.

[50] G. Gordon Schulmeyer, James I. McManus: *Handbook of Software Quality Assurance.* Upper Saddle River, New Jersey, 1998.

[51] Schneidewind: *How to Evaluate Legacy System Maintenance.* In: IEEE Software, July/August 1998.

[52] Georg Erwin Thaller: *Satelliten im Erdorbit: Nachrichten, Fernsehen und Telefonate aus dem Weltall.* Poing, 1999.

[53] Barry Boehm: *Software Risk Management.* Los Alamitos, 1989.

[54] Peter Fortescue, John Stark: *Spacecraft Systems Engineering.* Chichester, 1991.

A.2   Spezifikation: Kernfunktionen der Kalenderroutinen

[Die Einleitung der Spezifikation sowie die Referenzen wurden weggelassen. Das Dokument beginnt daher mit Kapital 3]

3   Funktionelle Anforderungen an die Software

Für die Kalenderroutinen gelten die nachfolgenden aufgeführten Anforderungen. Die Algorithmen werden mit FORTRAN-Anweisungen dargestellt, können aber in jede geeignete höhere Programmiersprache umgesetzt werden.

3.1   Erzeugen einer aktuellen Liste mit Daten zu Geburtstagen

Das Programm soll eine Datei einlesen, in der Daten zu Geburtstagen gespeichert sind. Mit Hilfe dieser Daten soll eine Ausgabedatei mit den Daten zu den Geburtstagen für das aktuelle Jahr erzeugt werden.

3.1.1   Eingabe

Die Datei mit den Eingabewerten ist nach Sätzen geordnet. Jeder Satz enthält den Geburtstag einer Person und den Namen der zugehörigen Person. Ein Satz hat zum Beispiel die folgende Form:

23-JAN-1923 Tante Anni

Das Datum ist immer in der Form DD-MMM-JJJJ dargestellt. Für den Monat kommen die folgenden Zeichenketten in Betracht: JAN, FEB, MAR, APR, MAI oder MAY, JUN, JUL, AUG, SEP, OKT oder OCT, NOV, DEZ oder DEC.

Beim Jahr ist die Form ‚xxxx' erlaubt, wenn keine Angaben über das Geburtsjahr vorliegen. Der folgende Datensatz ist also zulässig:

25-NOV-xxxx Jennifer

Nach dem Datum folgt ein einziges Leerzeichen. Der Zeichensatz mit dem Namen ist nicht weiter strukturiert und darf maximal 12 Zeichen enthalten.

3.1.2   Geforderte Funktionen

Für jeden Satz in der Eingabedatei soll der Wochentag des Geburtstages im aktuellen Jahr, das Alter der Person in Jahren und Tagen sowie der Jahrestag des Geburtstages im aktuellen Kalenderjahr errechnet werden.

3.1.3   Detaillierte Beschreibung der Funktionen

3.1.3.1   Aktuelles Jahr

Das aktuelle Jahr soll aus einer Systemdatei des Rechners, in der das Datum des Tages gespeichert ist, erzeugt werden.

3.1.3.2   Wochentag

Der Wochentag des Geburtstages im aktuellen Jahr soll mittels des Tags und Monats aus der Eingabedatei und dem aktuellen Jahr für jeden Satz der Eingabedatei errechnet werden.

Zur Berechnung soll der folgende Algorithmus [33] benutzt werden:

Eingaben: TAG, MONAT, JAHR

L = MONAT + 10
M = (MONAT - 14) / 12 + JAHR

WOCHENTAG =   MODULA((13 * (L -(L / 13) * 12)
                     -1) / 5 + TAG + 77 +5 *(M -   (M / 100) * 100) / 4
                     + M / 400 - (M / 100) * 2, 7)

3.1.3.3   Jahrestag

Der Jahrestag soll mittels Datum aus der Eingabedatei unter Berücksichtigung des aktuellen Jahres berechnet werden.

Dazu soll der folgende Algorithmus eingesetzt werden:

Eingaben: TAG, MONAT, JAHR

```
IF (MONTH .EQ. 1 .OR. MONTH .EQ. 3 .OR.

       MONTH .EQ. 5 .OR. MONTH .EQ. 7 .OR.
       MONTH .EQ. 8 .OR. MONTH .EQ. 10 .OR.
       MONTH .EQ. 12) THEN ML = 31
ELSE
       ML = 30;

IF (MONTH .EQ. 2) THEN ML=28;


IF (MONTH > 1)
               {
               I=1; M=2;
               while ( M <= MONTH )
                               {
                               J=J+ML[I-1];
                               I=I+1;
```

```
                        M=M+1;
                    }
        }
    J= J + DAY;

    IF ((YEAR % 4 == 0
            && YEAR % 100 != 0
            || YEAR % 400 == 0)
            && MONTH > 2) J=J+1 /* SCHALTJAHR */
return J;
```

3.1.3.4   Datum in Julianischen Kalender

Das Alter in Tagen soll errechnet werden, indem für den Geburtstag einer Person nach den Daten in der Eingabedatei sowie den Geburtstag im aktuellen Jahr der Tag im Julianischen Kalender errechnet wird.

Das Alter einer Person in Tagen wird berechnet, indem der Geburtstag laut Eingabedatei vom Geburtstag im aktuellen Jahr subtrahiert wird. Dies geschieht im Julianischen Kalender. Die errechnete Zahl stellt das Alter in Tagen dar.

Der Tag im Julianischen Kalender kann nach der folgenden Rechenvorschrift ermittelt werden:

Eingaben: TAG, MONAT und JAHR im Gregorianischen Kalender.

J = (MONAT - 14) / 12
L = JAHR + J + 4800

JUL_TAG = TAG - 32075 + 1461 * L / 4
            + 367 * (MONAT - 2 - 12 * J) / 12
            - 3 * ((L + 100) / 100) / 4

3.1.3.5   Ausnahmen

Ist das Jahr in der Eingabedatei mit der Zeichenkette 'xxxx' gekennzeichnet, so entfällt die Berechnung des Alters einer Person in Tagen und Jahren.

3.1.4   Ausgabe

Die Ausgabe soll in eine Datei erfolgen, in der jeder Datensatz die Daten einer Person enthält, und zwar
1. den Namen der Person in der Länge von 12 Zeichen;
2. den ausgeschriebenen Wochentag des Geburtstages im aktuellen Jahr;
3. den Geburtstag im aktuellen Jahr in der Form DD-MMM-JJJJ;
4. den Jahrestag des Geburtstages im aktuellen Jahr;
5. das Alter in Jahren, falls berechenbar, ansonsten Leerzeichen;
6. das Alter in Tagen, falls berechenbar, ansonsten Leerzeichen.

Die Ausgabe für die Daten einer Person soll auf eine Zeile eines DIN-A4-Blatts passen und nicht mehr als achtzig Zeichen (einschl. Blanks) lang sein.

3.1.4.1 Überschrift

Die Liste in der Datei soll mit einer Überschrift versehen werden, die den folgenden Text enthält:

Name Wochentag Geburtstag Jahrestag Alter Alter [d]

Überschrift und zugehörige Datenfelder müssen so ausgerichtet werden, dass sie auf der gleichen vertikalen Position beginnen.

3.2 Wiederverwendbarkeit

Die Berechnungen für das Programm sollen so gestaltet werden, dass große Teile der Software wieder verwendet werden können. Zu diesem Zweck sind zusammengehörige Funktionen in Module zu fassen, die auch von anderen Programmen eingesetzt werden können.

3.3 Zusätzliche Kalenderroutinen

Um die Wiederverwendbarkeit der Kalenderroutinen in anderen Applikationen und Projekten zu erleichtern, werden weitere zugehörige Kalenderroutinen geschaffen und getestet.

3.3.1 Datum aus Jahrestag

Aus dem Jahrestag und dem Jahr im Gregorianischen Kalender soll für Jahre größer als 1900 und kleiner als 2100 der zugehörige Tag und Monat bestimmt werden.

Der folgende Algorithmus kann zur Berechnung verwendet werden:

Eingaben: JAHR, JAHRESTAG

```
L = 0
IF ((JAHR / 4) * 4 == JAHR ) THEN L = 1
K = 0
IF (JAHRESTAG > (59 + L)) THEN K = 2 - L
J = JAHRESTAG + K + 91
MONAT = (J * 100) / 3055
TAG = J - ( MONAT * 3055) / 100
MONAT = MONAT - 2
```

3.3.2 Datum aus Julianstag

Das Datum mit Jahreszahl, Tag und Monat soll aus dem Tag im Julianischen Kalender errechnet werden.

Zur Berechnung kann der folgende Algorithmus herangezogen werden:

EINGABEN: JUL_TAG (Tag im Julianischen Kalender)

L = JUL_TAG + 68569
N = 4 * L / 146097
L = L - (146097 * N + 3) / 4
JAHR = 4000 * (L + 1) / 1461001
L = L - 1461 * JAHR / 4 + 31
MONAT = 80 * L / 2447
TAG = L - 2447 * MONAT / 80
L = MONAT / 11
MONAT = MONAT + 2 - 12 * L
JAHR = 100 * (N - 49) + L + JAHR

3.3.3 Ostern

Dieses Modul soll das Datum des Osterfestes für ein zugehöriges Jahr berechnen.

Zur Berechnung kann der folgende Algorithmus eingesetzt werden:

Eingaben: TAG, MONAT, JAHR
GN = MODULA (JAHR, 19) + 1
IF (JAHR <= 1582) THEN
    {
    ED = (5 * JAHR) / 4
    E = MODULA(11 * GN - 4, 30) + 1
    }
else
    {
    C = JAHR / 100 + 1
    CC = (3 * C) / 4 - 12
    ED = (5 * JAHR) / 4 - GC - 10
    E = MODULA(11 * GN + 19 + CC - GC, 30) + 1
    IF ((E == 25 & GN > 11) | (E == 24)) THEN E=E+1
    }
TAG = 44 - E
IF (TAG < 21) THEN TAG = TAG + 30
TAG = TAG + 7 - MODULA (ED+TAG, 7)
IF (TAG <= 31) THEN MONAT = 3
else
    {
    MONAT = 4
    TAG = TAG - 31
    }

3.4   Fehlerbehandlung

Die Eingabedatei soll auf falsche Eingaben bei den Monaten sowie Zahlen beim Tag größer als 31 oder kleiner als 1 untersucht werden. Außerdem soll der Name als falsch erkannt werden, wenn das Feld vollkommen leer ist.

Im Fehlerfall soll eine Meldung auf den Bildschirm ausgegeben werden, die die Nummer des Satzes der Eingabedatei enthält. Der falsche Datensatz wird ignoriert und es wird in der Verarbeitung fortgefahren. Ein Eintrag in die Ausgabedatei erfolgt bei einem Fehler in der Eingabedatei nicht.

A.3   Akronyme und Abkürzungen

ADU	Allocated Disk Unit
AECL	Atomic Energy of Canada Limited
AIMS	Airplanc Information Management System
ASIC	Application Specific Integrated Circuit
AT&T	American Telephone & Telegraph
BS	Betriebssystem
BSI	British Standards Institute
CASE	Computer Aided Software Engineering
CDR	Critical Design Review
CMM	Capability Maturity Model
COBOL	Commercial Business Oriented Language
COCOMO	Constructive Cost Model
CPU	Central Processing Unit
DCQ	Disk Copy Quick
DEC	Digital Equipment Corporation
DoD	Department of Defense
DRAM	Dynamic Random Access Memory
EN	Euronorm
EOS	Earth Observing System
EDV	Elektronische Datenverarbeitung
FAA	Federal Aviation Authority
FAT	File Allocation Table
FBI	Federal Bureau of Investigations
FMECA	Failure Mode Effects and Criticality Analysis
FP	Function Point
FSD	Federal Systems Division
FORTRAN	FORmal TRANslator
FPGA	Field Programmable Gate Array
GAO	General Accounting Office
GKS	Graphical Kernel System
IBM	International Business Machines
IEC	International Electrical Commission
IEEE	Institute of Electrical and Electronics Engineers

IPR	In-Process Review
IRS	Interface Requirements Specification
ISO	Europeans Standardisation Institute
IV&V	Independent Verification & Validation
JPL	Jet Propulsion Laboratory
KLOC	Kilo Lines of Code
LOC	Lines of Code
MH	Man Hour
MM	Man Month
MM	Mann-Monate
MTA	Medizinisch-technische Assistentin
MTTF	Meantime to Failure
NASA	National Aeronautics and Space Administration
PASS	Primary Avionics System Software
PDP	Programmed Data Processor
PC	Personal Computer
PDR	Preliminary Design Review
PT	Prototyping
QM	Qualitätsmanagement
RAD	Radiation absorbed dose
ROI	Return on Investment
RTCA	Radio Technical Commission for Aeronautics
SCCB	Software Change Control Board
SCMP	Software Configuration Management Plan
SDP	Software Development Plan
SEI	Software Engineering Institute
SEL	Software Engineering Laboratory
SEPG	Software Engineering Process Group
SPR	Software Problem Report
SQPP	Software Quality Program Plan
STR	Software Trouble Report
STS	Space Transportation Systems
TI	Texas Instruments
TRW	Thompson, Ramo, Woolridge

USA   United States of America

VAX   Virtual Address Extension
VMS   Virtual Memory System
VT   Video Terminal

A.4 Glossar

A

Ada
Ada, Countess of Lovelace, war die Tochter Lord Byrons. Sie unterstützte Charles Babbage bei der Konstruktion seiner Difference Engine. Zu ihren Ehren wurde die neue Programmiersprache des amerikanischen Verteidigungsministeriums Ada getauft.

Akzeptanztest
Formeller Test im Beisein des Kunden oder der Endbenutzer; dabei muss die Software die in der Spezifikation dokumentierten Anforderungen erfüllen. Ein Akzeptanztest ist ein Systemtest.

Algorithmus
Rechenanweisung in einer für einen Computer aufbereiteten Form, also eine Folge sequentieller Schritte.

Applikation
Software für den Endbenutzer in der Form einer spezifischen Anwendung

Assessment
Bewertung oder Beurteilung eines Systems oder eines Prozesses

Audit
Überprüfung der Einhaltung und Wirksamkeit eines vorgegebenen Qualitätssicherungssystems

B

Baseline
Spezifikation, ein Lastenheft oder ein anderes Software-Teilprodukt, das überprüft und genehmigt wurde, in der Regel unter Konfigurationskontrolle steht und nur durch einen formellen Änderungsprozess verändert werden kann

Betriebssystem
Software, die die Ausführung von Anwenderprogrammen auf einem Computer kontrolliert und die Ressourcen des Systems verwaltet

Benchmark
Test zur Messung der Leistungsfähigkeit eines Computersystems oder einer bestimmten Systemkomponente

Big Bang
Methode bei der Integration von Modulen der Software, bei der nicht in Schritten vorgegangen wird

Bit
Kleinste für einen Computer darstellbare Informationseinheit, also Null oder Eins im binären Zahlensystem

Black Box Test
Testmethode, bei der der Tester den Quellcode nicht kennt

Bottom-up
Vorgehensweise, bei der mit einer Tätigkeit auf der niedersten Ebene einer hierarchischen Struktur begonnen wird; Beispiele sind Bottom-up-Design und Bottom-up- Testing.

Boundary Analysis
Untersuchung von Grenzwerten im Rahmen eines Black Box Tests

Bug
Fehler in einem Computerprogramm; besser sind die Ausdrücke *defect, fault* und *failure*

Byte
Ein Byte besteht aus acht Bits. Ein Byte oder ein Halb-Byte ist oft die kleinste von einem Computerprogramm aus adressierbare Einheit im Speicher des Computers.

C

Capability Maturity Model
Modell zur Verbesserung des Software-Entwicklungsprozesses

CDR
Critical Design Review; das Review unmittelbar vor dem Beginn der Phase Kodierung.

Certification

Formelle Bestätigung, dass ein Prozess oder ein Produkt bestimmte Eigenschaften besitzt oder den Forderungen einer Norm genügt, zum Beispiel der DIN EN ISO 9001

Change Control

Formeller Prozess, durch den Software nach der Bildung einer Baseline geändert wird

Change Control Board

Gremium, das Änderungen an der Software kontrolliert, also genehmigt oder verwirft

Cleanroom

Methode zur Erstellung der Software, bei der eine strikte Trennung der Mitglieder des Entwicklungsteams nach Funktionen erfolgt

Code

Ausprägung von Software, die von einem Werkzeug wie einem Compiler erkannt und verarbeitet werden kann

Cohesion

Eigenschaft eines Software-Moduls, die durch einen möglichst hohen inneren Zusammenhalt bestimmt ist

Configuration Control

Siehe Konfigurationskontrolle.

Configuration Control Board

Siehe Change Control Board.

Configuration Item

Teil oder Sammlung identifizierbarer Teile, die vom Konfigurationsmanagement als eine Einheit betrachtet wird; ein Configuration Item muss eindeutig identifizierbar sein.

Configuration Management

Siehe Konfigurationskontrolle.

Composite Design

Designmethode, um Module mit hohem inneren Zusammenhalt und schlanken Schnittstellen zu erhalten

Coupling

Erwünscht ist *Low Coupling*, also die Reduzierung der Zahl der über Schnittstellen ausgetauschten Parameter zwischen verschiedenen Modulen und Software-Komponenten.

Critical Design Review

Formeller Review mit dem Kunden am Ende der Designphase

Crown Company

Firma im direkten Besitz der Regierung, ursprünglich der englischen Krone

D

Deadlock

Verklemmung; das heißt zum Beispiel, dass sich zwei konkurrierende Tasks nicht darauf einigen können, wer als nächstes eine Ressource bekommt.

Debugging

Lokalisieren und Beseitigen eines Fehlers im Quellcode

Deduktion

Ableitung des Besonderen aus dem Allgemeinen

Design

Als Synonym für Entwurf gebraucht

Dry Run

Gewissermaßen die Generalprobe bei einem wichtigen Review mit dem Kunden

Dummy

Software-Modul, das für ein noch nicht kodiertes Modul einsteht und unter Umständen nur sehr rudimentäre Funktionen bietet; anderer Ausdruck: Stub

E

Echtzeitsystem

Computersystem, bei dem die Nichterfüllung einer bestimmten Anforderung innerhalb eines vorgegebenen Zeitintervalls zum vollständigen Abbruch der Mission führt

Embedded Computer

Subsystem, das einen Teil eines größeren Systems bildet, wobei die wichtigste Funktion des Geräts nicht rechenorientiert zu sein braucht; ein Beispiel ist die Motorsteuerung eines Mittelklassewagens.

Equivalence Partitioning

Kreieren von Testfällen in der Weise, dass durch ausgewählte Eingabewerte eine ganze Klasse ähnlicher Werte abgedeckt wird

Error

(1) Fehler in der Software

(2) Menschlicher Irrtum, der sich in einem Fehler in der Software niederschlägt

Error Guessing

Methode beim Black Box Test der Software, um aus der Erfahrung des Testers weitere Testfälle zu gewinnen, mit denen Fehler aufgedeckt werden

Error Seeding

Methode, um das Ende des Tests bestimmen zu können

F

Failure Mode Effects and Criticality Analysis (FMECA)

Analytische Methode, um die Wahrscheinlichkeit für den Erfolg eines Systems zu berechnen

Feasibility Study (Machbarkeitsstudie)

Untersuchung der Machbarkeit eines Software-Projekts unter Berücksichtigung der technischen und finanziellen Bedingungen

Fehlerklasse

Einteilung der Software-Fehler nach ihrer Schwere, das heißt nach dem potentiellen Schaden, der bei ihrem Eintritt auftreten kann

Finite State Machine

Modell einer Maschine, bei der Zustandsüber-gänge durch bestimmte definierte Bedingungen gekennzeichnet sind

Firmware

(1) Software in Speichermedien, die relativ leicht geändert werden können, zum Beispiel EPROMs

(2) Microcode, Microprogramm

Flag

Semaphor, also eine Anzeige, ein Signal oder eine Bedingung in einer für ein Programm verständli-chen Form

FORTRAN

Die erste der technisch orientierten höheren Pro-grammiersprachen. FORTRAN war die erste hö-here Programmiersprache, für die ein Compiler gebaut wurde

Fremdsoftware

Nicht im eigenen Hause erstellte Software

G

Grenzwerte

Variable, die an der Grenze eines Bereichs liegen oder unmittelbar benachbart sind

H

Hazard Analysis

Untersuchung möglicher Unfälle, die durch das Versagen von Software eintreten können

High Level Language oder High Order Language

höhere Programmiersprache, wie zum Beispiel FORTAN, COBOL oder C

Host

Gastrechner, d.h. Computer, auf dem ein Pro-gramm entwickelt wird, das letztlich auf einem anderen Computer ausgeführt werden soll; Ge-gensatz: Target

I

Incremental Delivery

Auslieferung der Software in Schritten, wobei das erste Release vielleicht sechzig bis achtzig Pro-zent der verlangten Funktionen enthält

Induktion

Vom Einzelfall auf das Allgemeine schließen

Information Hiding

Verbergen der Implementierung einer Funktion, also die äußere Sicht einer Black Box

Inspection

(1) Traditionelle Methode der Qualitätssicherung zur Überprüfung eines Produkts nach dessen Fertigstellung

(2) Überprüfung eines Software-Produkts, zum Beispiel mittels Fagan Inspection

Instrumentierung
Veränderung eines Programms mit dem Ziel, durch zusätzliche Ausgaben einen Fehler eingrenzen und finden zu können

Integrationstest
Testschritt, bei dem Teile der Software miteinander oder mit der Hardware integriert und anschließend getestet werden

Interactive
Dialogorientiert

Interface
Schnittstelle

Internet
Weltweites, verzweigtes Netz mit Schwerpunkt der Netzknoten in den USA

Interrupt
Unterbrechung eines Prozesses durch ein externes Ereignis in der Weise, dass der unterbrochene Prozess nach der Abarbeitung des Interrupts fortgesetzt werden kann

Intranet
Internes Netz eines Unternehmens

K

Konfigurationskontrolle
Zu den Aufgaben der Disziplin gehören Identifizieren von Teilen der Software, Verfolgung von Änderungen und deren lückenlose Dokumentation

L

Life Cycle
Lebenszyklus der Software, in der Regel gerechnet von der Analyse der Anforderungen bis zum Akzeptanztest; andere Modelle nehmen die Phasen Wartung und *Retirement*, also Außerbetriebnahme der Software, hinzu.

M

Machbarkeitsstudie
Untersuchung der Machbarkeit eines Software-Projekts unter Berücksichtigung der technischen und finanziellen Bedingungen

Metrik
Messung zu Kenngrößen der Software oder des Entwicklungsprozesses, die eine quantitative Aussage zur Qualität erlaubt

Moderator
Rolle mit fest umrissenen Aufgaben bei Fagan Inspections oder beim Code Walkthrough

Modul
Synonym zu der Bezeichnung Software Unit, also die kleinste Einheit eines Programms

Mutationstest
Test zur Güte des Software-Tests

 O

Operating System
Siehe Betriebssystem.

 P

Peer
Jemand, der auf der gleichen Stufe einer Hierarchie steht

Peer Review
Überprüfung eines Software-Produkts durch die Kollegen des Entwicklers nach bestimmten Regeln

Phasenmodell
Modell der Software-Entwicklung, das den gesamten Projektzeitraum in abgrenzbare und überschaubare Phasen oder Teilschritte untergliedert

Preliminary Design
Grobentwurf

Priority Inversion
Fehlerhafter Zustand in einem Betriebssystem, bei dem eine niederpriore Task eine höhere Priorität als vorgesehen bekommt und auf diese Weise wichtige Aufgaben blockieren kann

 Q

Qualitätsindikatoren
Synonym für Metriken der Software

Quellcode
Programmanweisungen in einer höheren Programmiersprache, die von einem Menschen gelesen, von einem Computer aber nicht unmittelbar ausgeführt werden können

R

Rapid Prototyping
Methode, um dem Kunden relativ schnell einen Teil der Software (einen Prototyp) präsentieren zu können

Reader
Bei einer Fagan Inspection der Entwickler, der vorträgt

Real Time System
Siehe Echtzeitsystem

Recorder
Bei einer Fagan Inspection der Entwickler, der die Fehler aufschreibt

Regression Testing
Selektives Wiederholen von Tests nach Änderungen in der Software

Reliability
Zuverlässigkeit

Requirement
Anforderung an die Software, etwa eine Funktion oder ein Leistungsmerkmal

Reuseability
Siehe Wiederverwendbarkeit.

Review
Überprüfung der Software oder eines Software-Teilprodukts

Root Cause
Eigentliche Ursache eines Fehlers

S

Scribe
Bei einer Fagan Inspection oder beim Code Walk-through die Person, die das Protokoll führt

Sicherheitskritische Software
Software, bei deren Versagen menschliches Leben in Gefahr geraten könnte

Software
Computerprogramme, Dokumente und zugehörige Daten

Software Problem Report
Siehe Software Trouble Report.

Software Trouble Report
Fehlerbericht zur Software

Static Analyzer
Werkzeug zur Analyse von Programmcode, ohne dass dieser dabei tatsächlich ausgeführt wird

Stress Test
Art des Tests, bei der es auf hohen Durchsatz innerhalb kurzer Zeit ankommt

Style Guide
Vereinbarung innerhalb eines Entwicklungsteams, um bestimmte Richtlinien bei der Programmierung einzuhalten oder ausgewählte Sprachkonstrukte zu vermeiden

Stub
Modul der Software, das für ein noch nicht kodiertes Modul einsteht

Sourcecode
Siehe Quellcode.

Systemtest
Test am Ende der Entwicklung, bei dem die Software gegen die Forderungen der Spezifikation geprüft werden; im Beisein des Kunden spricht man von Akzeptanztest.

T

Testabdeckung
Beschreibt das Ausmaß eines Moduls beim White Box Test

Test Bed
Testumgebung

Test Case
Einzelner Testfall, der in der Regel durch definierte Eingaben und erwartete Ergebnisse gekennzeichnet ist

Test Log
Aufzeichnungen zur Durchführung eines Tests und tatsächliche Ergebnisse

Test Procedure
Detaillierte Beschreibung der bei einem Test durchzuführenden Testschritte in nachvollziehbarer Form; es kann sich auch um ein Test Script mit Kommentaren handeln.

Testability
Testbarkeit

Throughput
Durchsatz eines Computersystems

Tool
Werkzeug

Top-down
Methode, bei der in einem hierarchischen System mit einer Tätigkeit an der Spitze einer Pyramide begonnen wird; Beispiel: Top-down-Design

Trade Study
Untersuchung eines Werkzeugs oder einer anderen Investition mit dem Ziel, unter einer Reihe von Angeboten das für das Unternehmen am besten geeignete Tool zu finden

Treiber
Programm, das ein Modul oder eine Komponente aufruft und mit Werten versorgt, solange das dafür eigentlich zuständige Programm noch nicht kodiert ist

U

Utility
Programm zur Unterstützung des Betriebs eines Computers, zum Beispiel zum Kopieren von Platteninhalten

V

V-Modell
(1) Vorgehensmodell der Software-Entwicklung, das in der Form eines Vs dargestellt ist

(2) Vorgehensmodell der Bundeswehr und des deutschen Innenministeriums

Validation
Überprüfung der Software gegen vorgegebene Anforderungen

Verifikation
(1) Überprüfung eines Teilprodukts der Software-Entwicklung am Ende einer Phase gegen eine Norm oder die Ergebnisse der vorhergehenden Phase
(2) Formaler Beweis der Richtigkeit eines Programms im mathematischen Sinne

Volume Test
Test, bei dem es auf hohen Datendurchsatz ankommt

W

Walkthrough
Technik zur Überprüfung des Quellcode eines Programms ohne Einsatz eines Computers

Wasserfallmodell
Prozessmodell zur Software-Entwicklung, das seit den sechziger Jahren des vorigen Jahrhunderts bekannt ist

Watchdog Timer
Vorrichtung in einem Prozessor ähnlich dem Totmann-Knopf in einer Lokomotive; der Watchdog Timer soll verhindern, dass es zu Blockaden oder Endlosschleifen kommt.

White Box Test
Methode beim Testen von Software, bei der der Tester die Programmlogik kennt

Wiederverwendbarkeit
Methode zum erneuten Verwenden der Software, einzelner Module oder Komponenten

A.5   Normen und Standards

Standards des Institute of Electrical and Electronic Engineers (IEEE) und des American National Standards Institute (ANSI)

Nummer	Titel
100-1984	American National Standards Institute, ANSI-IEEE-STD-100-1984, IEEE Standard Dictionary of Electrical and Electronical Terms, 3rd edition, 1984, ISBN 471-80787-7
610.2-1987	IEEE Standard Glossary of Computer Applications Terminology
610.3-1989	IEEE Standard Glossary of Modeling and Simulation Terminology
610.10-1994	IEEE Standard Glossary of Computer Hardware Technology
610.12-1990	IEEE Standard Interface Devices
660-1986	IEEE Standard for Semiconductor Memory Test Pattern Language
696-1983	IEEE Standard Interface Devices
728-1982	IEEE Recommended Practice for Code and Format Convention
730-1989	IEEE Software Quality Assurance Plans
828-1990	IEEE Standard for Software Configuration Management Plans
829-1983	IEEE Standard for Software Test Documentation
830-1984	IEEE Software Requirements Specification
854-1987	IEEE Standard for Radix-Independant Floating-Point Arithmetic
982.1-1988	IEEE Standard Dictionary of Measures to Produce Reliable Software
982.2-1988	IEEE Guide for the Use of IEEE Standard Dictionary of Measures to Produce Reliable Software
990-1987	IEEE Recommended Practice for Ada as a Program Design Language
1002-1987	IEEE Standard Taxonomy for Software Engineering Standards
1008-1987	IEEE Standard for Software Unit Testing
1012-1986	IEEE Standard for Software Verification and Validation Plans
1016-1987	IEEE Recommended Practice for Software Design Descriptions
1016.1-1993	IEEE Guide to Software Design Descriptions
1028-1988	IEEE Standards for Software Reviews and Audits
1042-1987	IEEE Guide to Software Configuration Management
1045-1992	IEEE Standard for Software Productivity Metrics
1058.1-1987	IEEE Standard for Software Project Management Plans
1061-1992	IEEE Standard for Software Quality Metrics Methodology
1063-1987	IEEE Standard for Software User Documentation
1074-1991	IEEE Standard for Developing Software Life Cycle Processes
1084-1986	IEEE Standard Glossary of Mathematics of Computing Technology
1003.1-1988	IEEE Standard Portable Operating System Interface for Computer Environments
1209-1992	IEEE Recommended Practice for the Evaluation and Selection of CASE Tools
1219-1992	IEEE Standard for Software Maintenance
1228-1994	IEEE Standard for Software Safety Plans

Liste einschlägiger deutscher bzw. internationaler Normen

DIN EN ISO 9000-1	Normen zum Qualitätsmanagement und zur Qualitätssicherung/QM-Darlegung – Teil 1: Leitfaden zur Auswahl und Anwendung
DIN EN ISO 9001	Qualitätsmanagementsysteme – Modell zur Qualitätssicherung/QM-Darlegung in Design/Entwicklung, Produktion, Montage und Wartung
DIN EN ISO 9002	Qualitätsmanagementsysteme – Modell zur Qualitätssicherung/QM-Darlegung in Produktion, Montage und Wartung
DIN EN ISO 9004-1	Qualitätsmanagement und Elemente eines Qualitätsmanagementsystems – Teil 1: Leitfaden
E DIN ISO 8402	Qualitätsmanagement und Qualitätssicherung – Begriffe
E DIN ISO 9000-2	Qualitätsmanagement- und Qualitätssicherungsnormen – Allgemeiner Leitfaden zur Anwendung von ISO 9001, ISO 9002 und ISO 9003
DIN ISO 9000-3	Qualitätsmanagement- und Qualitätssicherungsnormen – Leitfaden für die Anwendung von DIN/ISO 9001 auf die Entwicklung, Lieferung und Wartung von Software
DIN ISO 9000-4	Normen zum Qualitätsmanagement und zur Darlegung von Qualitätsmanagementsystemen – Leitfaden zum Management von Zuverlässigkeitsprogrammen
DIN ISO 9004-2	Qualitätsmanagement und Elemente eines Qualitätssicherungssystems – Leitfaden für Dienstleistungen
E DIN ISO 9004-3	Qualitätsmanagement und Elemente eines Qualitätssicherungssystems – Leitfaden für verfahrenstechnische Produkte
E DIN ISO 9004-4	Qualitätsmanagement und Elemente eines Qualitätssicherungssystems – Leitfaden für Qualitätsverbesserung
E DIN ISO 9004-7	Qualitätsmanagement und Elemente eines Qualitätssicherungssytems – Leitfaden für Konfigurationsmanagement
DIN ISO 10011-1	Leitfaden für das Audit von Qualitätssicherungssystemen – Auditdurchführung
DIN ISO 10011-2	Leitfaden für das Audit von Qualitätssicherungssystemen – Qualifikationskriterien für Qualitätsauditoren
DIN ISO 10011-3	Leitfaden für das Audit von Qualitätssicherungssystemen – Management von Auditprogrammen
DIN ISO 10012	Forderung an die Qualitätssicherung für Messmittel – Bestätigungssystem für Messmittel
ISO 10007	Quality Management: Guidelines for Configuration Management
E DIN ISO 10013	Leitfaden für die Erstellung von Qualitätsmanagement-Handbüchern
ISO/IEC 9126	Information Technology – Software Product Evaluation – Quality Characteristics and Guideline for their Use, 1991
DIN 66026	Informationsverarbeitung; Programmiersprache ALGOL
DIN 66027	Informationsverarbeitung; Programmiersprache FORTRAN
DIN 66028	Informationsverarbeitung; Programmiersprache COBOL
DIN 66029	Kennsätze und Dateianordnung auf Magnetbändern für den Datenaustausch
DIN 66200	Betrieb von Rechensystemen; Begriffe, Teil 1, Auftragsabwicklung
DIN 66201	Prozessrechensysteme; Begriffe
DIN 66205	Sechsplattenstapel für magnetische Datenspeicherung; Spurformat

DIN 66211	Magnetbandkasette 3,8 für Informationsverarbeitung; Teil 1: Mechanische Eigenschaften und Bezeichnung
DIN 66220	Informationsverarbeitung; Programmablauf für die Verarbeitung von Dateien nach Satzgruppen
DIN 66229	Kennsätze und Dateianordnung auf Magnetbandkasetten für den Datenaustausch
DIN 66230	Informationsverarbeitung; Programmdokumentation
DIN 66233	Bildschirmarbeitsplätze; Begriffe
DIN 66239	Kennsätze und Dateianordnung auf flexiblen Magnetplatten für den Dateiaustausch
DIN 66241	Informationsverarbeitung, Entscheidungstabelle; Beschreibungsmittel, Beiblatt zuInformationsverarbeitung; Sinnbilder für Datenfluss- und Programmablaufpläne, Zeichenschablone
DIN 66268	Programmiersprache Ada
DIN 66272	Beurteilen von Software-Produkten, Qualitätsmerkmale und Leitfaden zu deren Verwendung
DIN 66285	Anwendungssoftware: Gütebestimmungen und Prüfbestimmungen
AIAA G-010 – 1993	Guide for reusable Software: Assessment Criteria for aerospace applications
AIAA G-043 – 1992	Guide for the preparation of operations concept documents
IEC 300-1 – 1993	Dependability Management ñPart 1: Dependability Programme Management
IEC 300-2 – 1995	Dependability Management ñPart 2: Dependability programme elements and tasks
IEC 300-3-1 – 1991	Dependability Management – Part 3: Application Guide, Section 1: Analysis techniques for dependability: Guide on methodology
IEC 300-3-2 – 1993	Dependability Management – Part 3: Application Guide, Section 2: Collection of dependability data from the field
IEC 300-3-3 – 1996	Dependability Management – Part 3: Application Guide, Section 3: Life Cycle Costing
IEC 557 – 1982	IEC terminology in the nuclear reactor field
IEC 1508-3	Functional safety – Safety-related systems – Part 3: Software Requirements
IEC 1704	Guide to test methods for reliability assessment of software
IEC 1713	Guide to software dependability through the software life cycle processes
IEC 1714	Software maintainability and maintenance aspects of dependability programmes
IEC 1719	Guide to measures (metrics) to be used fot the quantitative dependability assessment of software
IEC 1720	Dependability of software for critical applications
ISO/IEC 2382-7 – 1989	Information technology – Vocabulary – Part 7: Computer programming
ISO 8402 – 1994	Quality management and quality assurance – Vocabulary
ISO/IEC 9126 – 1991	Software product evaluation – Quality characteristics and guidelines for their use
ISO/IEC 9126-1	Software quality characteristics and metrics – Part1: Quality characteristics and subcharacteristics

ISO/IEC TR 9126-3	Software quality characteristics and metrics – Part2: External metrics
ISO/IEC TR 9126-3	Software quality characteristics and metrics – Part3: Internal metrics
ISO 9127 – 1988	User documentation and cover information for consumer software packages
ISO/IEC TR 9294 – 1990	Guidelines for the management of software documentation
ISO 10005 – 1995	Quality management – Guidelines for quality plans
ISO 10006	Quality management – Guidelines for quality in project management
ISO 10007 – 1995	Quality management – Guidelines for configuration management
ISO 10011-1 – 1990	Guidelines for auditing quality systems – Part 1: Auditing
ISO 10011-2 – 1991	Guidelines for auditing quality systems – Part 2: Qualification criteria for quality system auditors
ISO 12207 – 1996	Software lifecycle processes
ISO/IEC TR 15271	Guide for ISO/IEC 12207

Normen für sicherheitskritische Software

Defence Standard 00-55	The Procurement of Safety Critical Software in Defence Equipment, Part 1: Requirements
Defence Standard 00-55	The Procurement of Safety Critical Software in Defence Equipment, Part 2: Guidance
Defence Standard 00-56	Hazard Analysis and Safety Classification of the Computer and Programmable Electronic System Elements of Defence Equipment
IEC 65 A	Software for Computers in the Application of Industrial safety-related Systems
IEC 1508	Functional Safety: Safety-Related Systems
IEC 601-1-4	Medical Electrical Equipment, Part 1: General requirements for safety – 4. Collateral Standard
IEC SC 45A	Nuclear Power Plants – Instrumentation Control systems Important to safety, first supplement to IEC publication 880
IEC 1508	Functional Safety: safety Related Systems – Part 3: Software Requirements
IEC TC 56 WG 12	Risk Analysis of Technological systems
DIN V VDE 0801	Grundsätze für Rechner in Systemen mit Sicherheitsaufgaben
FDA 94-4219, 1994	Medical Device Standards Activities Report, Department of Health and Human Services, Public Health Service, Food and Drug Administration
NIST 500-204, September 1992	High Integrity Software Standards and Guidelines, Computer Systems Laboratory, NIST
NIST 500-223, December 1994	A Framework for the Development and Assurance of High Integrity Software, Computer Systems Laboratory, NIST

Sonstige Normen

SAE ARD9000	Society of Automotive Engineers ARD9000: Ergänzung zur ISO 9001 im Bereich der Luftfahrt (Aerospace) FDA Quality System Regulation (früher Good Manufactoring Practice), Norm im Bereich medizinischer Geräte in den USA
ANSI/ANS-10.3-1995	American National Standard for Documentation of Computer Software

A.6   Materialien: Fragebögen und Fehlervordruck

Softcraft	Fragebogen zur Überprüfung des Lastenhefts der Software	CL-1 Seite 1 von 2

JA/NEIN

1. Ist jede Funktion der Software klar spezifiziert worden?

2. Ist jede Leistungsanforderung der Software spezifiziert worden?

3. Ist in dem Lastenheft beschrieben worden, wie die verschiedenen Funktionen der Software zusammenarbeiten sollen?

4. Ist die Funktion der Software im Rahmen des Systems beschrieben worden?

5. Sind die notwendigen Ressourcen, zum Beispiel Prozessorleistung und Größe des Hauptspeichers, ausreichend in Bezug auf die verlangte Leistung der Software?

6. Werden Reserven vorgehalten?

7. Sind die Schnittstellen der Software zum System beschrieben worden?

8. Sind die Schnittstellen, zum Beispiel I/O-Ports, ausreichend dimensioniert in Bezug auf die geforderte Leistung der Software?

9. Sind die internen Schnittstellen der Software beschrieben worden?

10. Ist die Schnittstelle zum Benutzer des Systems beschrieben worden?

11. Sind alle Systemzustände in Bezug auf die Software sowie ihr verlangtes Verhalten beschrieben worden?

12. Sind Bereiche hohen Risikos identifiziert worden?

13. Sind Techniken beschrieben worden, um die Software beim Versagen von Teilsystemen mit verminderter Leistung (FAIL SAFE) weiter betreiben zu können?

14. Ist die maximale Last des Systems diskutiert worden?

15. Ist jede einzelne Anforderung an die Software testbar?

16. Gibt es Vorkehrungen bei nicht testbaren Forderungen?

17. Sind die Anforderungen an die Software in Bezug auf die Leistung testbar?

18. Sind einzelne Anforderungen zu vage und können sie möglicherweise zu Fehlinterpretationen führen?

19. Sind einzelne Forderungen im Lastenheft in zweideutiger Sprache formuliert?

20. Sind einzelne Punkte des Lastenhefts unnötigerweise so restriktiv formuliert, dass der Entwickler beim Design zu sehr eingeschränkt wird?

21. Sind die Eingaben für jede Funktion der Software genannt worden?

22. Sind die Ausgaben für jede Funktion genannt worden?

23. Sind Formate spezifiziert worden?

24. Sind alle im Lastenheft genannten Funktionen wirklich notwendig?

25. Sind Testmethoden beschrieben worden?

26. Besteht eine Notwendigkeit zur Simulation?

27. Ist die Schnittstelle zu anderen Arten der Software beschrieben worden, etwa der Software zum Test der Hardware?

28. Ist die Spezifikation in sich frei von Widersprüchen?

29. Ist die Spezifikation vollständig?

SOFTCRAFT REGELWERK – Software Standards & Procedures,
Version 2.0 vom 21. Februar 2000

Softcraft	Fragebogen zur Überprüfung der Teamfähigkeit	CL-2 Seite 1 von 2

JA/NEIN

1. Größe des Teams

1a. Kann sich die Gruppe leicht und oft versammeln?

1b. Ist der Führer des Teams in der Lage, mit allen Mitgliedern der Gruppe leicht und oft zu kommunizieren?

1c. Sind alle Diskussionen offen und beteiligen sich alle Teammitglieder daran?

1d. Versteht jedes Mitglied die Funktion des anderen und seine Rolle im Team?

1e. Benötigt die Gruppe mehr Mitglieder, um ihre Ziele erreichen zu können?

1f. Ist es notwendig, Untergruppen für spezifische Aufgaben ins Leben zu rufen?

2. Fähigkeiten

2a. Sind alle Fähigkeiten, die zur Problemlösung gebraucht werden, im Team vorhanden?

2b. Beziehen sich die Fähigkeiten des Teams sowohl auf den technischen Bereich als auch Fähigkeit zur Problemlösung und den Umgang miteinander?

2c. Ist jedes Teammitglied in der Lage, seine Fähigkeiten soweit zu entwickeln, dass er auf allen drei Gebieten ein genügend hohes Niveau erreicht?

2d. Sind einzelne Fähigkeiten nicht oder nicht ausreichend vorhanden?

2e. Sind die Teammitglieder bereit, die notwendige Zeit und Energie aufzubringen, um nicht vorhandene Fähigkeiten zu erlernen?

2f. Ist das Team in der Lage, zusätzliche Fähigkeiten hinzuzufügen?

3. Zielsetzung

3a. Ist die Zielsetzung weit genug vom Alltagsgeschäft abgehoben, um eine echte Herausforderung für das Team darzustellen?

3b. Handelt es sich beim Ziel des Teams um eine Zielsetzung, die sich deutlich von der allgemeinen Zielsetzung der Organisation abhebt?

3c. Verstehen alle Mitglieder des Teams das Ziel gleich?

3d. Ist das Ziel konkret?

3e. Verfechten die Mitglieder des Teams das Ziel gegenüber Außenstehenden?

3f. Enthält die Zielsetzung Aspekte, die sinnvoll und erstrebenswert sind?

3g. Haben die Mitglieder das Gefühl, ihr Ziel sei wichtig oder erstrebenswert?

3h. Sind die Ziele klar definiert und messbar?

3g. Sind die Ziele sowohl realistisch wie anspruchsvoll?

3h. Sind Teilziele definiert worden?

3i. Gibt es definierte Produkte?

3j. Ist die Bedeutung der Produkte und ihre Priorität allen Mitgliedern klar?

3k. Sind alle Mitglieder mit den Zielen einverstanden?

4. Arbeitsansatz

4a. Ist der Arbeitsansatz klar und konkret?

4b. Wird der Ansatz von allen Beteiligten geteilt?

4c. Sind die gesteckten Ziele mit dem Arbeitsansatz erreichbar?

4d. Nutzt der Arbeitsansatz die Fähigkeiten der Teammitglieder optimal aus?

4e. Verlangt der Ansatz, dass alle Mitglieder zu gleichen Teilen daran mitwirken?

4f. Ermöglicht der Ansatz Diskussionen, sachliche Problemlösung und ergebnisorientierte Bewertung?

4g. Drücken alle Mitglieder den Ansatz in derselben Weise aus?

4h. Ermöglicht der Arbeitsansatz Nachbesserungen und Modifikationen auch zu einem späteren Zeitpunkt?

4i. Werden systematisch neue Perspektiven und Anregungen gesucht?

5. Wechselseitige Verantwortung

5a. Sind die Mitglieder des Teams für die Ziele, den Ansatz zur Problemlösung und die Ergebnisse individuell und gemeinsam verantwortlich?

5b. Können die Teammitglieder Fortschritte an spezifischen Zielen messen und wird das auch durchgeführt?

5c. Fühlen sich alle Mitglieder für alle Maßnahmen verantwortlich?

5d. Sind sich die Mitglieder darüber im Klaren, wofür sie individuell und gemeinsam verantwortlich sind?

5e. Herrscht die Einstellung vor, dass das Team gemeinsam gewinnt oder scheitert?

SOFTCRAFT REGELWERK – Software Standards & Procedures, Version 2.0 vom 21. Februar 2000

Softcraft	Fragebogen zu Code Inspections	CL-3 Seite 1 von 2

JA/NEIN

1. Gibt es zum Quellcode eines der unten aufgelisteten Dokumente:

    a) Pseudocode?
    b) Buhr-Diagramm?
    c) Datenflussdiagramm?
    d) Flussdiagramm?

2. Gehören zum Entwurf:

    a) der Informationsfluss?
    b) eine Hierarchie der Module?
    c) ein Data Dictionary?
    d) eine Beschreibung der Prozesse oder Tasks?

3. Gibt es für Software-Module nur einen Eingang und Ausgang?

4. Zeigt der Entwurf eine hohe innere Bindung der Module?

5. Wird beim Auftreten von Fehlern eine angemessene Verarbeitung eingeleitet?

6. Ist der Speicher so organisiert, dass Variable nach Möglichkeit lokale Variable sind?

7. Wird der Code angemessen kommentiert?

8. Beginnt jede Anweisung auf einer neuen Zeile?

9. Ist die Software so ausgelegt, dass eine Hierarchie der Module erkennbar ist?

10. Werden Anweisungen und Daten strikt getrennt?

11. Ist der Code so geschrieben, dass Daten nicht ausführbar sind?

12. Ist der Code so geschrieben, dass Sprünge nicht über Modul-, Prozess- oder Unterprogrammgrenzen hinausführen können?

13. Sind Änderungen im Quellcode verfolgbar, nachdem der Code unter Konfigurationskontrolle gestellt wurde?

14. Beginnt der Quellcode mit einem *Header*, der Kommentar enthält?

15. Wird der Code in Blöcken organisiert, um die Übersicht zu erleichtern?

16. Existiert ein 1:1-Verhältnis zwischen Anweisungen und Kommentarzeilen?

17. Sind die Kommentare in der vorgeschriebenen Sprache?

18. Werden Kommentare bei Änderungen im Code ebenfalls auf den neuesten Stand gebracht?

19. Sind im Programm Daten und ausführbarer Programmcode getrennt?

20. Sind gewählte Abkürzungen für Variable, Konstanten und Marken sinnvoll?

SOFTCRAFT REGELWERK – Software Standards & Procedures,
Version 2.0 vom 21. Februar 2000

Softcraft	Fragebogen zur Anschaffung eines Tools	CL-4 Seite 1 von 2

JA/NEIN

1. Welche Funktionen enthält dieses Tool?

2. Was sind die Vorteile für unser Unternehmen, wenn wir dieses Tool einsetzen sollten?

3. Bei welchen unserer gegenwärtigen Probleme kann uns dieses Tool helfen?

4. Ist es möglich, eine Demonstration des Tools in unserer Entwicklungs- oder Testumgebung vorzunehmen?

5. Welche Voraussetzungen in Bezug auf die Hardware sind dazu notwendig?

6. Ist es möglich, das Tool im Rahmen einer Probeinstallation für eine begrenzte Zeit zu nutzen?

7. Welche Funktionen sollen eventuell bei einem neuen Release des Werkzeugs aufgenommen werden?

8. Was kann das Tool, verglichen mit unseren Anforderungen, nicht?

9. Haben die Anwender Einfluss auf die zukünftige Entwicklung des Tools?

10. Wie groß ist die Zahl der gegenwärtigen Nutzer?

11. Gibt es einen *Debugging Mode* für das Tool?

12. Wie groß ist der Marktanteil für das Tool?

13. In welchen Funktionen unterscheidet sich dieses Tool von Produkten der Wettbewerber?

14. In welchem Stadium seiner Entwicklung ist dieses Tool? Wie lange ist es schon im Markt?

15. Welche Art von Support ist verfügbar?

16. Wo sitzt der Anbieter? Gibt es einen lokalen Support in Europa oder Deutschland?

17. Werden Hilfen angeboten, um die Lernkurve der Mitarbeiter bei der Anwendung des Tools zu verbessern?

18. In welcher Konfiguration wird das Tool am häufigsten eingesetzt?

19. Gibt es eine User Group?

20. Ist es möglich, die nächste Sitzung der User Group zu besuchen?

21. Können Referenzen nachgewiesen werden?

22. Wie viele Releases des Tools sind im letzten Jahr freigegeben worden?

23. Existiert eine Liste bekannter Fehler und wird diese den Kunden zur Verfügung gestellt?

24. Ist es möglich, das Tool für unsere Entwicklungs- oder Testumgebung anzupassen?

25. Kann das Tool mit anderen Werkzeugen integriert werden?

26. Wie lange dauert es in der Regel, bis sich die Investitionen der Anwender lohnen?

SOFTCRAFT REGELWERK – Software Standards & Procedures,
Version 2.0 vom 21. Februar 2000

Softcraft	**Fragebogen** **zur Anschaffung eines Tools (2)**	CL-5 Seite 1 von 2

JA/NEIN

1. Wie lange setzen Sie dieses Tool bereits ein?

2. Sind Sie im Großen und Ganzen zufrieden damit?

3. Wie viele Lizenzen haben Sie erworben?

4. Wie viele Mitarbeiter arbeiten aktiv mit dem Tool?

5. In welcher Umgebung setzen Sie das Tool ein?

6. Wie sind Sie bei der Evaluierung des Werkzeugs vorgegangen?

7. Welche anderen Tools haben Sie für einen Kauf in Erwägung gezogen?

8. Was leistet das Tool? Gibt es bestimmte Engpässe?

9. Wie ist Ihr Eindruck von dem Anbieter?

10. Wie gut ist das Tool dokumentiert?

11. Wie ist der Support?

12. Reagiert der Anbieter schnell genug, wenn Probleme auftreten?

13. Wie ist die Schulung durch den Anbieter?

14. Wie viele Mitarbeiter setzen das Tool tatsächlich ein?

15. Aus welchen Gründen lehnen es bestimmte Mitarbeiter ab, das Tool zu verwenden?

16. Wie leicht Software – oder schwierig – ist es, die Ergebnisse von Tests zu interpretieren?

17. Findet ein Vergleich zwischen erwarteten und tatsächlichen Ergebnissen statt?

18. Ist das Tool vollständig in den Testprozess integriert?

19. Gibt es Vorteile durch den Einsatz des Tools, die zunächst nicht erwartet wurden?

20. Ist das Tool den Kaufpreis wert?

21. Hat die Firma durch den Einsatz des Tools tatsächlich Geld gespart?

22. Waren Anpassungen und Erweiterungen notwendig, um das Tool in Ihrer Umgebung tatsächlich nutzen zu können?

23. Wie lange hat es gedauert, bis in Ihrer Umgebung ein effektiver Nutzen sichtbar wurde?

24. Wie wurde der Erfolg für den Einsatz des Tools beurteilt?

25. Würden Sie, wenn Sie die Entscheidung erneut zu treffen hätten, das Tool wieder anschaffen?

SOFTCRAFT REGELWERK – Software Standards & Procedures,
Version 2.0 vom 21. Februar 2000

1

Software Trouble Report (STR)

SOFTCRAFT

Projekt: .... Datum: .... STR Nr.:...........................

Aussteller: .... Abteilung: .... Telefonnummer: ....

Betroffene Software: UNIT/Modul/Paket: .... Version: ....

SOFTWARE TROUBLE REPORT [ ]Änderungsantrag [ ] Verbesserung [ ] Zutreffendes ankreuzen!

Genaue Beschreibung des Fehlers und der Umstände, unter denen er auftritt:

....

....

....

....

Priorität: .... Fehlerklasse: .... (I, II oder III)

Vorgeschlagener Weg zur Beseitigung des Fehlers und zur Verbesserung:

....

....

....

....

Mit der Bearbeitung beauftragt: ....

Geschätzte Zeit für die Änderung: .... [h]. Tatsächlich: .... [h]

Fehler wurde in der folgenden Phase in die Software eingeführt: *SW-Analyse, Design, Kodierung, Integration und Test, Systemtest* (Zutreffendes umringeln!)

Fehler wurde in der folgenden Phase entdeckt: *SW-Analyse, Design, Kodierung, Integration und Test, Systemtest* (Zutreffendes umringeln!)

Annahme durch das SCCB: Datum: ....

Task Leader Software Engineering: .... SCCB Chairman: ....

SOFTCRAFT QM-Handbuch – Software Standards & Procedures,
Version 2.2 vom 5. Januar 2000

Software Trouble Report (STR)

2

_____**SOFTCRAFT**

Implementierte Lösung:

Wie vorgeschlagene Lösung?   JA [ ] NEIN [ ]

Falls NEIN angekreuzt wurde: Beschreibung der alternativen Lösung

....

....

....

....

Geänderte Komponenten:

Dokumente (ID-Nummer), Programmcode, Module (Version):

....

....

....

....

Verifikation, Test:

....

....

....

....

Test Cases: ....

abgeschlossen am: ....   Programmierer: ....

Test abgenommen, Verifikation erfolgt: .... (QSS)

STR geschlossen am: ....   für das SCCB: ....

**SOFTCRAFT QM-Handbuch – Software Standards & Procedures,
Version 2.2 vom 5. Januar 2000**

A.7　Stichwortverzeichnis

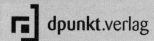

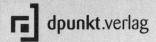

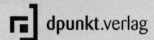